Fotografie mit dem Smartphone

AF645255

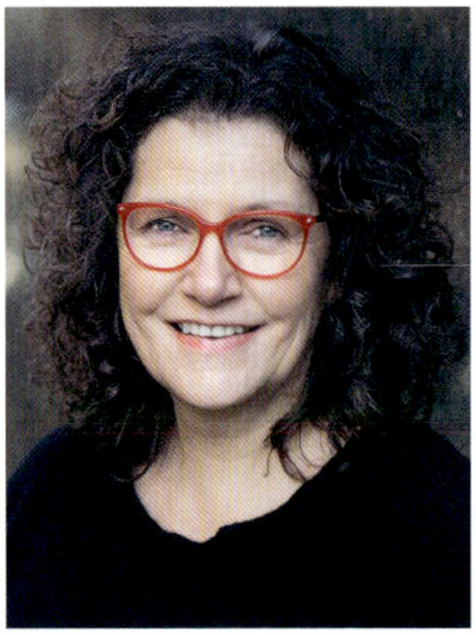

Simone Naumann arbeitet als Profifotografin und lebt seit Kurzem in Oslo. Vor fünf Jahren gründete sie »die SMARTphotoschule«, Deutschlands erste Schule, die sich auf Fotografie und Videodreh mit dem Smartphone spezialisiert hat. Dort unterrichtet sie nicht nur Anfänger, sondern auch erfahrene Fotografen im kreativen Umgang mit Smartphone-Kameras und -Apps. Zudem hat sie mehrere Bücher über Fotografie verfasst und schreibt für diverse Fachzeitschriften.

Simone Naumann

Fotografie mit dem Smartphone

Bilder machen, bearbeiten und verwalten mit Android-Handys und iPhones

2., aktualisierte und erweiterte Auflage

dpunkt.verlag

Simone Naumann
die-smartphotoschule.de

Lektorat: Boris Karnikowski
Lektoratsbüro: Julia Griebel, Friederike Demmig
Layout & Satz: Birgit Bäuerlein
Herstellung: Stefanie Weidner
Umschlaggestaltung: Eva Hepper, Silke Braun
Druck und Bindung: mediaprint solutions GmbH, 33100 Paderborn

Bibliografische Information der Deutschen Nationalbibliothek
Die Deutsche Nationalbibliothek verzeichnet diese Publikation in der Deutschen Nationalbibliografie; detaillierte bibliografische Daten sind im Internet über *http://dnb.d-nb.de* abrufbar.

ISBN:
Print 978-3-86490-999-3
PDF 978-3-98890-121-7
ePub 978-3-98890-122-4

2., aktualisierte und erweiterte Auflage 2024
Copyright © 2024 dpunkt.verlag GmbH
Wieblinger Weg 17
69123 Heidelberg

Hinweis:
Dieses Buch wurde mit mineralölfreien Farben auf PEFC-zertifiziertem Papier aus nachhaltiger Waldwirtschaft gedruckt. Der Umwelt zuliebe verzichten wir zusätzlich auf die Einschweißfolie.
Hergestellt in Deutschland.

PEFC-zertifiziert
Dieses Buch stammt aus nachhaltig bewirtschafteten Wäldern und kontrollierten Quellen
PEFC/04-31-0810
www.pefc.de

Schreiben Sie uns:
Falls Sie Anregungen, Wünsche und Kommentare haben, lassen Sie es uns wissen:
hallo@dpunkt.de

Die vorliegende Publikation ist urheberrechtlich geschützt. Alle Rechte vorbehalten. Die Verwendung der Texte und Abbildungen, auch auszugsweise, ist ohne die schriftliche Zustimmung des Verlags urheberrechtswidrig und daher strafbar. Dies gilt insbesondere für die Vervielfältigung, Übersetzung oder die Verwendung in elektronischen Systemen.
Weiter darf der Inhalt nicht zur Entwicklung, zum Training oder zur Anreicherung von KI-Systemen, insbesondere generativen KI-Systemen, verwendet werden. Die Nutzung für Text- und Data Mining ist untersagt.
Es wird darauf hingewiesen, dass die im Buch verwendeten Soft- und Hardware-Bezeichnungen sowie Markennamen und Produktbezeichnungen der jeweiligen Firmen im Allgemeinen warenzeichen-, marken- oder patentrechtlichem Schutz unterliegen.
Alle Angaben und Programme in diesem Buch wurden mit größter Sorgfalt kontrolliert. Weder Autorin noch Verlag können jedoch für Schäden haftbar gemacht werden, die in Zusammenhang mit der Verwendung dieses Buches stehen.

5 4 3 2 1

INHALTSVERZEICHNIS

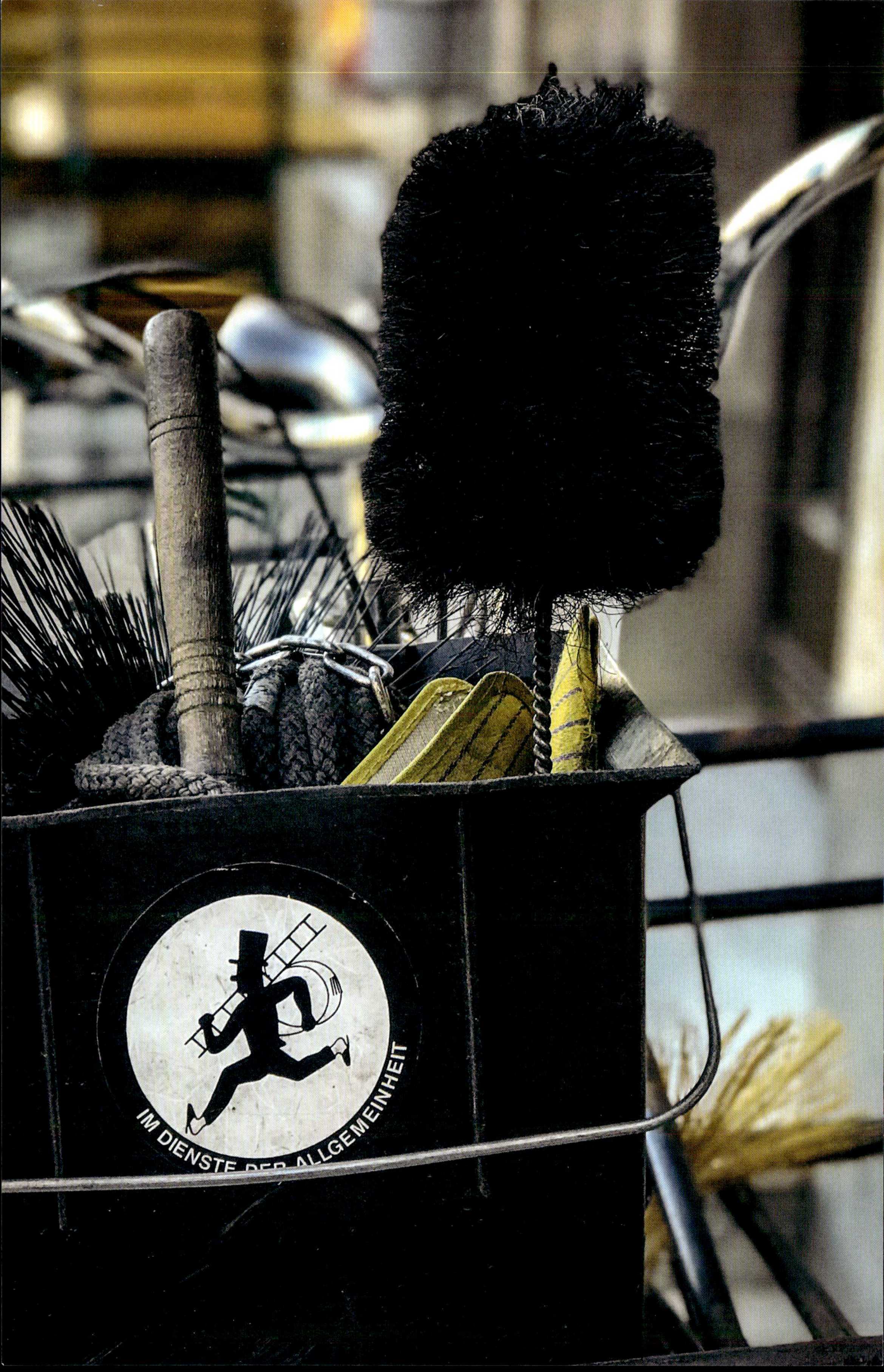
IM DIENSTE DER ALLGEMEINHEIT

1 EINLEITUNG

1.1 Smartphone-Fotografie: Eine Revolution im Hosentaschenformat

Schon 2019, als ich an der ersten Auflage dieses Buches schrieb, hatten sich Smartphones zumindest in Bezug auf Kompaktkameras zu echten Alternativen gemausert. Vier Jahre später hat sich die Technik noch einmal deutlich weiterentwickelt und dank »Computational Photography« (gemeint ist die Fusion von Optik und Software) werden nun Bilder möglich, die früher undenkbar gewesen wären. Was Smartphones gegenüber »richtigen« Kameras mit Wechseloptiken auszeichnet, ist ihre enorme Rechenpower. Sie können also durch den Einsatz von Software manchen Nachteil gegenüber Spiegelreflex- oder spiegellosen Kameras ausgleichen. Und das in einem Format, dass Ihr Smartphone zur »Immer-dabei-Kamera« macht. Wie sagte Eliott Erwitt? »Die beste Kamera ist gerade die, die man dabei hat.«

Welche Fortschritte die Technologie von Smartphonekameras gemacht hat, ist bei der aktuellen Gerätegeneration nicht zu übersehen. Die Auflösung hat sich dramatisch verbessert, was zu brillanteren Farben und detailreicheren Bildern führt. Besonders bemerkenswert ist der Fortschritt in der Nachtfotografie. Mit den speziellen Nachtmodi moderner Handys können wir jetzt selbst in nahezu völliger Dunkelheit klare Fotos machen – und das ohne Stativ, einfach so aus der Hand. Auch der digitale Zoom hat einen Quantensprung gemacht, was sich in viel weniger Bildrauschen und schärferen Bildern niederschlägt.

Verwackelte Fotos? Dank fortschrittlicher Bildstabilisierung sind sie weitgehend Geschichte. Und sprechen wir über die Objektivauswahl: Durch die Einführung von Mehrfachkamerasystemen sind die kreativen Möglichkeiten, die uns zur Verfügung stehen, enorm gewachsen. So erlaubt uns die Makrofähigkeit moderner Smartphones nun, die Welt in einer neuen Dimension zu sehen und jedes noch so kleine Detail einzufangen.

Ein weiterer Gamechanger ist die Einführung von KI-Algorithmen in Kamera- und Nachbearbeitungs-Apps. Sie revolutionieren die Art und Weise, wie Bilder gemacht und bearbeitet werden, indem sie für automatische Szenenerkennung sorgen, Porträtaufnahmen verbessern und Rauschunterdrückung optimieren. Und diejenigen, die das Optimum aus ihren Aufnahmen herausholen möchten, können nun – ob mit der Standard-Kamera-App oder einer Dritthersteller-App wie *ProCamera* im RAW-Format fotografieren, was maximale Flexibilität in der Nachbearbeitung gewährleistet.

Und schließlich der Sensor: Auch wenn seiner physischen Größe baubedingt Grenzen gesetzt sind, haben die Hersteller bemerkenswerte Fortschritte in Sachen Auflösung, Lichtempfindlichkeit und Dynamikumfang erzielt.

Es ist erstaunlich, wie weit die Smartphone-Fotografie in so kurzer Zeit gekommen ist! Sie hat sich nicht nur etabliert, sondern auch einen Spitzenplatz im Fotografie-Universum erobert. Das Smartphone ist heute weit mehr als ein Kommunikationsmittel; es ist ein leistungsstarkes Werkzeug für visuelles Erzählen und Kreativität, es ist die Kamera, die man immer dabei hat, online oder offline, für Amateure oder Profis, die Grenzen verschieben sich ständig.

In dieser zweiten, aktualisierten und erweiterten Auflage meines Buches gebe ich Ihnen einen Einstieg in die faszinierende Welt der Smartphone-Fotografie und zeige Ihnen, wie Sie das volle Potenzial Ihrer Kamera ausschöpfen. Egal ob Sie in sozialen Medien aktiv sind oder professionelle Fotografie betreiben, Sie werden wertvolle Tipps und Anleitungen finden, um gelungene Bilder zu machen und Ihre eigenen Geschichten erzählen zu können.

Ich hoffe, dieses Buch bringt Ihnen genauso viel Spaß wie mir. Lassen Sie uns hier gemeinsam in die kreative Welt der Smartphone-Fotografie eintauchen!

1.2 Gute Fotos haben (fast) nichts mit Technik zu tun

Ein gelungenes Foto basiert auf unterschiedlichen Gestaltungsprinzipien. Das können Linienführung, die Anordnung der Bildelemente im Goldenen Schnitt, der Einsatz von Schärfe und Unschärfe, Licht, Schatten, Farben und besonderer Perspektiven wie Vogelperspektive oder Froschperspektive sein. Selbst das Format des Bilds - Rechteck oder Quadrat - trägt zu seiner Aussage bei.

Viele dieser Gestaltungsprinzipien kennen wir schon aus dem Alltag. Bewusst oder unbewusst sehen und arrangieren wir unsere Motive bereits vor unserem inneren Auge, bevor wir auf den Auslöser drücken. Für gute Bilder braucht es keine aufwendige und teure Kameratechnik, sondern Intuition, Kreativität und Emotion. Das Bild entsteht in unserem Kopf - und dank genug Übung und Wissen wird mit unserem Smartphone daraus ganz schnell und ohne viel Aufhebens ein reales Bild.

Ein gutes Auge für das Motiv ist nach wie vor die Basis für ein gelungenes Foto. Aber natürlich gestalten Sie auch mit Aufnahmetechnik, etwa der Belichtungszeit (kurz oder lang), gezielter Unter- bzw. Überbelichtung (Low- bzw. Highkey), unterschiedlichen Brennweiten, Schärfe oder dem Weißabgleich. Die Qualität der Resultate variiert dabei mit den unterschiedlichen Smartphone-Modellen (und bei einem direkten Vergleich haben »große« Digitalkameras hier immer noch die Nase vorn). Aber mit ein paar Kniffen, ein bisschen Freude am Experimentieren, den

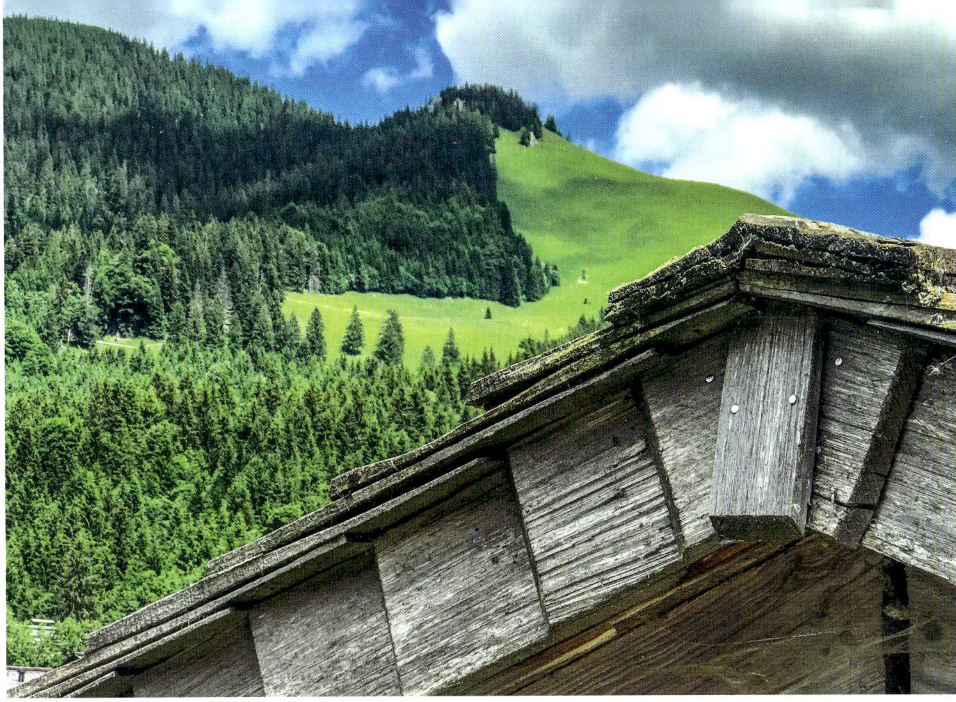

passenden Apps und Gadgets können Sie trotzdem sensationelle Fotos machen. Darüber hinaus sind mit der kleinen Smartphone-Kamera Bilder aus ungewöhnlichen Perspektiven und Blickwinkeln möglich, von denen Sie bisher nur träumen konnten. Bilder, bei denen Ihnen niemand glauben wird, dass sie mit einer Smartphone-Kamera entstanden sind. Fangen wir also an!

1.3 Danksagung

Bevor Sie in die Tiefen dieses Buches eintauchen, möchte ich mir einen Moment nehmen, um denen zu danken, die diesen Weg mit mir gegangen sind und diesen Meilenstein möglich gemacht haben.

Zunächst möchte ich allen danken, die sich vor meiner Kamera wiederfanden. Eure Geduld, euer Vertrauen und eure Offenheit haben dieses Buch bereichert und jede Aufnahme zu etwas Besonderem gemacht.

Ein besonderer Dank geht an meine Familie. Eure unermüdliche Unterstützung, euer Glaube an mich und eure Ermutigung, auch wenn die Nächte lang und die Tage herausfordernd waren, haben mich durch diese Reise getragen. Ihr seid mein Anker und meine Inspiration.

Schließlich gilt mein Dank meinem Lektor Boris Karnikowski. Die Zusammenarbeit mit ihm war nicht nur professionell, sondern auch bereichernd. Seine scharfen Augen und wertvollen Anmerkungen haben aus meinem Manuskript dieses fertige Buch gemacht.

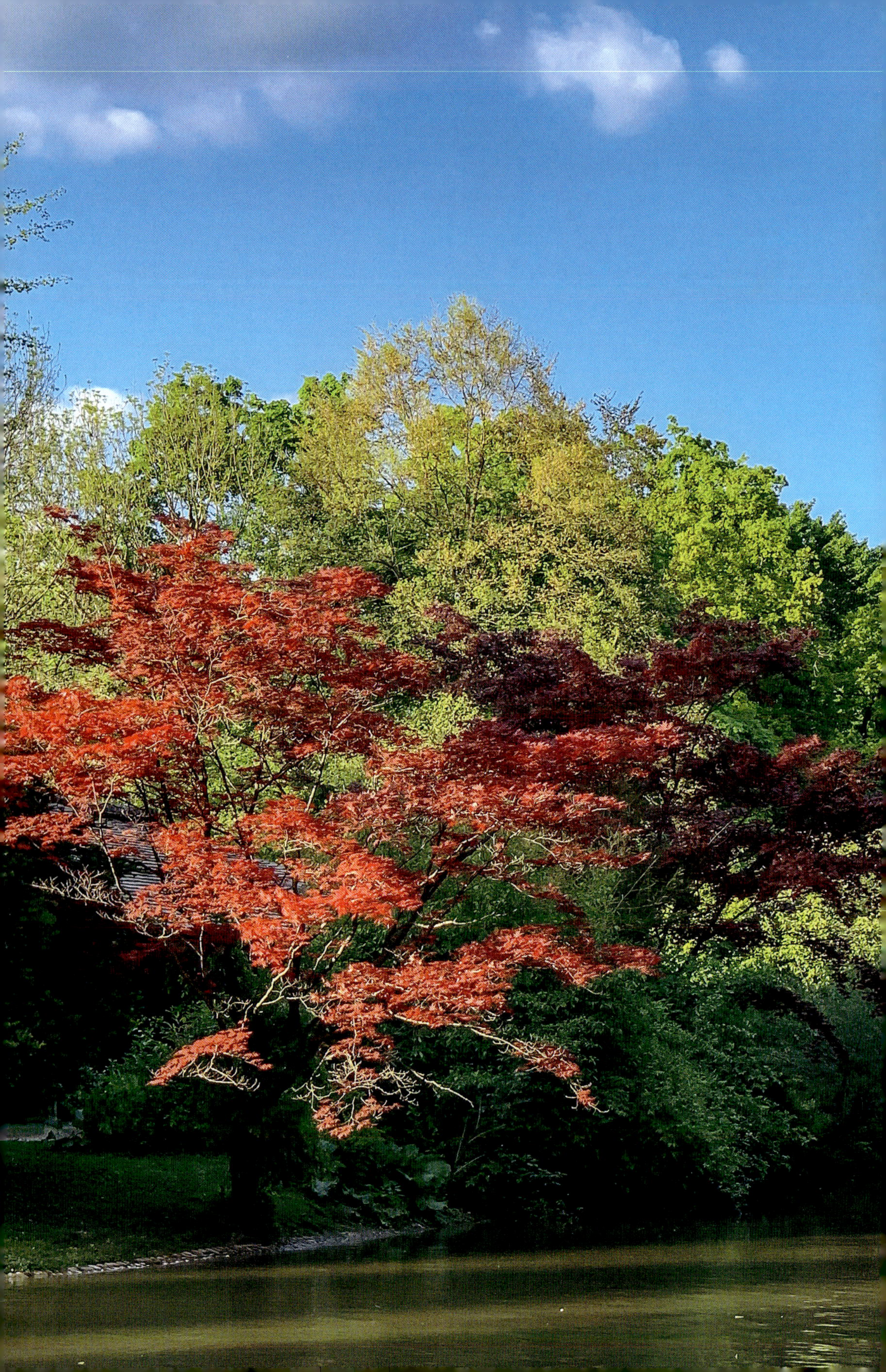

2 DIE TECHNISCHEN GRUNDLAGEN

2.1 Das richtige Smartphone finden: Welches passt zu Ihnen?

Ich werde oft gefragt, welches Smartphone-Modell ich empfehlen kann.

Die Antwort darauf variiert je nach Anforderungen und Präferenzen. Ich selbst arbeite mit einem iPhone (aktuell mit dem 13 Pro Max), was sich über die Jahre und aus beruflichen Gründen einfach so ergeben hat. Für meine Bedürfnisse ist seine Smartphone-Kamera vollkommen ausreichend. Sie bietet nahezu alles, was auch meine professionelle Kamera kann, wenn auch in einem kleineren Maßstab.

Ein Blick auf den ständig wechselnden Markt zeigt jedoch oft, dass Hersteller wie Samsung oder Google ebenfalls Smartphones mit ausgezeichneten Kameras bauen, die der des iPhone in technologischer und qualitativer Hinsicht auch mal überlegen sind. Andererseits bietet Apple aber jede Menge Kreativ-Apps, die ich gern verwende und die für Android nicht verfügbar sind.

Die Frage ist, welche Motive stehen bei Ihnen im Fokus? Denn danach richten sich die technischen Features, die Ihre Smartphone-Kamera haben sollte - etwa, wie viele und welche verbaut sind. Wenn Sie ein Fan von Landschafts- und Naturaufnahmen sind, könnten ein Ultraweitwinkel und ein Makro-Modus vorteilhaft sein. Für anspruchsvolle Familienbilder oder Urlaubsfotografien könnten drei Kameraoptionen - von Ultraweitwinkel bis Tele - sowie ein Porträt-Modus (ein Software-Feature) ideal sein. Bei der Fotografie von Stillleben, Gegenständen oder Produkten sind ein Teleobjektiv und ein Makro-Modus (auch dieser ein Software-Feature) unverzichtbar.

Viele Hersteller präsentieren von einem Smartphone-Modell verschiedene Versionen. Apple etwa differenziert seine hard- und softwareseitige Ausstattung dreimal zwischen Basisversion, Pro und Pro Max (mit jeweils frei wählbarer Speicherausstattung). Das Pro Max als das umfangreichste und kostspieligste Modell kostet beim iPhone 15 1.450,-€ (mit 256 GB Speicher), bietet dafür aber auch alle Features.

Möchten Sie nicht so hoch einsteigen, empfehle ich Ihnen, einen genauen Blick auf die Webseite des jeweiligen Herstellers zu werfen. Dort finden Sie detaillierte Informationen zur jeweiligen Kameraausstattung und können so das für Ihre Anforderungen passende Modell finden.

Achten Sie insbesondere auf folgende Merkmale:

- Wie viele Kameras sind eingebaut und über welche Auflösung verfügen sie? Hauptkamera, Ultraweitwinkel und Tele.
- Wie hoch vergrößert der optische Zoom?
- Wie hoch vergrößert der digitale Zoom, ohne dass die Bildqualität sich verschlechtert?
- Besitzt die Kamera einen Porträt-Modus mit Schärfentiefe-Kontrolle, einen Nacht- und Makro-Modus?
- Verfügt die Kamera über eine Bildstabilisierung?
- Welche Auflösung ist im Panorama-Modus möglich? Z.B. das iPhone 14 Pro erzeugt Panoramen mit bis zu 63 Megapixel.
- Können die Objektive abgedeckt werden, um sie vor Beschädigung zu schützen?
- Welche Bildformate liefert die Kamera außer JPG – RAW und HEIF?

2.2 Die wichtigsten Einstellungen für Ihre Standard-Kamera-App

Eine umfassende Beschreibung der verschiedenen Smartphone-Modelle mit ihren jeweiligen Kameras würde den Rahmen dieses Buches sprengen. Stattdessen konzentrieren wir uns auf die grundlegenden Einstellungen, die Ihnen dabei helfen, die Kamerafunktion Ihres Smartphones optimal zu verstehen und zu nutzen. Diese werden in den jeweiligen Kapiteln ausführlich beschrieben.

Bei iPhones finden Sie diese unter *Einstellungen* im Abschnitt *Kamera* sowie in der Kamera-App selbst.

In der Standard-Kamera-App der meisten Android-Geräte finden Sie die Einstellungen hinter einem Zahnrad-Symbol und ebenfalls direkt in der Standard-Kamera-App.

Hinweis
Die sogenannte »Standard-Kamera-App« kann je nach Hersteller und Modell anders aussehen oder andere Funktionalitäten haben (das gilt vor allem für Android-Geräte). Es ist auf jeden Fall empfehlenswert, einen Blick in das digitale Benutzerhandbuch zu werfen, das die Hersteller auf ihren Supportseiten zur Verfügung stellen. Hier finden Sie Informationen über die Anzahl der integrierten Objektive, über verfügbare Modi und Einstellungsoptionen. So lernen Sie die technischen Feinheiten Ihrer Smartphone-Kamera am besten kennen.

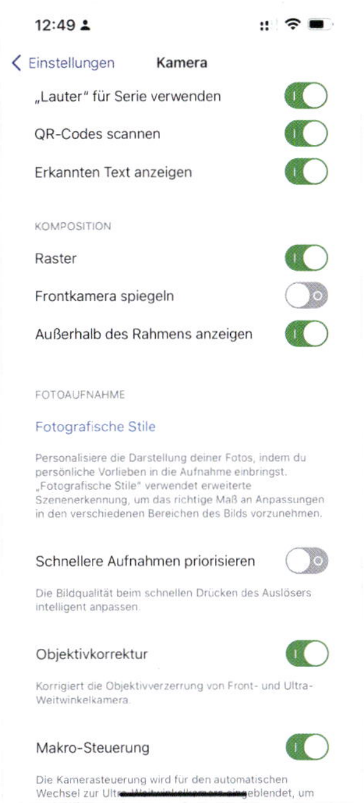

Grundeinstellungen des iPhone 13 Pro Max

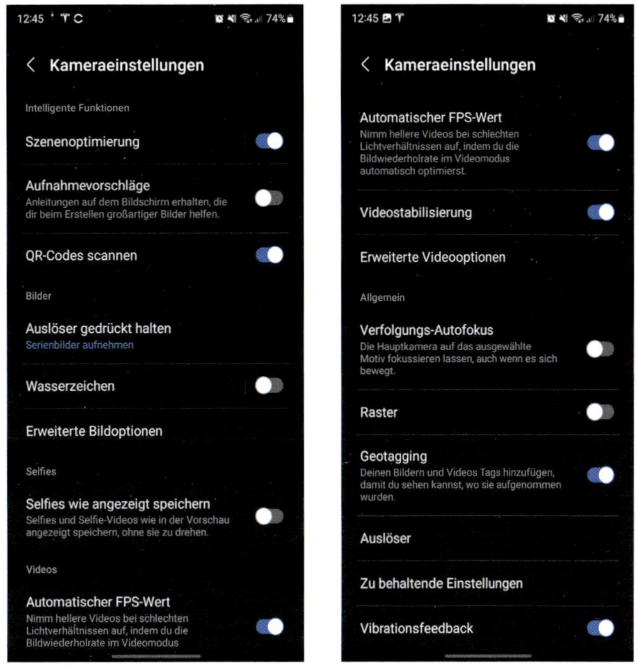

Grundeinstellungen des Samsung Galaxy S23

Wenn Sie die Wahl haben, dann nutzen Sie immer die bestmögliche, also höchste Auflösung, um aus den so erzeugten Bilddaten in die jeweils gewünschten Größen zu verkleinern bzw. in andere Dateiformate zu konvertieren. Denn der umgekehrte Weg ist nicht möglich: fehlende Bildinformation - ob beim Fotografieren nicht gespeichert oder durch Herunterkonvertieren verloren - kann nicht nachträglich zugefügt werden. Das Ergebnis wirkt dann pixelig oder zeigt störende Streifen statt feiner Farbübergänge (etwa bei blauem Himmel). Bei den meisten aktuellen Modellen ist standardmäßig schon die höchste Auflösung voreingestellt.

Unkritisch ist hingegen eine Anpassung des Bild- bzw. Seitenverhältnisses. Die gebräuchlichsten Formate sind 1:1, 4:3 oder 16:9. Gut geeignet ist das Bildformat 4:3. Sehr viele fotografieren auch im Videoformat 16:9. Gerade bei Landschaften ist das ein sehr schönes Format, etwa wenn Sie Ihre Fotos gern via TV oder Projektor präsentieren oder in Videos einbauen möchten. Für den Druck ist allerdings das gängige 4:3-Format am besten geeignet.

2.3 RAW, HEIF oder JPG?

Idealerweise kann Ihre Smartphone-Kamera Bilder in RAW, HEIF oder JPG aufnehmen - je nachdem, was Sie einstellen.

Das Dateiformat JPG ist das gängigste in der digitalen Fotografie - und alle Smartphones beherrschen es. JPGs werden bereits von der Software Ihrer Smartphone-Kamera in punkto Kontrast, Farben und Schärfe vorverarbeitet und lassen sich mit jeder gängigen Betrachtersoftware anzeigen. Sie eignen sich perfekt, um sie ohne weitere Bearbeitung hochzuladen, etwa auf Social Media. Das JPG-Format verfügt über eine eingebaute, verlustbehaftete Kompression d.h. bei jeder weiteren Speicherung verschlechtert sich die Bildqualität (weshalb es sich nicht zur Bildbearbeitung eignet). Der Grad der Kompression ist oft einstellbar - um so höher die Komprimierung, desto kleiner die Dateigröße und desto geringer Auflösung und Bildqualität.

Fotografieren Sie viel Produkte, Details oder Architektur, wobei Farben, Schatten, Verläufen und Details wichtig sind, dann eignet sich das RAW- oder das HEIF-Format besser.

HEIF ist ein neueres Bildformat mit einer sehr effizienten Komprimierung. Es wurde als Teil des HEIF-Standards (High Efficiency Image File Format) entwickelt und bietet im Vergleich zu JPG eine bessere Bildqualität bei kleinerer Dateigröße. Es ist besonders nützlich für Geräte mit begrenztem Speicherplatz wie eben Smartphones, weshalb Apple es schnell für iPhones adaptierte und zum Standardformat machte - wenn Sie lieber in JPG fotografieren möchten, ändern Sie dies in *Einstellungen > Kamera > Formate > Maximale Kompatibilität*. Android-Smartphones sind hier uneinheitlich - Sie können das HEIF-Format nach Bedarf an- oder ausschalten, indem Sie in die Kameraeinstellungen (hinter dem Zahnradsymbol) gehen.

RAW ist ein von Ihrer Smartphone-Kamera unbearbeitetes Bildformat, das alle Daten enthält, die im Moment des Auslösens erfasst werden - von Belichtungsparametern bis zu GPS-Daten (die Dateien sind also deutlich größer als bei HEIF oder JPG). RAWs sind quasi das »digitale Negativ«, das viel mehr Bildinformationen enthält als ein komprimiertes Format wie JPG. Es ist also eigentlich ideal, um die Möglichkeiten Ihrer Smartphone-Kamera auszuloten, aber die Dateien müssen erst in einem RAW-Konverter wie Adobe Lightroom entwickelt werden, bevor man sie in Formate wie JPG exportieren kann. Der Spielraum für Korrekturen im Zuge dieser Entwicklung ist allerdings deutlich größer als bei JPG und HEIF. Bei den iPhones RAW unterstützen erst die Pro-Modelle ab Version 12 das RAW- bzw. Apples Pro-RAW-Format. Ob Ihr Android-Handy RAW in der Standard-Kamera-App unterstützt, erfahren Sie im Benutzerhandbuch des Herstellers (siehe auch den nachfolgenden Hinweis).

In welchem dieser Bildformate Sie fotografieren, legen Sie wie folgt fest:

- Bei den iPhone Pro-Modellen ab Version 12 finden Sie die Einstellung nach dem Öffnen der Kamera-App gleich oben rechts.
- Bei Android-Smartphones wie dem Samsung Galaxy stellen Sie das Format etwa unter *Kameraeinstellungen > Erweiterte Bildoptionen* ein.

Hinweis

Wenn Ihre Standard-Kamera-App das RAW-Format nicht von Haus aus unterstützt, können Sie zu Apps wie ProCamera greifen oder die in die Lightroom-App eingebaute Kamerafunktion nutzen (die Bilder landen dann direkt in Lightroom, wo Sie sie bearbeiten können).

Lassen sich die Formate RAW, HEIF oder DNG (Adobes RAW-Format) nicht in Ihren Apps finden, ist Ihr Smartphone vielleicht etwas älter und verfügt nicht über die erforderlichen Systemvoraussetzungen. RAW-Fotografie ist möglich ab iPhone SE sowie ab iPhone 6s (sofern Sie iOS 10 und höher einsetzen) bzw. ab Android-Version Lollipop 5.0.

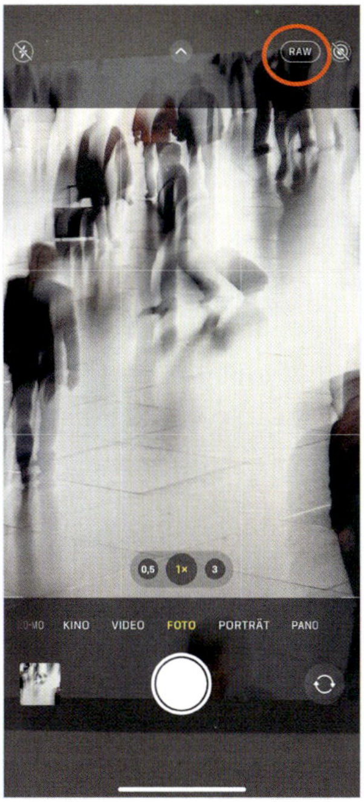

◂ Bei den iPhone-Pro-Modellen ab Version 12 kann direkt in der Kamera-App über dem Live-Bild auf RAW umgestellt werden.

▸ Die Umstellung auf RAW erfolgt bei Samsung über die Einstellungen oder, je nach Modell, über »MEHR«.

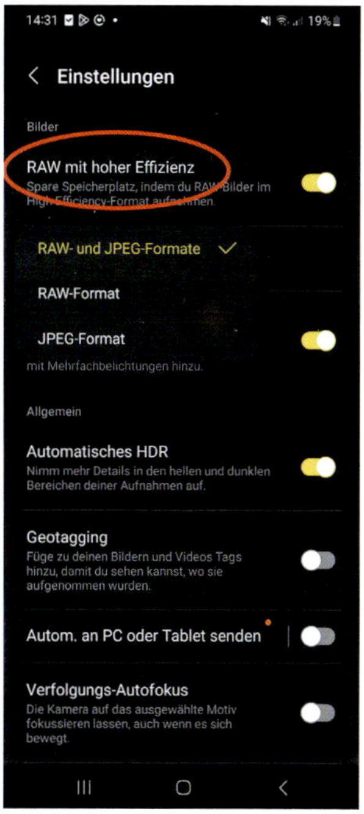

2.4 Von Ultraweitwinkel- zu Teleobjektiv

Wo Besitzer großer Kameras die Objektive wechseln, um sich auf bestimmte Aufnahmesituationen einzustellen (Tele für weit entfernte Objekte, Weitwinkel für Landschaft etc.), sind Sie auf das festgelegt, was Ihr Smartphone an Bord hat.

Je nach Smartphone-Modell ist ein Dual- oder Triple-Kamerasystem integriert. Drehen Sie Ihr Smartphone einmal um – wie viele Objektive sehen Sie?

Dual-Kamerasysteme verfügen neben dem Standard- über ein Teleobjektiv oder über ein Ultraweitwinkel. Triple-Kamerasysteme verfügen über alle drei Objektive: das normale Weitwinkel, ein Teleobjektiv und das Ultraweitwinkelobjektiv. Zusätzliche gibt es noch eine Makrofunktion, die sich in den Einstellungen aktivieren lässt. Dazu später mehr im Kapitel 7, »Motiven auf die Pelle rücken«, ab Seite 65.

Jedes dieser Objektive erlaubt Ihnen, unterschiedliche Arten von Fotos zu machen. Zwischen den Objektiven wählen Sie im Live-Bild Ihrer Kamera-App. 1 für den Standardweitwinkel, 0,5 steht für den Ultraweitwinkel und 2,5–3 (oder höher) für das Teleobjektiv.

Normales Weitwinkelobjektiv (1)

Dies ist das Standard-Objektiv, das bei den meisten Smartphones zu finden ist. Es eignet sich gut für allgemeine Zwecke wie Landschaftsaufnahmen, Porträts und Alltagsszenen. Es ist ein Allrounder und wird am häufigsten verwendet, wenn man einfach nur ein schnelles Foto machen möchte.

Ultraweitwinkelobjektiv (0,5)

Ein Ultraweitwinkelobjektiv erfasst einen viel größeren Bildbereich. Es ist großartig, um Landschaften oder große Gruppen von Menschen zu fotografieren. Auch in kleinen Räumen, wo man nicht ausreichend weit zurücktreten kann, ist ein Ultraweitwinkelobjektiv sehr nützlich. Es kann mehr von der Umgebung in einem einzigen Bild einfangen.

Teleobjektiv (2-3 oder höher)

Ein Teleobjektiv ermöglicht es, weiter entfernte Objekte näher heranzuholen, also zu »zoomen«. Das ist besonders nützlich, wenn Sie nicht mit »den Füßen zoomen«, sprich: sich Ihrem Motiv weiter nähern können. Im Vergleich zum digitalen Zoom, der einfach das Bild vergrößert und dadurch oft an Qualität verliert, bietet ein Teleobjektiv eine deutlich bessere Bildqualität.

Diese verschiedenen Objektive machen unser Smartphone zu einer sehr vielseitigen Kamera. Man muss keine extra Kamera mit verschiedenen Objektiven herumtragen – man hat alles in einem Gerät.

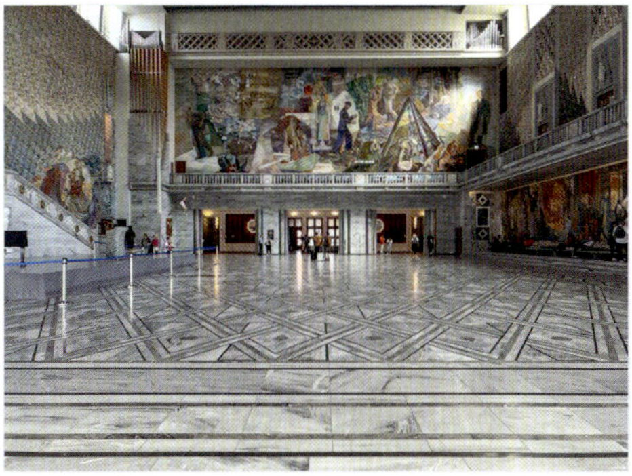

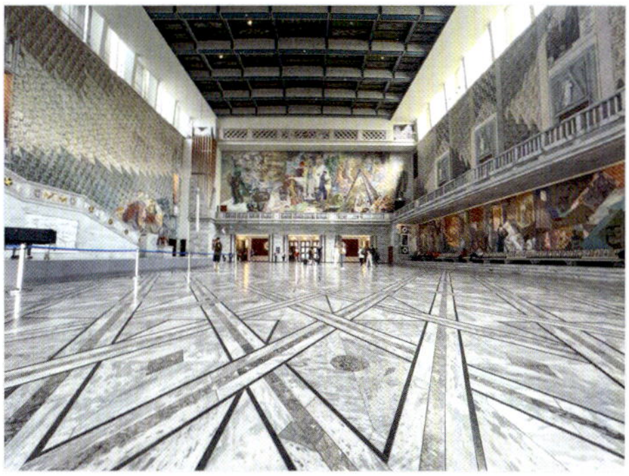

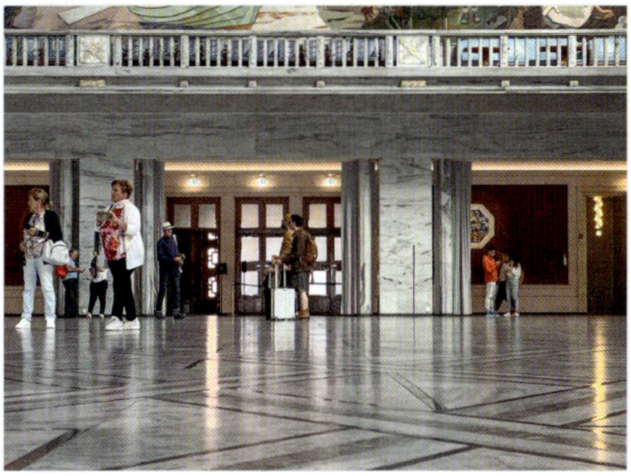

Vergleich der Objektive des iPhone 13 Pro Max (im Uhrzeigersinn): 1, 0,5 und 3

Hinweis: Zoomen bei älteren Modellen – hier ist Vorsicht geboten

Das Zoom-Objektiv einer »großen« Kamera verschiebt seine Linsenelemente, um eine Veränderung der Brennweite und damit eine Vergrößerung oder Verkleinerung des Motivs zu erreichen. Für so einen aufwendigen Mechanismus fehlt in Smartphones der Platz. Moderne Smartphones verrechnen stattdessen die Bilder des Standard-Weitwinkels und des Teles untereinander, um ein stufenloses Zoomen zu simulieren. Diese per Zeigefinger und Daumen »digital« gezoomten Bilder haben zwangsläufig eine etwas schlechtere Qualität als die mit den realen Brennweiten der im Smartphone verbauten Objektive gemachten Bilder. Bei moderneren Geräten hilft an dieser Stelle die KI nach und verbessert die Bildqualität noch, bevor Sie das Ergebnis zu sehen bekommen – probieren Sie am besten aus, wie Ihr Smartphone hier abschneidet.

2.5 So belichten Sie richtig

Wir alle sind es gewöhnt, einfach auf den Auslöser zu drücken und alles andere wie zum Beispiel die Belichtung dem Automatikmodus der Kamera zu überlassen. Dagegen ist nichts einzuwenden, zumal die eingesetzte Technologie (zu der auch zunehmend künstliche Intelligenz gehört) oft verblüffend gute Bildergebnisse liefert.

Wenn Sie aber selbst Hand anlegen will und die eigenen Bilder ohne Eingreifen seitens der Software frei gestalten möchte, werden Sie um ein bisschen Basiswissen nicht herumkommen.

Außerdem hilft Ihnen ein gewisses Grundwissen über die wichtigsten Komponenten der Aufnahmetechnik dabei, zu verstehen, warum Ihr Smartphone ab und zu auch mal verwackelte, unscharfe oder unter- bzw. überbelichtete Bilder liefert (was Sie eigentlich vermeiden wollen).

Lassen Sie uns darum an dieser Stelle einen kurzen Ausflug zu den wichtigsten Bausteinen (nicht nur) der Smartphone-Fotografie machen: Belichtungszeit und Lichtempfindlichkeit/ISO.

Hinweis

Im nächsten Absatz erkläre ich Ihnen das Zusammenspiel von Belichtungszeit und ISO zur richtigen Belichtung anhand der in Adobes Lightroom-CC-App eingebauten Kamera-Funktion, weil diese die manuelle Einstellung der verschiedenen Parameter erlaubt und auf iPhones und Android-Geräten gleich aussieht. Die Standard-Kamera-Apps von Android-Geräten wie den Galaxy-Modellen von Samsung verfügen zwar über einen *Pro-Modus*, der manuelles Belichten erlaubt (siehe Screenshots auf Seite 13), nur die der iPhones nicht. Hier müssen Sie also immer zu Drittanbieter-Apps greifen, wenn Sie die Belichtung von Hand steuern wollen. (Mehr über die Lightroom-App erfahren Sie auf Seite 34 und ab Seite 170.)

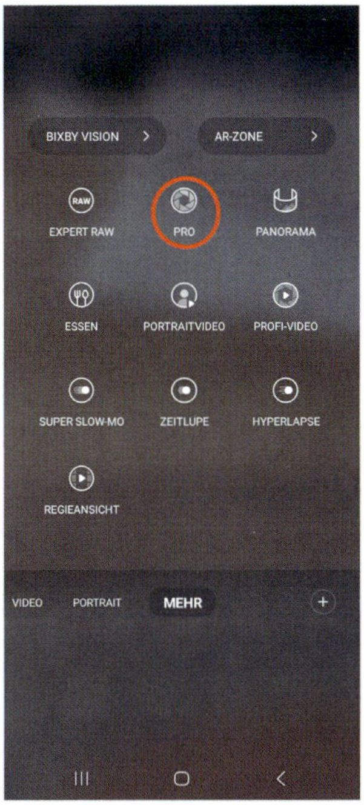

In die *Einstellungen* der Standard-Kamera-App z. B. auf einem Samsung Galaxy kommen Sie über *MEHR*. Tippen Sie dann auf *PRO*.

Unten links sehen Sie die von der App vorgewählten Werte für ISO und Belichtungszeit. Tippen Sie auf die Belichtungszeit, um diese über das Wahlrad darunter einstellen zu können. Hier verkürze ich die Belichtungszeit von 1/180 s ...

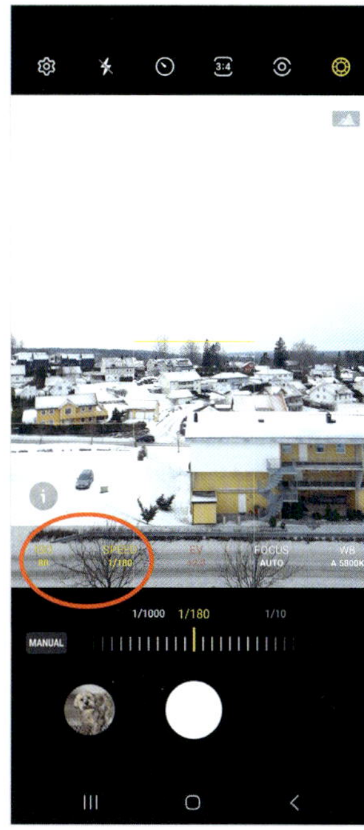

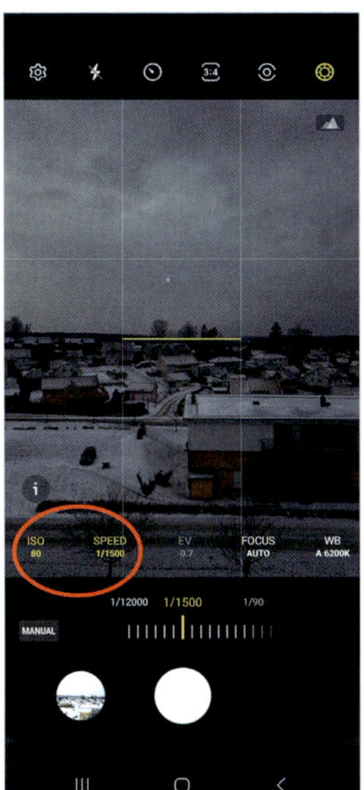

... auf 1/1500 s, was zu einem unterbelichteten Bild führt. Zum Ausgleich ...

... setze ich die ISO auf 400 hoch, und das Bild wird wieder richtig belichtet.

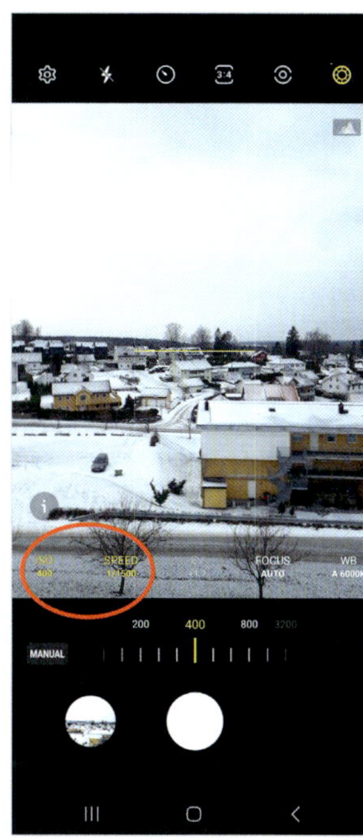

Belichtungszeit

Die Belichtungszeit legt fest, wie lange ein Bild belichtet wird – also wie viel Licht auf den Kamerasensor fallen muss, damit ein gut belichtetes Bild entsteht. Je weniger Licht vorhanden ist (etwa abends oder nachts), umso länger muss belichtet werden. Ganz anders verhält es sich an einem sehr sonnigen Tag. Gerade in der Mittagszeit ist es so hell, dass eine extrem kurze Belichtungszeit ausreicht.

Die nachfolgenden Bilder sollen das veranschaulichen (fotografiert habe ich sie mit der Kamera der Adobe-*Lightroom-CC*-App im Modus *Professio*nell).

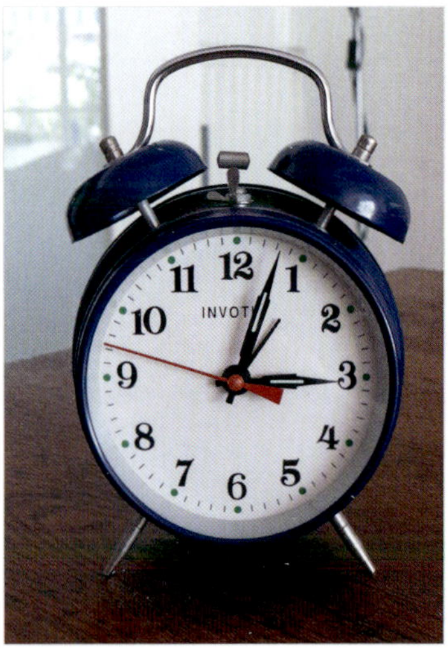

◀ Belichtungszeit 1/60 Sekunde

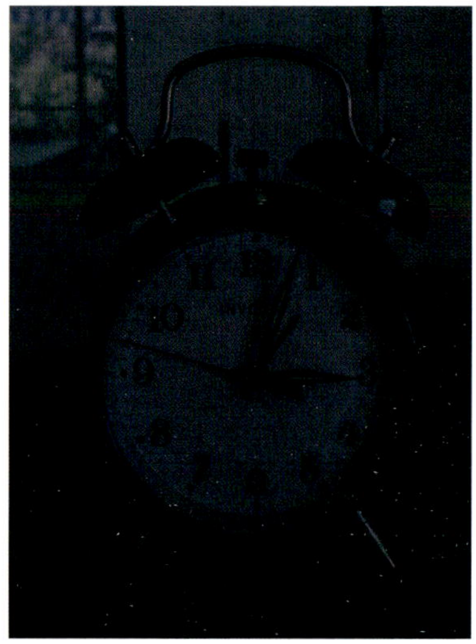

▶ Belichtungszeit 1/5300 Sekunden

Der Wecker oben wurde unter nicht so günstigen Lichtbedingungen fotografiert. Das optimal belichtete Bild links wurde mit 1/60 Sekunden belichtet, eine Belichtungszeit, die man noch gut aus der Hand fotografieren kann, ohne zu verwackeln. Im zweiten Bild habe ich die Belichtungszeit absichtlich sehr kurz gewählt, nämlich 1/5300 Sekunden. Damit konnte wirklich nur sehr wenig Licht auf den Sensor fallen. Der Wecker ist daher unterbelichtet und quasi nicht zu erkennen.

Und jetzt das gleiche Beispiel mit sehr viel Licht, draußen, in der hellen Mittagssonne.

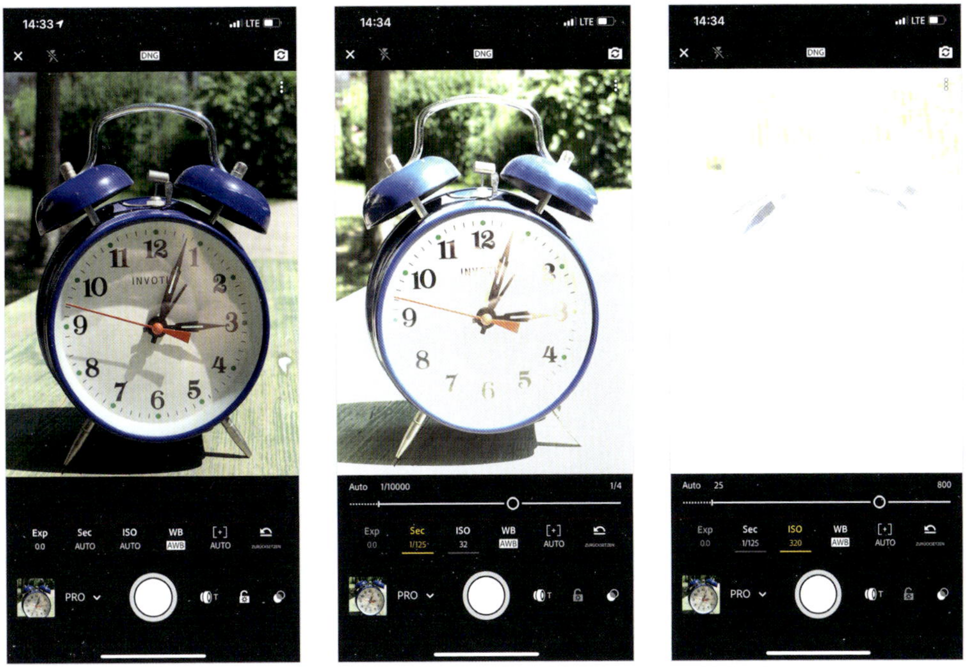

Die Belichtungszeit stand hier auf Automatik. Die Kamera nahm das Bild bei einer Belichtungszeit von 1/5300 Sekunden auf. Diese kurze Belichtungszeit war gerade kurz genug, um den Wecker in der hellen Sonne nicht überzubelichten. Verlängere ich die Belichtungszeit von Hand (zweites und drittes Bild), fällt viel zu viel Licht auf den Sensor und die Aufnahmen werden überbelichtet.

Lichtempfindlichkeit/ISO

Zusätzlich zur Belichtungszeit gibt es noch eine zweite Größe, die bei der richtigen Belichtung eine Rolle spielt: die ISO-Zahl. ISO ist die Maßangabe für die Lichtempfindlichkeit Ihres Bildsensors – oder besser gesagt: für die Verstärkung des Signals (also der Bilddaten), das er erzeugt. Wenn es zu dunkel ist und die Belichtungszeit damit so lang würde, dass Ihre Bilder verwackeln, können Sie gegensteuern, indem Sie die ISO hochsetzen. Der ISO-Wert liegt in der Regel zwischen 25 und 800. Je höher die Zahl, umso mehr wird das Sensorsignal verstärkt. Je dunkler Ihre Umgebung ist, umso höher sollte die ISO sein. Im Automatikmodus macht das Ihre Kamera-App von allein, aber Sie können die ISO-Zahl ebenso wie die Belichtung von Hand steuern.

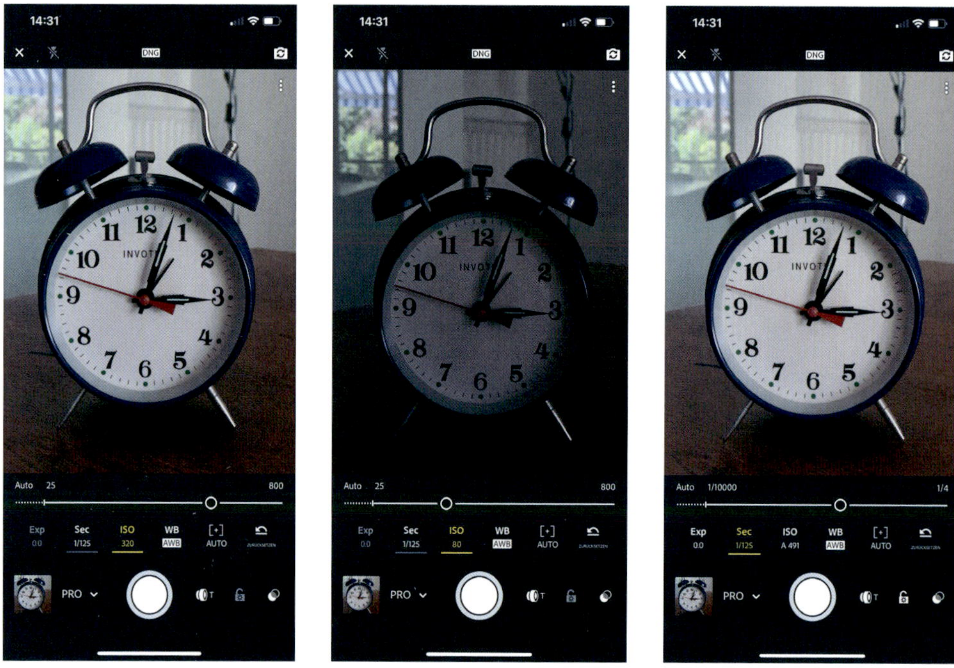

Dieses Beispiel verdeutlicht die ISO-Einstellungen. Im linken Bild wählte ich die korrekte ISO, im mittleren eine zu geringe ISO und im rechten Bild ließ ich die ISO-Automatik (A) entscheiden (die Belichtungszeit betrug jeweils 1/125 Sekunden).

Aber natürlich hat die Sache einen Haken. Je höher der ISO-Wert ist, umso mehr leidet die Bildqualität. Denn die Verstärkung des Bildsignals bringt es mit sich, dass auch das immer vorhandene »Bildrauschen« in Ihren Aufnahmen verstärkt wird. Farben werden nicht mehr gut wiedergegeben, Bilder werden fleckig und kontrastarm, feine Details gehen verloren.

Schauen Sie sich die Screenshots oben an (oder öffnen Sie die Adobe-Lightroom-CC-App auf Ihrem Smartphone, rufen die Kamera auf und gehen dort in den Modus *Professionell*). Links im Kameramenü befindet sich die Einstellung *Exp*. Das steht für *»Exposure Compensation«*, also *Belichtungskorrektur*. Diese wird aktiviert, wenn Sie im Automatikmodus arbeiten – mit ihr können Sie eine von der Kamera-App gewählte Belichtung von Hand ändern. Hierauf gehe ich ausführlich im Abschnitt »Belichtungskorrektur« ab Seite 20 ein.

In vielen Fällen werden Sie die Einstellungen *Belichtungszeit* und *ISO* miteinander ausbalancieren. Wenn sich Ihr Objekt schnell bewegt, sollte die Belichtungszeit kürzer sein, sodass die Bewegung nicht verschwommen dargestellt wird. Damit Ihr Foto dann aber nicht zu dunkel wird, stellen Sie eine höhere ISO-Zahl ein (das Bildsignal wird verstärkt, das Foto wird wieder heller). Wo die Obergrenze ist, bevor Ihr Foto zu rauschig und körnig wird, hängt im Einzelfall von den Lichtbedingungen, der Qualität der verwendeten App und Ihrem Smartphone-Modell ab.

Mit diesem Grundwissen sind Sie gut gerüstet und können fortan auch bei Nutzung der Belichtungsautomatik einschätzen, in welcher Situation Sie Ihre Smartphone-Kamera besser sehr ruhig halten sollten und wann die Belichtungszeit so kurz ist, dass Sie zum Beispiel rennende Hunde oder springende Kinder in ihrer Bewegung noch scharf abbilden können, oder ab welcher ISO-Zahl Ihre Fotos zu verrauscht und damit unbrauchbar werden.

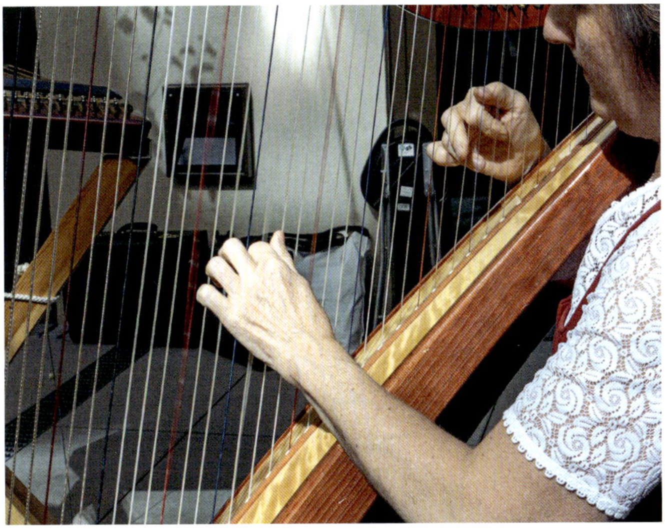

Kurze Belichtungszeit 1/250 Sekunden – die Belichtungszeit ist kurz genug, um die Handbewegung der Harfenspielerin einzufrieren.

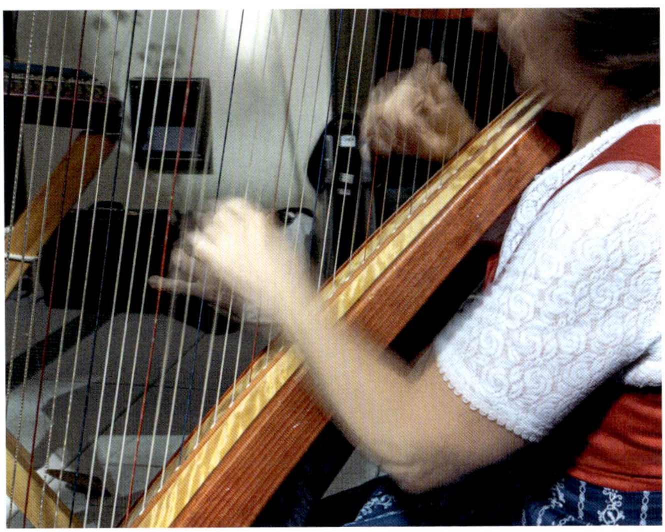

Lange Belichtungszeit 1,0 Sekunden – die Belichtungszeit ist zu lang, die Hand verschwimmt in Bewegungsunschärfe.

Am besten probieren Sie diese Einstellungen gleich selbst aus. Benutzen Sie dafür am besten die *Lightroom-CC*-App aus dem obigen Beispiel (gratis in den App Stores), starten Sie das Kameramodul der App und wählen Sie dort unten links den Modus *Professionell*. Tippen Sie auf *Sec* und *ISO*, um die Belichtungszeit und die ISO-Zahl zu variieren. Beginnen Sie, wie in den Beispielen oben, mit einem statischen Gegenstand bei unterschiedlichen Lichtbedingungen. Gehen Sie dann über zu Gegenständen, die sich bewegen, wie Fahrräder, Bälle, Autos, Seifenblasen usw. Beobachten Sie, wie sich die Belichtungszeiten auf die Darstellung bewegter Motive auswirken und wie die Lichtempfindlichkeit des Sensors die Bildqualität beeinflusst.

Es wird eine Weile dauern, bis Sie die richtigen Einstellungen schnell und ohne zu zögern treffen. Aber dann macht es richtig Spaß.

Größtenteils aber werden Sie Ihre Smartphone-Kamera für schnelle Fotografie mit Belichtungsautomatik nutzen – doch auch dann werden Sie hin und wieder korrigierend eingreifen müssen: mit der Belichtungskorrektur (dazu gleich mehr ab Seite 20).

Wenn die Automatik versagt: Belichtung messen per Fingertipp

Standardmäßig erkennt die Smartphone-Kamera die Lichtverhältnisse selbst und stellt die benötigte Belichtungszeit automatisch ein. Bei ausgewogenen Lichtverhältnissen wie bewölktem Himmel oder gleichmäßig ausgeleuchteten Räumen sind die Ergebnisse auch ganz passabel. Sobald aber zum Beispiel die Sonne scheint und damit die Kontraste zwischen Hell und Dunkel zu stark werden, wird es schwieriger mit der korrekten Belichtung. Denn wenn die Kamera sich dafür entscheidet, die Belichtung auf den strahlenden Hintergrund einzustellen, wird Ihr Hauptmotiv im Vordergrund viel zu dunkel. Solche Bilder können Sie auch nicht durch Nachbearbeitung retten. Einziger Weg: Sie müssen Ihrem Smartphone mitteilen, was im Bild richtig belichtet werden soll.

Auf was belichtet werden soll, teilen Sie Ihrem Smartphone durch einen Fingertipp auf den relevanten Teil Ihres Motivs mit.

Im Beispiel auf Seite 19 ist deutlich zu sehen, wie die Lichtmessung der Smartphone-Kamera funktioniert. Bild links: Die automatische Belichtungsmessung der Kamera (siehe gelbes Quadrat) sprang auf den Himmel an, wodurch das Hauptmotiv im Vordergrund – die Hecke – leider unterbelichtet wurde. Im Bild rechts wurde per Fingertipp (siehe wieder das gelbe Quadrat) die Belichtung auf das Motiv im Vordergrund eingestellt (unter Profis ist dies als »Spotmessung« bekannt). Allerdings ist nun der Hintergrund leicht überbelichtet – der Himmel lässt keinerlei Zeichnung mehr erkennen.

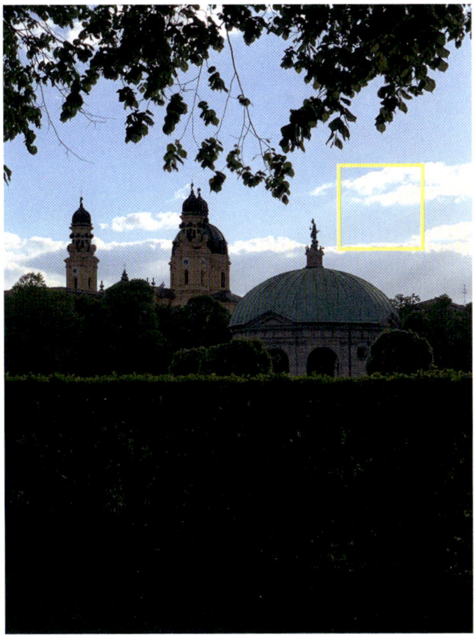

Belichtung auf den Himmel

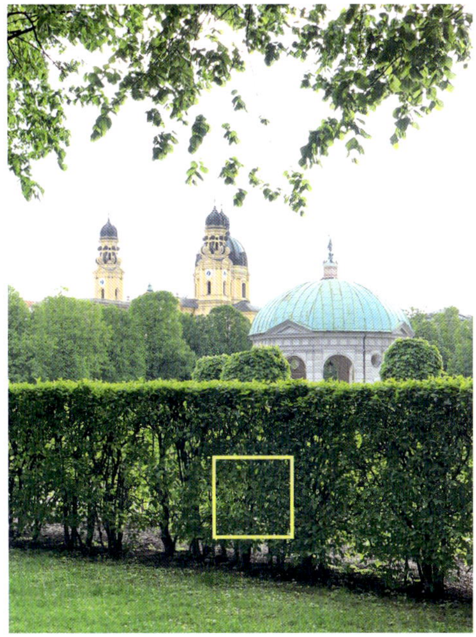

Belichtung auf den Vordergrund

Eine Geste für Belichtung und Schärfe

Vielleicht haben Sie bemerkt, dass die Standard-Kamera-App nicht nur die Belichtung auf den angetippten Bereich nachjustiert, sondern auch die Schärfe. Bei einem iPhone können Sie beides voneinander getrennt festlegen, indem Sie nach dem Setzen der Schärfe per Fingertipp nachträglich die permanente Belichtungskorrektur über das Wahlrad einstellen (dazu gleich mehr auf Seite 22). Bei einem Android-Smartphone wie dem Samsung Galaxy müssen Sie die Belichtung hingegen manuell im Pro-Modus anpassen (siehe Seite 13).

Die Spanne zwischen dem hellsten und dem dunkelsten Punkt im Motiv (man sagt dazu auch »Dynamikumfang« oder »Kontrastumfang«) ist hier also zu groß, um Hinter- und Vordergrund in einem Bild richtig zu belichten. Sie müssen daher einen Kompromiss finden, wie belichtet werden soll – indem Sie eine händische Belichtungskorrektur vornehmen. Für das obige Motiv könnte die so ausfallen, dass der Vordergrund gerade hell genug wird, um alle Details erkennen zu lassen, der Himmel aber nicht komplett weiß wird (»ausbrennt«), sondern noch ein paar Wolken zeigt.

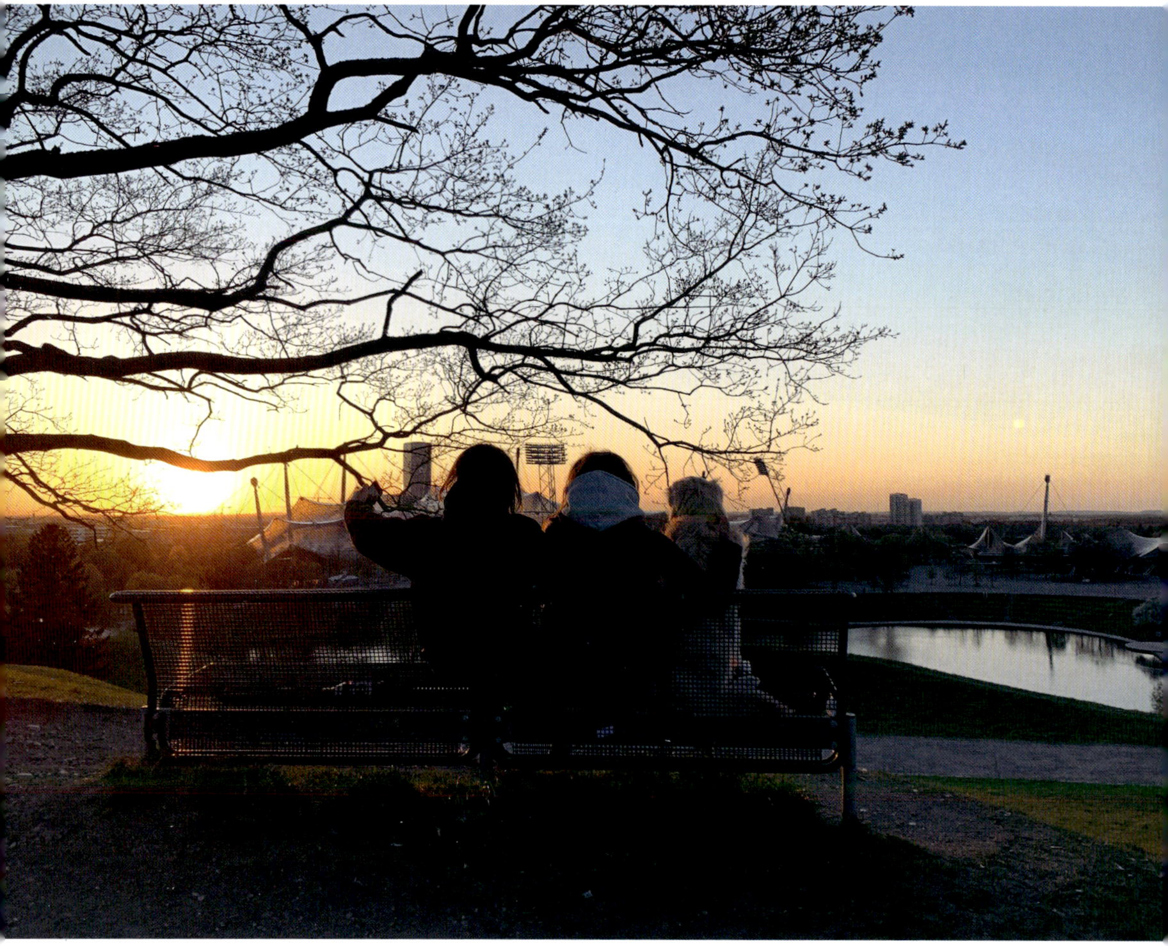

Belichtungskorrektur

So führen Sie eine Belichtungskorrektur durch: Wenn Sie etwas länger auf Ihr Display tippen, erscheint beim iPhone neben dem Fokusfeld eine Sonne, bei Android-Modellen ist es in der Regel eine Glühlampe am unteren Rand. Die Sonne schieben Sie nach oben oder unten, die Glühlampe nach links oder rechts, um die Belichtung ganz nach Belieben einzustellen. Anhand des Displaybilds können Sie beurteilen, wann die Belichtung für Sie passt. Es kann allerdings immer noch sein, dass Sie auf Details im Himmel verzichten müssen, um das Hauptmotiv im Vordergrund ausreichend hell abbilden zu können.

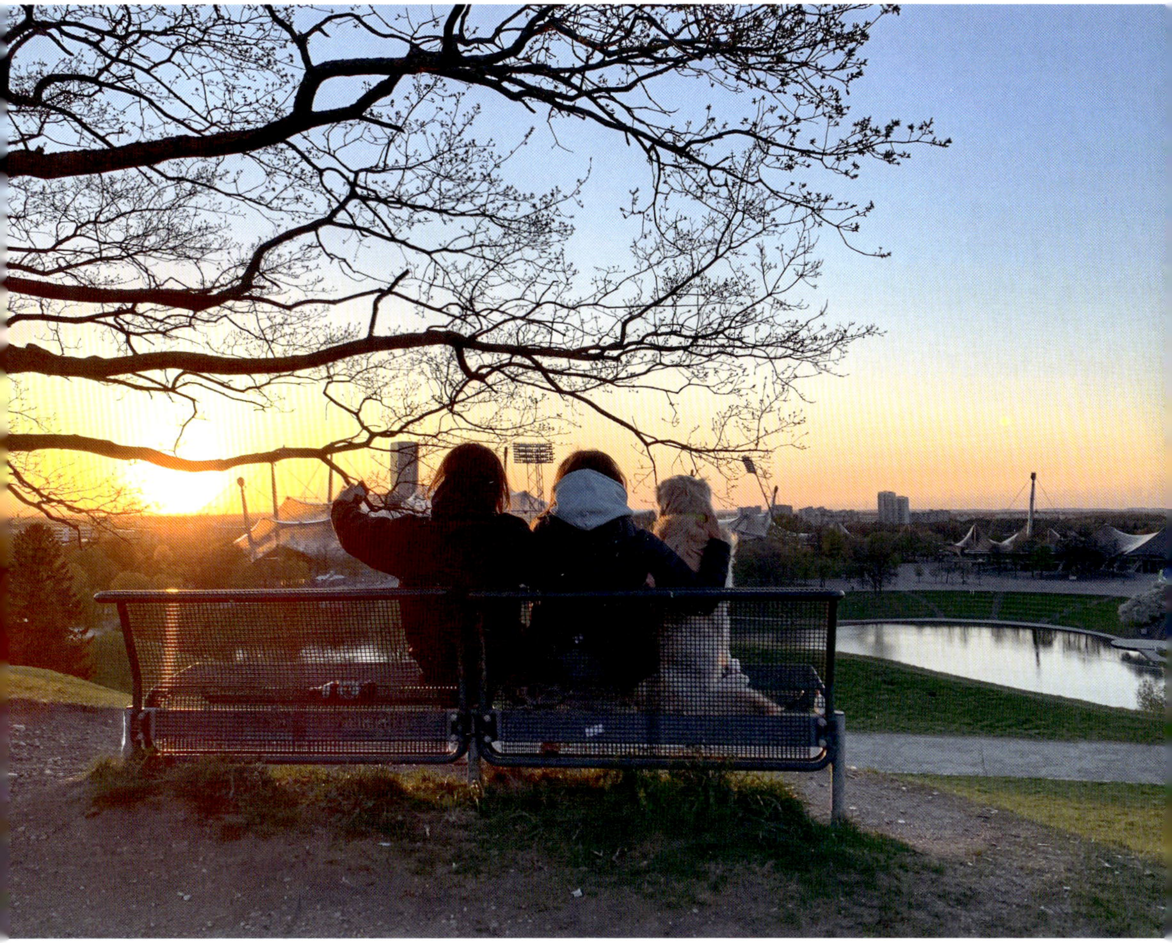

Achtung
Wenn Sie das Bild auf diese Weise aufhellen, verlängert die Smartphone-Kamera einfach die Belichtungszeit – und das erhöht die Gefahr von Verwacklungen. Halten Sie also bei der Aufnahme Ihre Kamera so ruhig wie möglich (oder benutzen Sie ein Stativ).

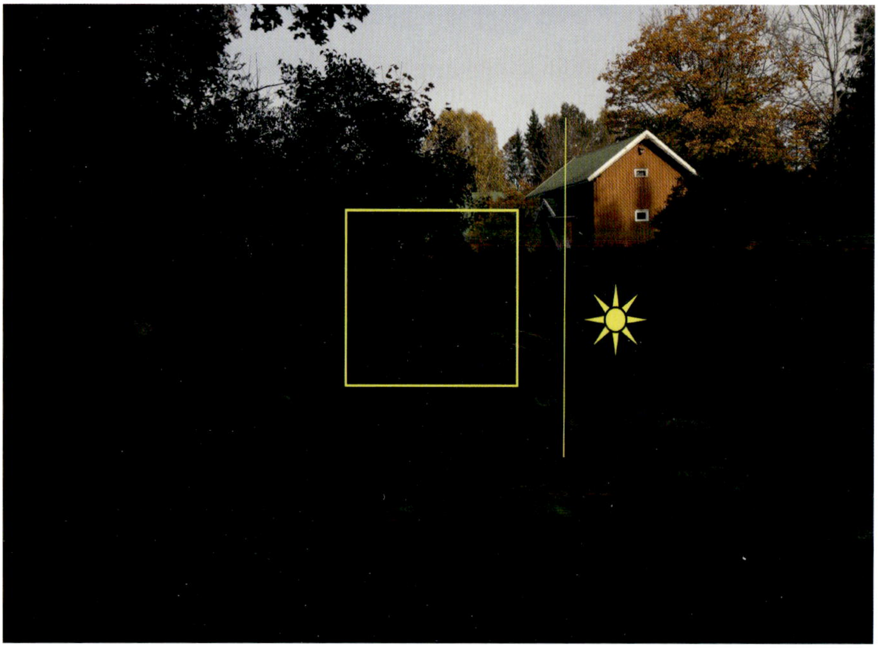

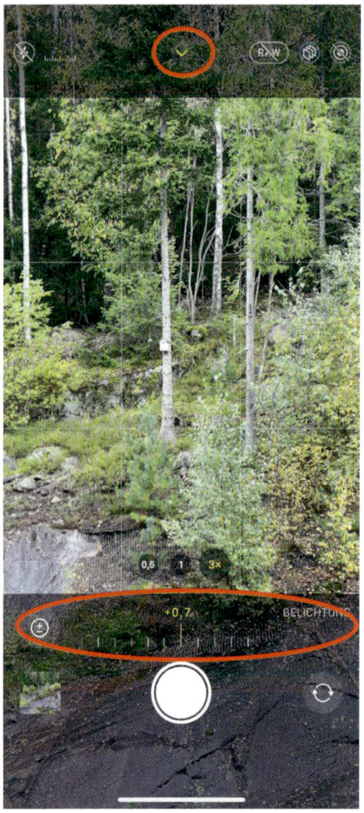

Ausschließlich auf dem iPhone steht Ihnen ab Version 11 eine zusätzliche Möglichkeit zur Belichtungskorrektur zur Verfügung. Um diese zu nutzen, öffnen Sie die Kamera-App und tippen auf das Pfeil-Symbol oben über dem Live-Bild. Unter dem Einstellrad erscheint ein Wahlrad, das die aktuelle Belichtungseinstellung anzeigt.

Sie können die Belichtung nun von Hand durch Bewegen des Wahlrades nach rechts (+) oder links (-) anpassen.

Im Vergleich zur oben beschriebenen Methode, bei der Sie das Sonnensymbol verschieben, ist diese Einstellung *permanent* und muss wieder manuell zurückgesetzt werden. Dies ist sehr praktisch, wenn Sie unter den gleichen Lichtverhältnissen verschiedene Aufnahmen machen möchten und nicht jedes Mal die Belichtung neu korrigieren möchten. Sie benötigen diese Funktion aber auch, wenn der Bereich, auf den Sie per Fingertipp scharfstellen, nicht auch die Belichtung des Bildes bestimmen soll.

Auf Android-Geräten gibt es keine vergleichbare Funktion – hier müssen Sie im Pro-Modus mit der manuellen Belichtung arbeiten.

Bei großen Kontrasten: HDR

Ist der Dynamikumfang Ihres Motivs so hoch, dass Sie auch mit einer Belichtungskorrektur nicht ans Ziel kommen, kann die HDR-Funktion Ihrer Kamera für Abhilfe sorgen. HDR steht für »High Dynamic Range«, also »hohen Dynamikumfang«. Die Funktion versucht, große Helligkeitsunterschiede auszugleichen. Hierzu werden mehrere Bilder (meistens drei) mit unterschiedlichen Belichtungszeiten (kurz, normal, lang) aufgenommen und dann zu einem Bild zusammengerechnet. Die hohen Kontraste verschwinden, das Motiv wird mit einer relativ gleichmäßigen Helligkeitsverteilung dargestellt – und ist so näher an unserem eigenen visuellen Eindruck. Dieses Werkzeug ist in jeder Standard-Kamera-App integriert. Wenn Sie damit noch mehr experimentieren wollen, lohnt sich ganz sicher auch der Kauf einer HDR-App für Android oder iOS. Eine gute HDR Funktion hat auch die bereits genannte App ProCamera für iOS.

Das Bild links wurde ohne HDR-Funktion, das rechte Bild mit HDR-Funktion aufgenommen. In den vormals dunklen Bildbereichen können Sie den Unterschied am besten erkennen. HDR-Aufnahmen gleichen den Kontrast zwischen Hell und Dunkel etwas aus und geben Farben kontrastreicher wieder.

2.6 So gestalten Sie mit Schärfe

Was in Ihrem Bild wichtig ist, sollte scharf sein. Schärfe schafft Aufmerksamkeit und gehört zu den wesentlichen Bildgestaltungsmitteln in der Fotografie. Mit einer gezielt gesetzten Schärfe führen Sie das Auge des Betrachters ganz bewusst durch die Aufnahme und Sie bestimmen, wo das Zentrum seiner Aufmerksamkeit (des Geschehens) liegt.

Tipp für scharfe Bilder: Objektiv putzen
Es klingt so trivial, aber: Das Brillenputztuch ist das wichtigste Gadget überhaupt. Weil wir unser Smartphone ständig in den Händen haben, ist das Objektiv so gut wie immer verschmutzt. Die Aufnahme wirkt dadurch dann nicht nur gräulich und kontrastarm, die Kamera kann auch nicht mehr richtig scharf stellen. Kurz: Auch wenn Sie kein Brillenträger sind, sollten Sie immer so ein Putztuch bei sich haben.

Auch wenn die Smartphone-Kamera gut selbst fokussiert, überlassen Sie das scharf stellen nie der Kamera allein und kontrollieren Sie regelmäßig Ihr Ergebnis.

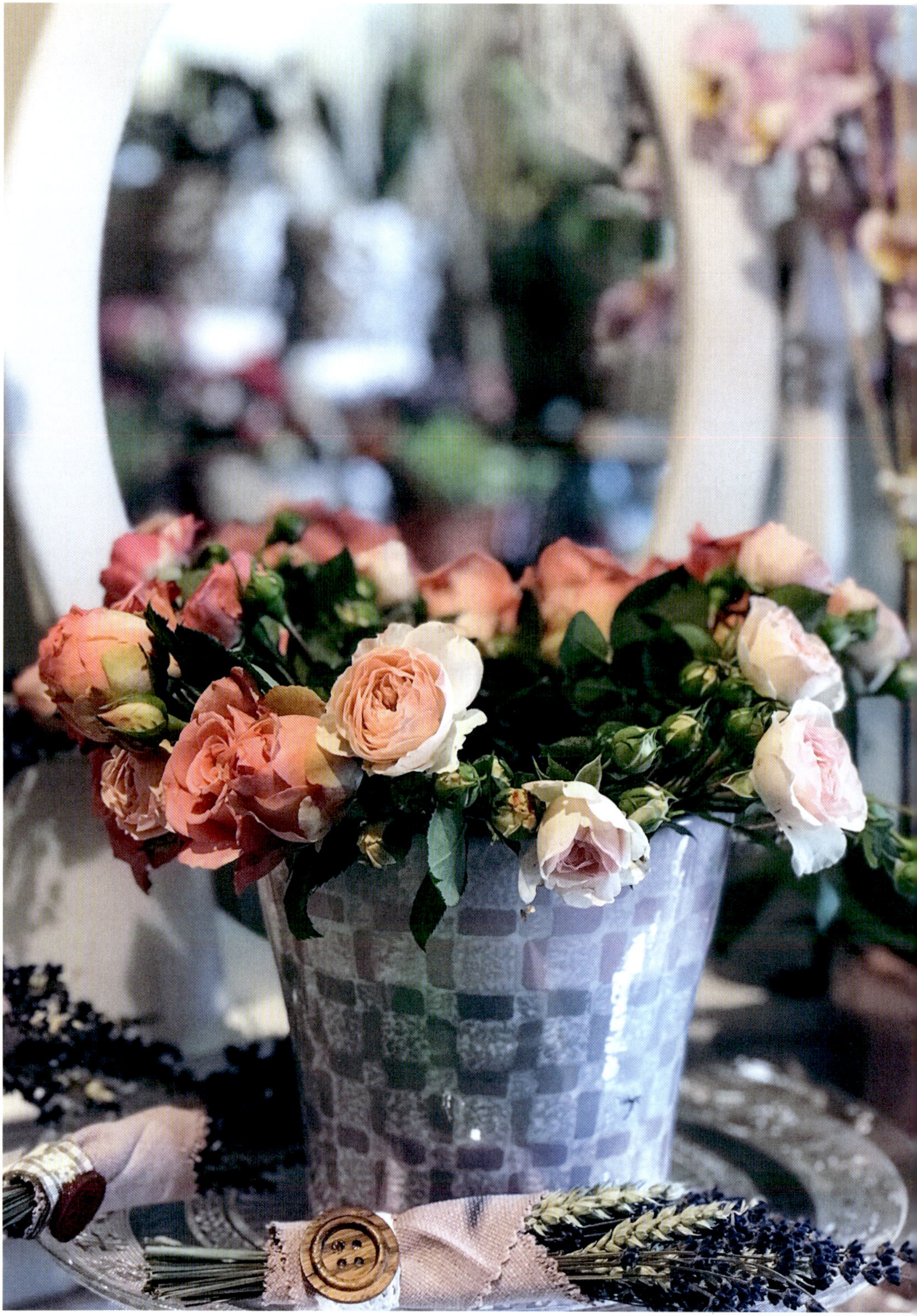

Schärfepunkt festlegen

Tippen Sie mit dem Finger auf Ihr Hauptmotiv, wird nicht nur die Belichtung gemessen – auch der Autofokus wird aktiviert und stellt auf die angetippte Stelle scharf. Dasselbe gelbe Quadrat (es kann auch ein Kreis sein) auf dem Display, das Sie schon von der Belichtungsmessung (siehe Abschnitt »Wenn die Automatik versagt: Belichtung messen per Fingertipp« ab Seite 18) kennen, signalisiert Ihnen auch den Fokusbereich (wenn Sie die Belichtung unabhängig vom Schärfepunkt festlegen wollen, nutzen Sie auf einem iPhone zur Belichtungskorrektur das Wahlrad, siehe Seite 22, bei einem Android-Gerät korrigieren Sie die Belichtung manuell im Pro-Modus (siehe Seite 13)).

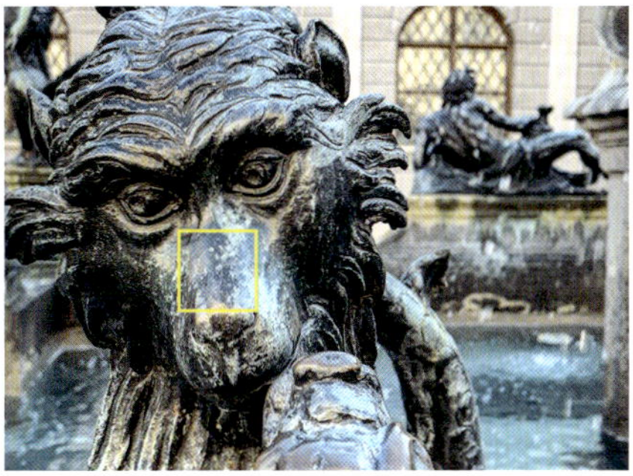

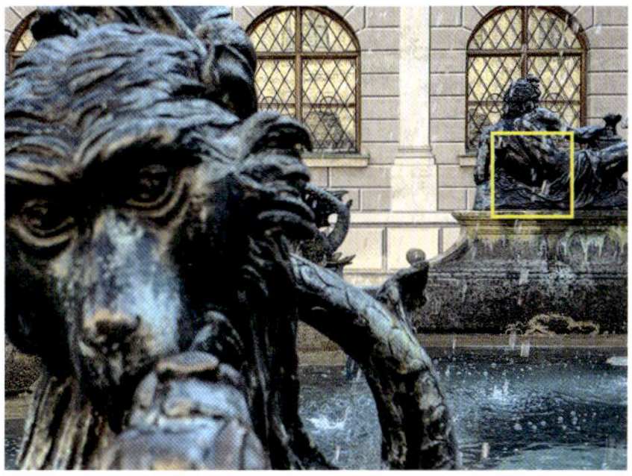

Den Fokus sperren

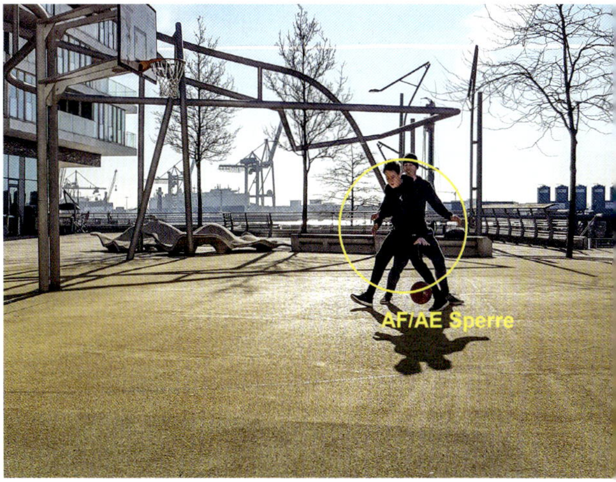

Bei schlechten Lichtverhältnissen tut sich der Autofokus schwer, einen Fixpunkt zu finden. Die Kamera sucht ständig Elemente im Bild, auf die sie scharf stellen kann. Oft mit dem Ergebnis, dass die Aufnahmen mal unscharf, mal scharf sind. In dieser Situation hilft die *AF/AE-Sperre*. Tippen Sie mit dem Finger zwei Sekunden auf Ihr Display. Es erscheint am Bildrand der Hinweis *AF/AE-Sperre*. Auch wenn Sie von einer Position aus mehrere Aufnahmen machen wollen, ist es praktisch, wenn Sie nicht immer neu fokussieren müssen. Allerdings dürfen Sie dann den Abstand zwischen Motiv und Kamera nicht mehr verändern. Wenn die beim Setzen der AF/AE-Sperre gemessene Belichtung nicht passt, korrigieren Sie diese auf einem iPhone über das Wahlrad (siehe Seite 22), auf einem Android-Gerät über die manuelle Belichtung im Pro-Modus (siehe Seite 13).

Selektive Schärfe – den Hintergrund bitte recht unscharf

Ein Motiv bekommt viel mehr Bedeutung, wenn es sich vom Hintergrund abhebt. Selektive Schärfe – also das gezielte Arbeiten mit Schärfe – ist ein sehr beliebtes Kompositionsmittel und wird vor allem in der Porträt- oder Objektfotografie gern eingesetzt. Allerdings muss hier die Software nachhelfen, denn von Haus aus haben Smartphone-Kameras wegen der geringen Größe von Sensor und Optik eine hohe Schärfentiefe. Wenn Sie etwa mit Ihrem Smartphone einen Blumenstrauß vor einer bemalten Wand fotografieren, wird beides fast gleich scharf abgebildet (es sei denn, Sie gehen ganz nah an den Blumenstrauß heran, der dann aber nicht mehr ganz aufs Bild passen wird).

Soll nur der Blumenstrauß scharf und die Wand unscharf abgebildet werden, nutzten Sie den Porträt-Modus, über den die meisten Smartphone-Modelle verfügen. Künstliche Intelligenz hilft hier eine geringe Schärfentiefe ins Bild zu rechnen, die den Vorder- vom Hintergrund trennt.

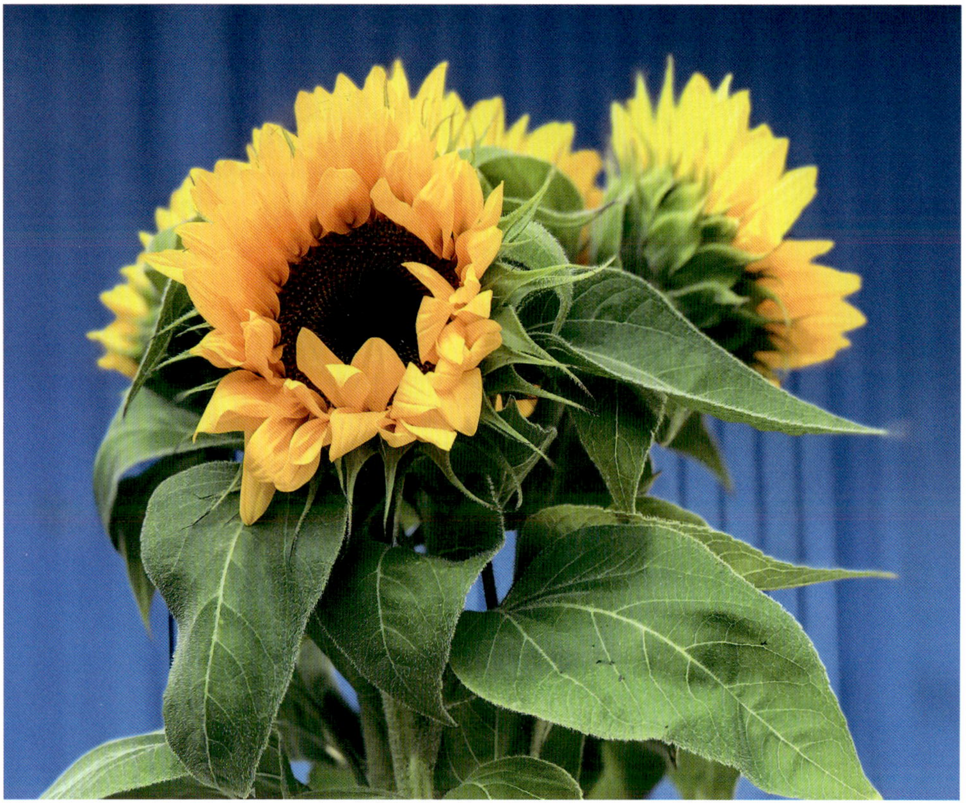

Schnappschuss unterwegs. Die frisch gepflückten Sonnenblumen passten perfekt zu den blauen Farben des Garagentors – aufgenommen im Porträt-Modus des iPhone, der den Hintergrund unscharf rechnet und so das Motiv im Vordergrund stärker hervorhebt.

Selektive Schärfe variieren und nachbearbeiten

Ab dem iPhone 11 sowie bei modernen Android-Geräten können Sie die selektive Schärfe auch manuell einstellen.

Wenn Sie auf dem iPhone im Porträt-Modus fotografieren, tippen Sie hierzu auf das »f« (links unter dem Live-Bild) und passen die Stärke der Hintergrundunschärfe entsprechend an. Die Wahl des Buchstabens kommt nicht von ungefähr – bei »großen« Kameras steht er für den Blendenwert (hier wie dort sorgt ein kleiner f-Wert für eine starke, ein großer Wert für eine schwache Hintergrundunschärfe).

Wenn Sie ein Samsung-Gerät besitzen, ist der Porträt-Modus vielleicht schon aktiv (siehe unterer Rand der Modulanzeige). Ansonsten tippen Sie auf *MEHR* und anschließend auf *Porträt-Modus*. Die Schärfentiefe-Einstellung versteckt sich hier in den Effekten, die sich rechts auf dem Live-Bild befinden. Verschieben Sie den Regler unter dem Live-Bild so lange, bis die gewünschte Hintergrundunschärfe erreicht ist.

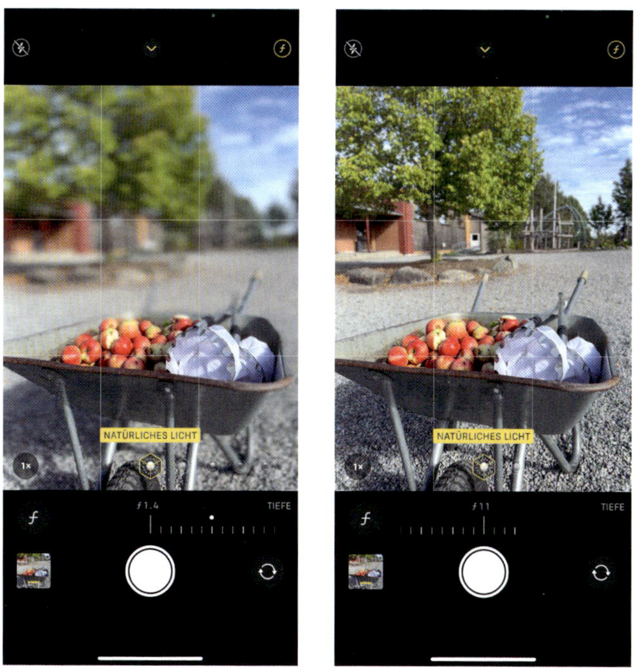

Porträt-Modus des iPhone 13 Pro Max – hier sehen Sie den Unterschied der selektiven Schärfe in den Einstellungen f 1,4 und f 11.

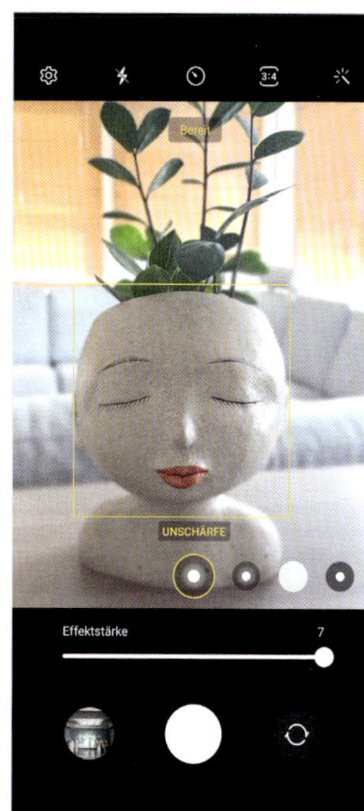

Ähnlich ist es im Porträt-Modus des Samsung Galaxy S23. Hier spricht man von »Effektschärfe«, die im Live-Bild eingestellt wird.

Die manuelle Anpassung der Unschärfe ist wirklich sehr nützlich, insbesondere wenn sich im Vordergrund Ihres Bildausschnitts glänzende Materialien wie Glas oder Metall befinden oder sich Ihr Hauptmotiv nicht ausreichend vom Hintergrund abhebt. Dann kann der Porträt-Modus Schwierigkeiten haben, die Ränder des Hauptmotivs klar und scharf darzustellen. Oft bemerkt man diese erst nach der Aufnahme. Aber löschen müssen Sie diese Aufnahmen nicht mehr. Die selektive Schärfe kann nachträglich auf die gleiche Weise wie bei der Aufnahme korrigiert werden.

Wenn Sie ein iPhone verwenden, öffnen Sie die Aufnahme in Ihrer Fotos-App und wählen *Bearbeiten*. Oben links finden Sie das Symbol »f«. Tippen Sie darauf und passen Sie anschließend die Schärfe nach Ihren Wünschen an, indem Sie wieder den Regler unten verwenden.

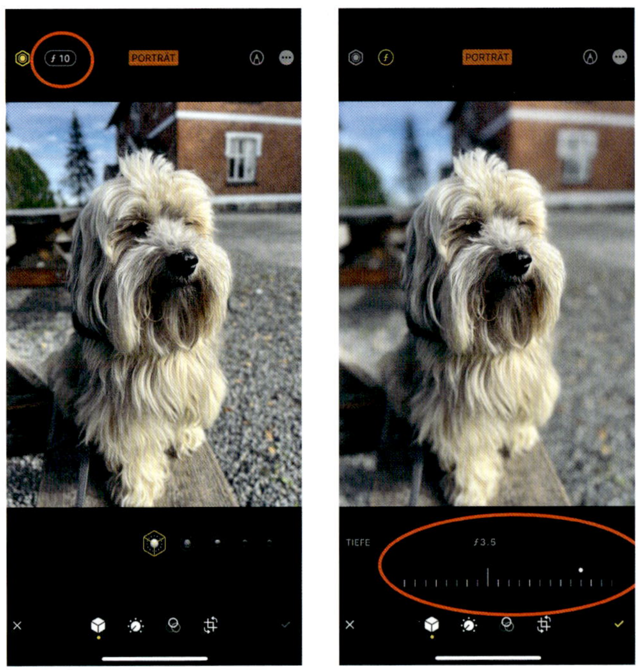

So können Sie beim iPhone nachträglich in der Bildbearbeitung die Intensität der Schärfe korrigieren.

Auf Samsung-Geräten gehen Sie ähnlich vor. Öffnen Sie das Bild in Ihrer Galerie, tippen Sie unten auf das Stiftsymbol, dann rechts auf die drei Punkte und suchen Sie nach der Option *HG-Unschärfe* etwas weiter links. Hier können Sie nachträglich die Schärfe anpassen.

Und falls Ihnen nachträglich auffällt, dass Sie Ihr Bild besser im Porträt-Modus aufgenommen hätten, ist das bei Samsung-Geräten auch kein Problem. Öffnen Sie das Bild in Ihrer Galerie, gehen Sie auf *Bearbeiten*, dann auf die drei Punkte rechts und wählen *Sie Porträt-Effekt hinzufügen*. Auch hier haben Sie die Möglichkeit, die gewünschte Stärke der Unschärfe selbst anzupassen.

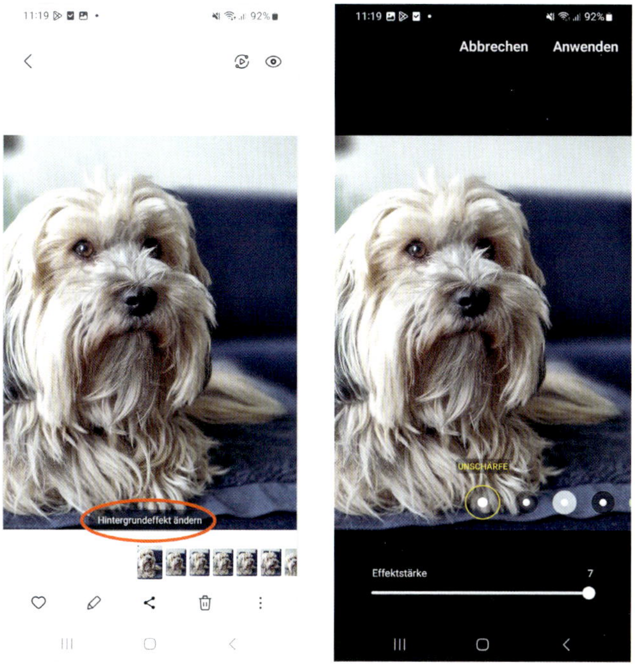

Nachträgliche Korrektur der selektiven Schärfe in der Standard-Kamera-App des Samsung Galaxy.

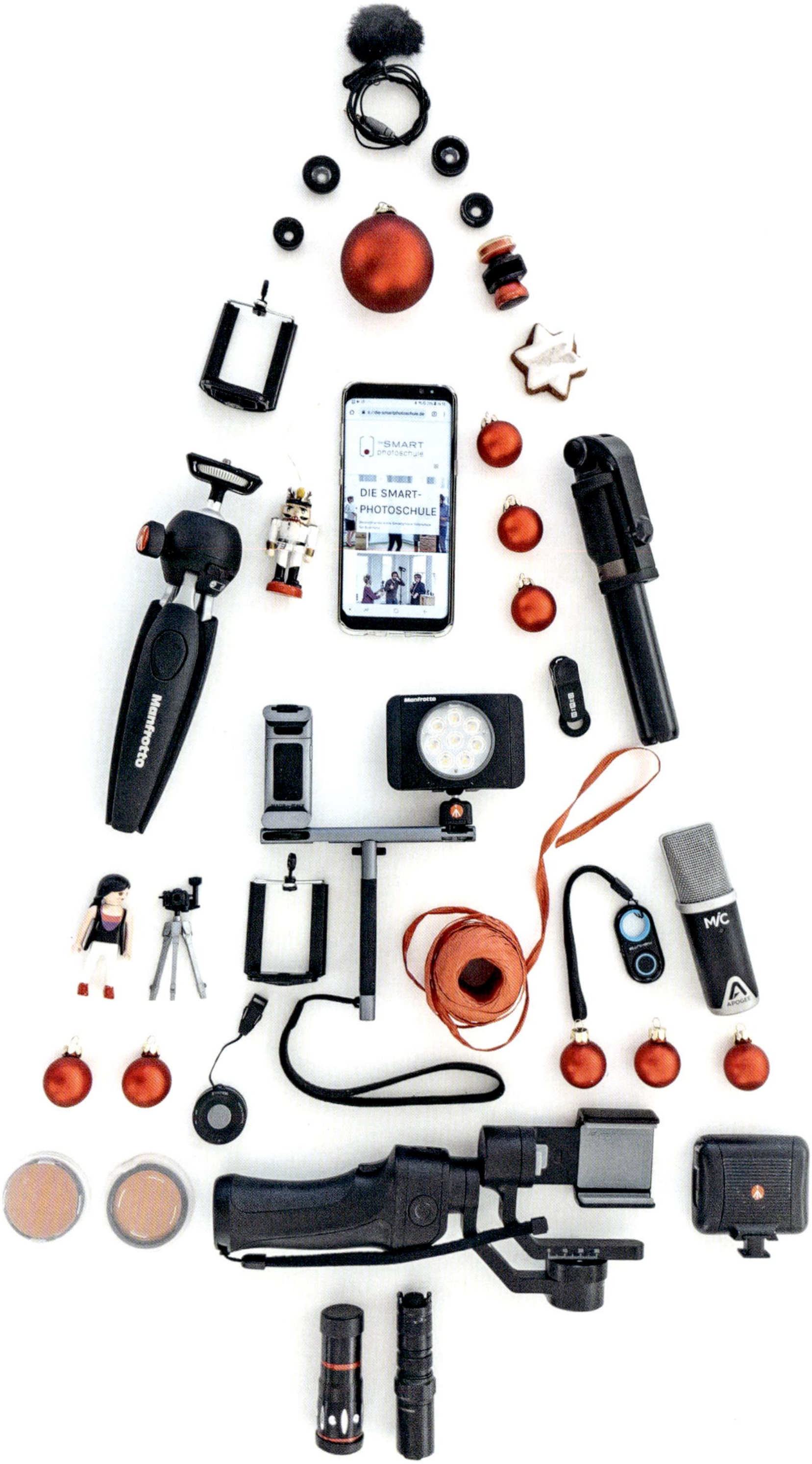
SMART
photoschule
DIE SMART-
PHOTOSCHULE
Manfrotto
Manfrotto
MiC
APOGEE

3 DIE BESTE AUSRÜSTUNG – EIN ÜBERBLICK

Wenn Sie bis hierher gelesen haben, wissen Sie: Für richtig gute Fotos brauchen Sie keine große, schwere Kamera. Und es kommt noch besser: Auch die Ausrüstung für Smartphones bleibt kompakt und übersichtlich.

3.1 Die Grundausrüstung für jede Tasche

Halten Sie das Objektiv der Smartphone-Kamera regelmäßig sauber - dann funktioniert der Autofokus besser und Ihre Aufnahmen werden kontrastreicher und klarer.

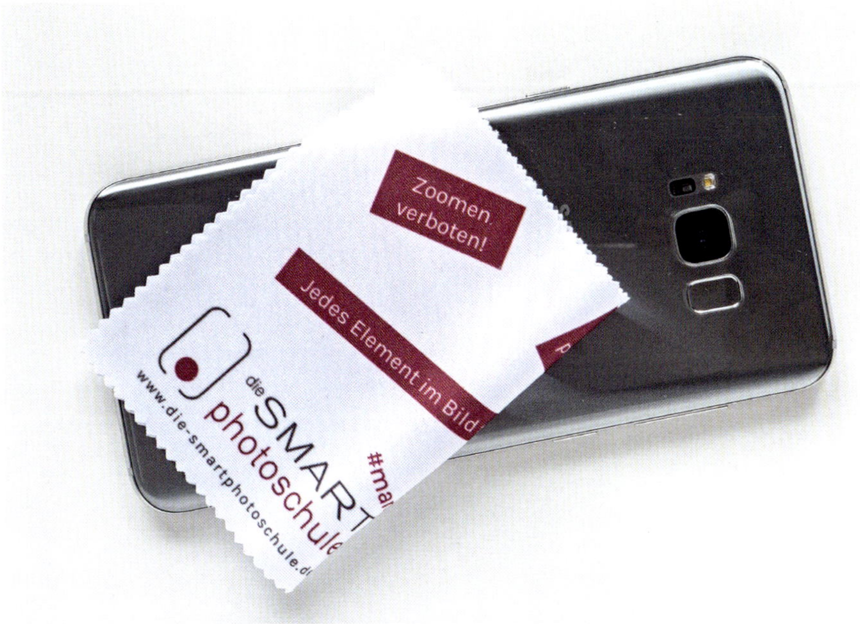

Gadget Nr. 1 - das Putztuch. Es darf in keiner Tasche fehlen!

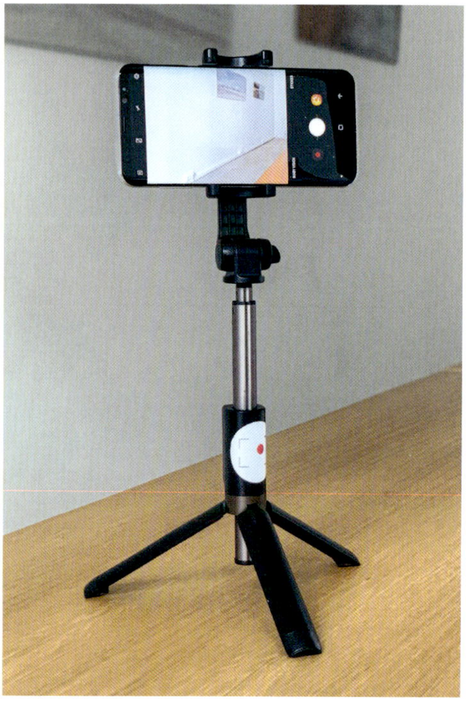

Gadget Nr. 2 – ein Selfiestick (mit einem integriertem Standfuß)

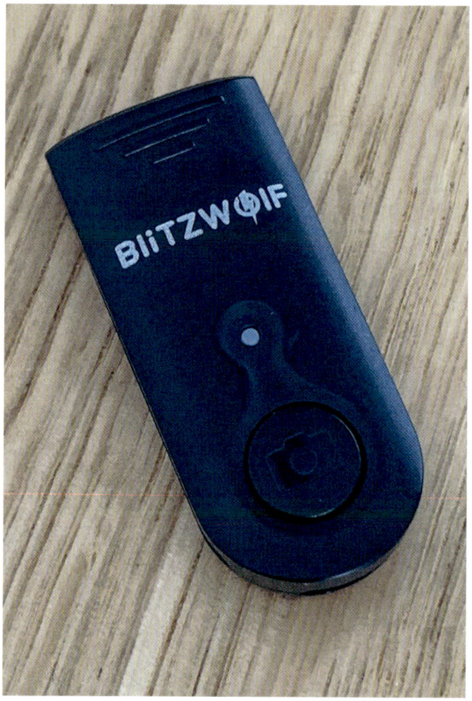

Gadget Nr. 3 – ein externer Bluetooth-Auslöser

Besorgen Sie sich einen Selfiestick und probieren Sie die weiter unten im Abschnitt »Nicht ohne meinen Selfiestick« ab Seite 46 beschriebenen Tipps damit aus. Sie werden ihn lieben und niemals ohne ihn aus dem Haus gehen! Selfiesticks mit einem integrierten Stativfuß bieten Ihnen noch mehr Flexibilität, zum Beispiel für Objektfotografie oder Langzeitbelichtungen.

Wenn Sie Ihr Smartphone verwacklungssicher auf einem Stativ montieren, um Makroaufnahmen oder einfach Bilder von sich selbst zu machen, benötigen Sie einen zusätzlichen Fernauslöser. Achten Sie beim Kauf darauf, das Sie diesen vom Selfiestick abnehmen können.

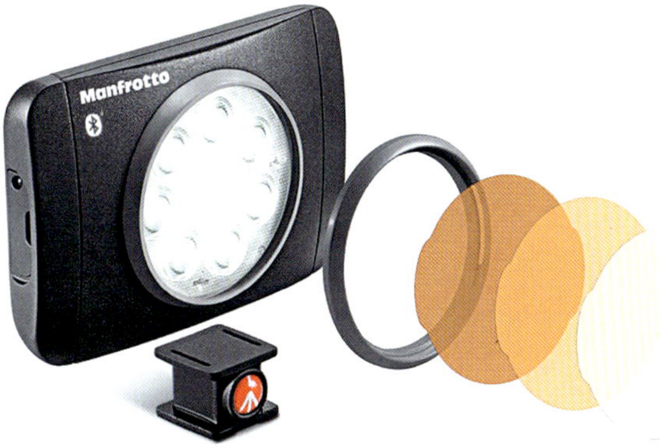

Quelle: manfrotto.de

Licht aus der Tasche

Wenn die Lichtverhältnisse ungünstig sind, wenn Sie Makroaufnahmen machen, oder wenn Sie einfach schöne, effektvolle Lichtakzente in Ihren Bildern setzen möchten, sind kleine LED-Lampen eine sinnvolle Ergänzung Ihrer Ausrüstung. Manfrotto und auch andere Hersteller bieten diese in unterschiedlichen Größen und Stärken an. Mit einer dimmbaren Lampe können Sie die Lichtstärke noch individueller einstellen. Bei meiner Manfrotto-Lampe sind noch verschiedene Filter dabei, um ihr an sich weißes LED-Licht an das Umgebungslicht anpassen zu können.

Hände frei für das Motiv: Stativ einsetzen

Der Gebrauch eines Stativs in der Smartphone-Fotografie bietet zahlreiche Vorteile.

Nachdem Sie Ihr Smartphone sicher in der Stativhalterung platziert haben, können Sie sich unbesorgt dem Motiv und der Bildgestaltung widmen, ohne bei jeder Aufnahme die Smartphone-Kamera erneut ausrichten zu müssen.

Das Stativ sorgt für Stabilität, was besonders praktisch ist, wenn Sie eine ruhige Hand für Makroaufnahmen benötigen oder im AF/AE-Modus mit gesperrtem Autofokus arbeiten.

Ich verwende dieses Stativ sehr gerne für Produktfotografie. Der Kugelkopf bietet den Vorteil, dass Sie die Kamera kontinuierlich und präzise positionieren können.

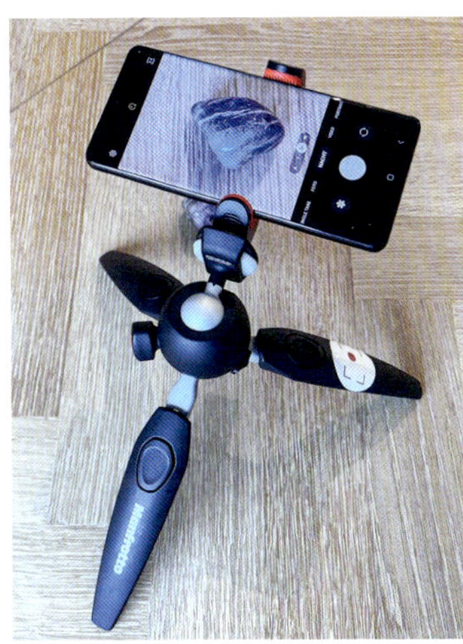

3.2 Apps für kreative Fotografie

Kamera- und Fotobearbeitungsapps haben nach wie vor einen hohen Nutzwert. Anfänglich waren Apps zur Unterstützung der Aufnahmetechnik unerlässlich, doch dank der fortschreitenden technischen Entwicklung ist das nicht mehr so. Heutige Smartphone-Kameras bieten fast alle essenziellen Werkzeuge und Features für kreatives Arbeiten - dazu gehören Langzeitbelichtung, Makrofotografie und Aufnahmen bei Nacht. Bei modernen Smartphones sind für diese Funktionen also keine zusätzlichen Apps mehr erforderlich.

Dennoch greife ich für spezielle Zwecke wie kreative Fotografie, HDR und Bildbearbeitung weiterhin auf spezialisierte Apps zurück, da sie oft noch bessere Ergebnisse oder höhere Qualität bieten.

Hinweis
Ich möchte Ihnen hier einige Empfehlungen geben, welche Apps Sie aus den App Stores von Apple oder Google herunterladen sollten. Auf das Arbeiten mit Snapseed und Lightroom gehe ich gegen Ende des Buchs noch detailliert ein (zu Snapseed lesen Sie mehr ab Seite 164, zu Adobe Lightroom CC ab Seite 170). Bitte beachten Sie, dass manche Funktionalitäten der Apps nur nach einem In-App-Kauf oder nach Abschluss eines Abos zur Verfügung stehen können.

Kreative Foto-Apps für Aufnahmen und Bearbeitung

Adobe Lightroom CC ist ein bekanntes Tool für professionelle Bildbearbeitung und ein sehr gutes Archivierungssystem für Ihre Bilder. Ebenso verfügt diese App über eine exzellente Kamera mit unterschiedlichen Modulen. Neben dem Vollautomatikmodus lassen sich im Modus *Professionell* alle Kameraeinstellungen manuell vornehmen. Außerdem integriert ist ein High-Dynamic-Range-Modus (HDR).

Die App bietet bereits in der kostenlosen Variante vielseitige Bildbearbeitungstools an. Das Angebot wächst mit dem Abschluss des Creative-Cloud-Foto-Abos von Adobe für Lightroom und Photoshop für 11,98 € pro Monat incl. 120 GB Cloudspeicher. (Wie Sie genau mit der *Lightroom-CC*-App arbeiten, erkläre ich Ihnen ab Seite 170.)

ProCamera (14,99 €) war schon immer eine leistungsstarke Kamera-App für iOS-Geräte wie das iPhone und das iPad und ist nun auch für Android erhältlich. Mit manuellen Einstellungsmöglichkeiten für Belichtung, ISO und Fokus gibt sie Fotografen mehr kreative Freiheit.

Außerdem unterstützt ProCamera das RAW-Format – auch, wenn es ihre Standard-Kamera-App nicht tut (beachten Sie aber den Hinweis auf Seite 9). Ich nutze sie sehr gern für HDR -Aufnahmen. Die App enthält auch Funktionen für Bracketing-Aufnahmen mit unterschiedlichen Belichtungsstufen, Histogramme, Geotagging und umfangreiche Metadaten. Die App ist ideal für alle, die mehr Kontrolle wünschen und gern tiefer in die manuelle Fotografie einsteigen möchten.

Photoshop Express ist eine App von Adobe, die äußerst vielfältige Bildbearbeitungswerkzeuge für Smartphones und Tablets bietet. Mit dieser App können Sie grundlegende Bildanpassungen vornehmen, Filter und Effekte hinzufügen, Bilder zuschneiden, retuschieren, Text einfügen, Rahmen und Aufkleber verwenden, Bildcollagen erstellen sowie RAW-Fotos bearbeiten. Die App richtet sich an Anfänger und Gelegenheitsfotografen und ist in den beiden großen App Stores kostenlos erhältlich, bietet jedoch auch erweiterte Funktionen über In-App-Käufe.

Die vermutlich beliebteste App zur Bildbearbeitung auf dem Smartphone ist *Snapseed*. Sie umfasst über zwei Dutzend verschiedene Tools und Filter, mit denen Sie Ihren Bildern garantiert den letzten Schliff geben können. Die App ist gratis und für Android und iOS erhältlich. (Wie Sie genau mit *Snapseed* arbeiten, erläutere ich Ihnen ab Seite 164.)

Facetune KI-Bildbearbeitung ist eine seit jeher beliebte App für Porträtretusche, inzwischen mit KI-Einbindung und In-App-Käufen für viele Funktionalitäten. Sie bietet Werkzeuge zur Hautglättung, Zahnaufhellung, Augenverbesserung, Haaroptimierung, Make-up-Anwendung und Effekte. Sie können auch Texte hinzufügen und Vorher-nachher-Vergleiche durchführen. Facetune eignet sich hauptsächlich zur Verbesserung von Selfies und Porträtfotos und ist in den App Stores für iOS und Android erhältlich.

Mit der App *LensFlare* lassen sich Blendenflecken und andere Lichteffekte zu Fotos hinzufügen. Mit vorgefertigten Effekten und Anpassungsoptionen können Sie Ihre Fotos kreativer gestalten und dramatische Lichteffekte erzeugen. Die App hat eine benutzerfreundliche Oberfläche. Sie ist verfügbar für iPhones und Android-Smartphones (gratis für Android, für iOS kostet sie 5,99 € und hat den Namenszusatz »Optical Effects«). Eine App für alle, die ihren Bildern eine kreative Note verleihen möchten.

Hinweis
Vielleicht ist Ihnen bereits aufgefallen, dass in Apples App Store tendenziell mehr kreative Apps verfügbar sind als im Google Play Store? Suchen Sie im Play Store nach Alternativen und verwenden Sie am besten allgemeine Suchbegriffe, die die gewünschte Funktion beschreiben. Mit Sicherheit finden Sie Apps mit ähnlichen Funktionen, vielleicht nur unter einem anderen Namen.

Sind Sie experimentierfreudig? Dann könnte die App *Distressed FX* (für iOS und Android) genau das Richtige für Sie sein. Mit ihr können Sie Ihren Aufnahmen ein einzigartiges Aussehen verleihen.

Auch wenn Snapseed und Lightroom jeweils eine eigene Perspektivenkorrektur an Bord haben, lohnt sich die Installation von *SKRWT*, das neben der Korrektur stürzender Linien oder objektivbedingter Verzerrungen noch mehr kann: symmetrische Spiegelungen und Transformationen. Das zu bearbeitende Bild muss zunächst importiert werden, wird aber nach der Bearbeitung automatisch in Ihre Fotosammlung zurück exportiert.

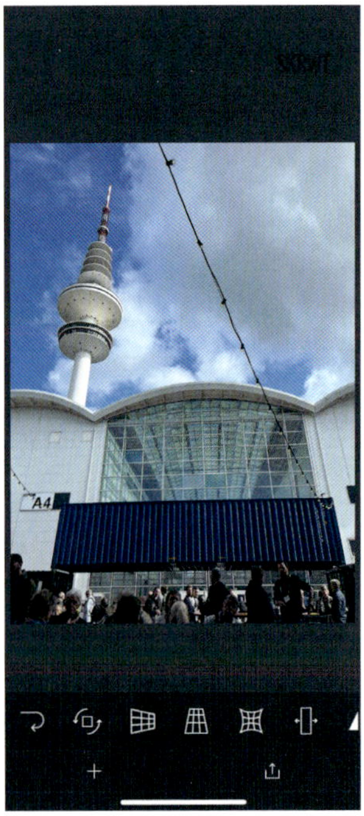

◂ SKRWT in Aktion – die Icons unten zur Behebung von stürzenden Linien und Verzerrungen sind selbsterklärend.

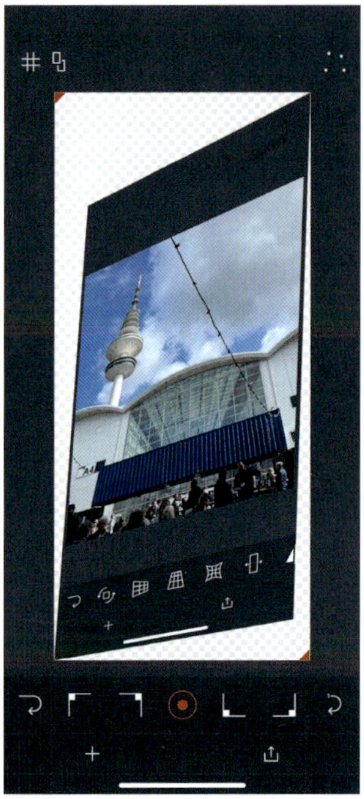

▸ SKRWT hat noch zwei Unterkomponenten – MRRW für symmetrische Kompositionen und 4PNTS für Transformationen, mit denen Sie wie hier ein Bild beliebig verformen können.

Slow Shutter ist eine App für Langzeitbelichtungen von wenigen Sekundenbruchteilen bis »BULB« (= beliebig lange). Neben der Verschlusszeit können Sie auch Aufnahmemodi einstellen wie *Motion Blur* oder *Light Trails* – Letzteres kann auch bei statischen Motiven sehr interessante Effekte ergeben, wenn Sie das Smartphone bei der Aufnahme bewegen. Jedes gemachte Bild muss ausdrücklich in der Fotosammlung gespeichert oder verworfen werden.

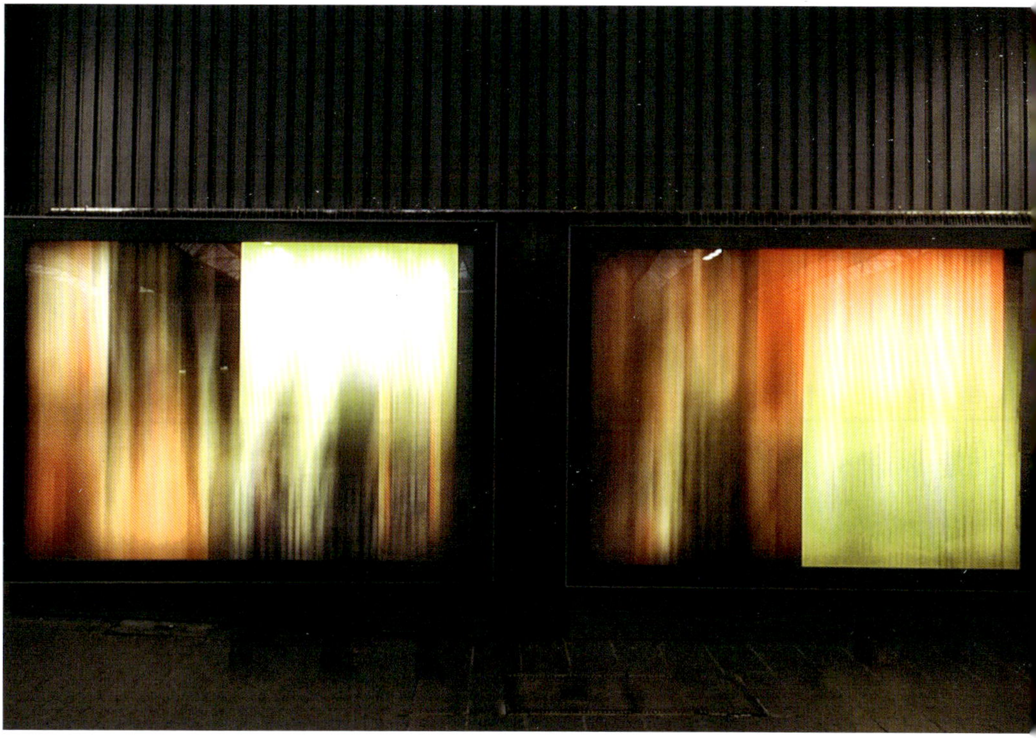

Eine analoge Plakatwand beim Wechsel zwischen zwei Motiven, aufgenommen mit Slow Shutter bei ca. 2 Sekunden Belichtungszeit.

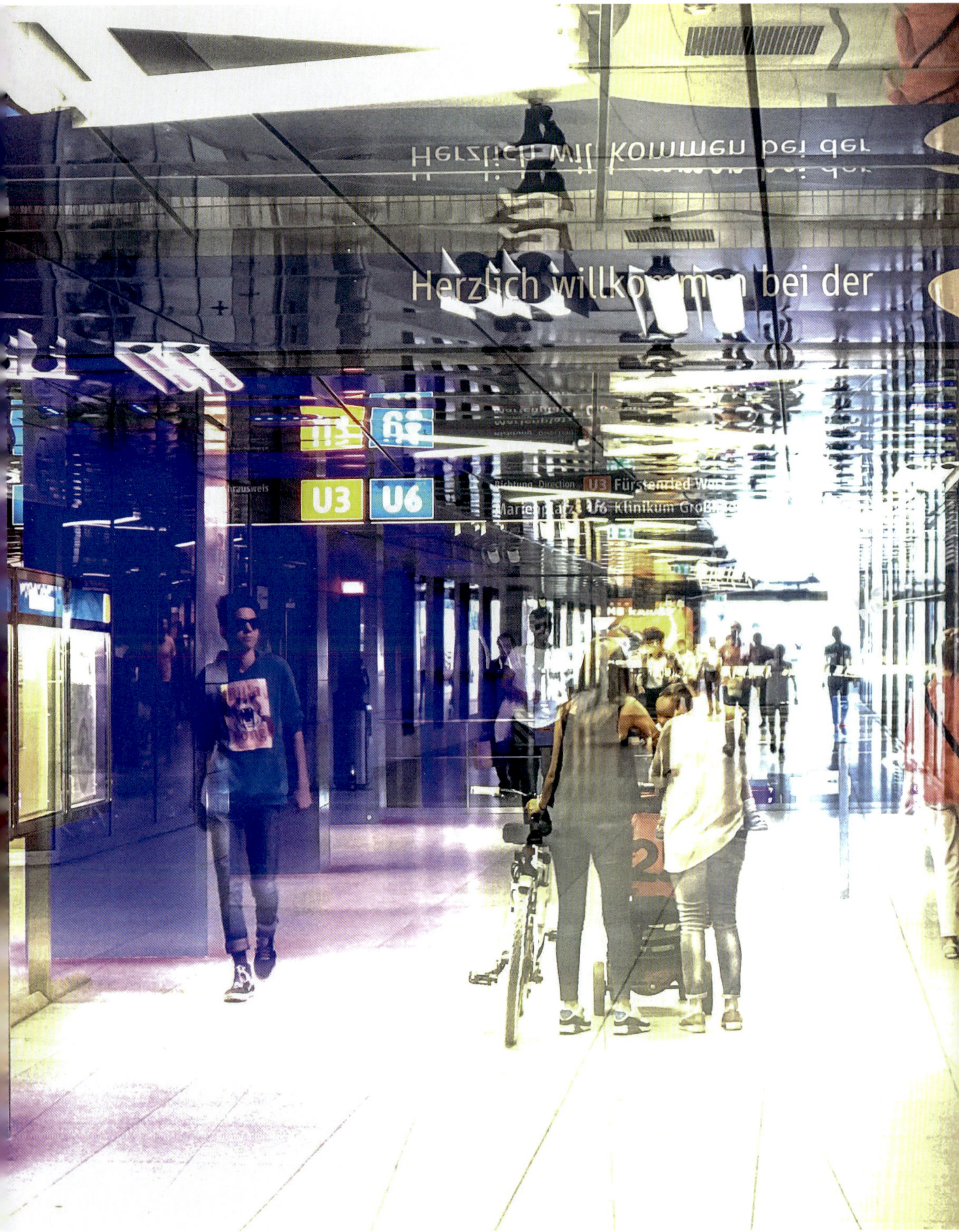
Herzlich willkommen bei der
U3
U6
Richtung Direction

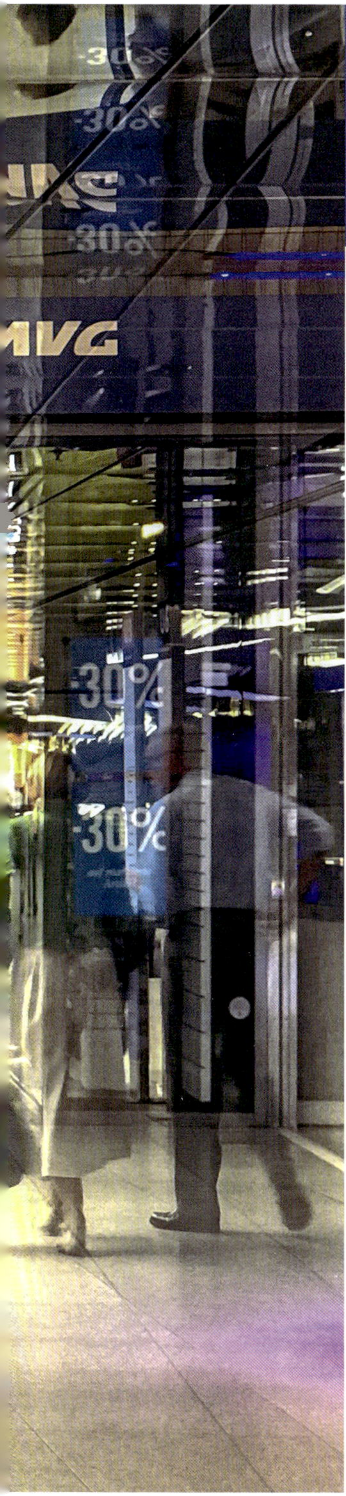

4 DIE STANDARD-KAMERA-APP

iOS (für iPhones) und Android (etwa für Samsung Galaxy-Smartphones) haben jeweils eine eigene Standard-Kamera-App. Mit jedem neuen Smartphone-Modell wird diese um weitere Funktionalitäten ergänzt, oft abhängig von der Betriebssystemversion und der konkreten Hardware (der Funktionsumfang der Standard-Kamera-App unterscheidet sich daher in Teilen, vor allem bei Android-Smartphones). Meist ist die Standard-Kamera-App völlig ausreichend, es sei denn, Sie möchten detaillierte manuelle Einstellungen vornehmen oder suchen ausgefallene Filtereffekte.

In diesem Kapitel werfen wir einen Blick auf das Menü der Standard-Kamera-App sowohl des iPhones als auch eines Android-Geräts von Samsung. Die Standard-Kamera-Apps aller aktuellen Smartphone-Modelle zeichnen sich durch fortschrittliche technische Features aus, oft unterstützt von künstlicher Intelligenz, und sind in punkto Funktionalität in der Regel auf einem vergleichbaren Stand.

Falls Sie ein anderes Modell als hier beschrieben besitzen, achten Sie genau auf die verschiedenen Einstellungen. Die technische Ausstattung kann je nach Modell unterschiedlich ausfallen (so unterstützen nur die Standard-Kamera-Apps der Pro-iPhones ab Version 12 das RAW-Format). Bei Unklarheiten über bestimmte Funktionen empfehle ich, auf der Webseite des jeweiligen Herstellers nachzuschauen.

Bei allen Kamera-Apps befinden sich direkt unter dem Live-Bildschirm die verschiedenen Aufnahmemodi. Modi wie *SloMo*, *Zeitraffer*, *Video*, *Foto* und *Pano* sind standardmäßig bei allen Modellen verfügbar. Funktionen wie *Kino-Modus* (beim iPhone), *Porträt-Modus*, *Makro* und *Nachtfotografie* können jedoch modellabhängig variieren.

Wir schauen uns hier das Menü und die Einstellungen des iPhone 13 Pro Max sowie des Samsung Galaxy S23 etwas näher an.

4.1 Einstellungen beim iPhone

Gehen Sie in die *Einstellungen* des iPhones, dann in den Unterpunkt *Kamera*. Aktivieren Sie *»Lauter« für Serie verwenden*, um mit der »Lauter«-Taste die Aufnahme einer Bilderserie auslösen zu können. Aktivieren Sie auch das Raster – es unterstützt Sie bei der Bildgestaltung und beim Ausrichten von Linien. *Fotografische Stile* steht bei mir auf *Standard*. Das ändere ich ggf. im Live-Modus bei der Aufnahme.

Mit der *Objektivkorrektur* werden die Bilder leicht entzerrt, die mit einem Ultraweitwinkel- oder Standardweitwinkel aufgenommen wurden. Makro-Steuerung ist ebenso aktiviert. Diese kann man auch manuell im Aufnahmemodus deaktivieren.

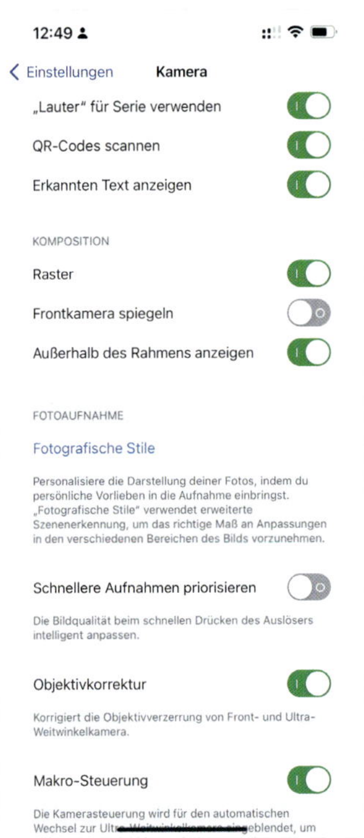

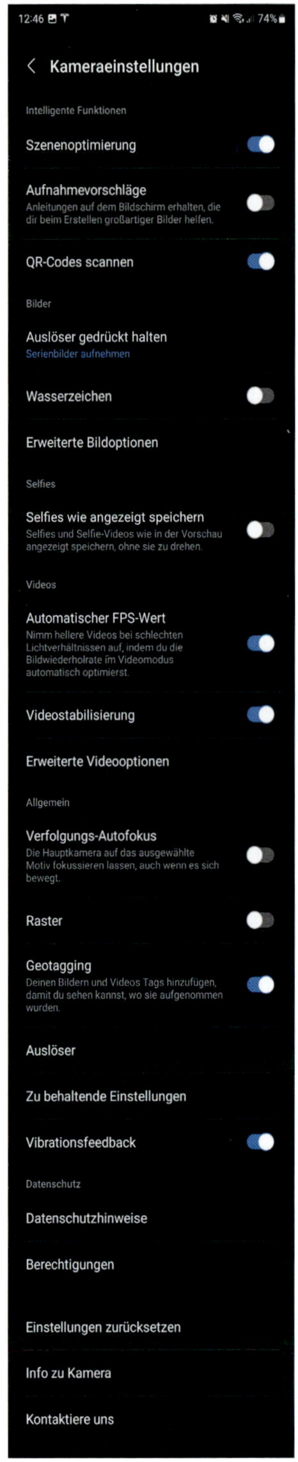

Ein Blick in die Einstellungen der Standard-Kamera-Apps von iPhone (oben) und Samsung Galaxy S23 (rechts) lässt schon ahnen, dass sich im Laufe der Jahre wirklich vieles getan hat.

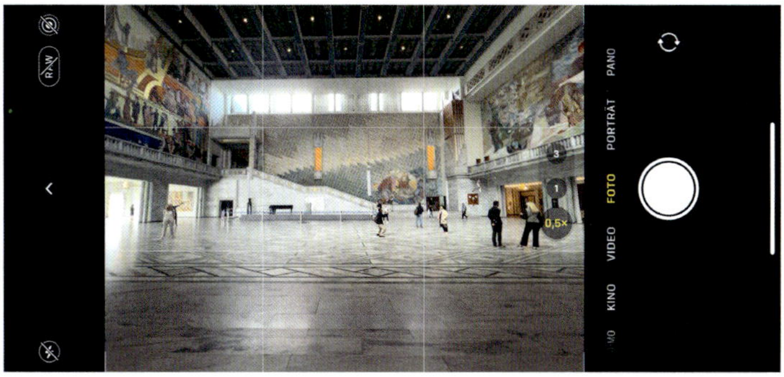

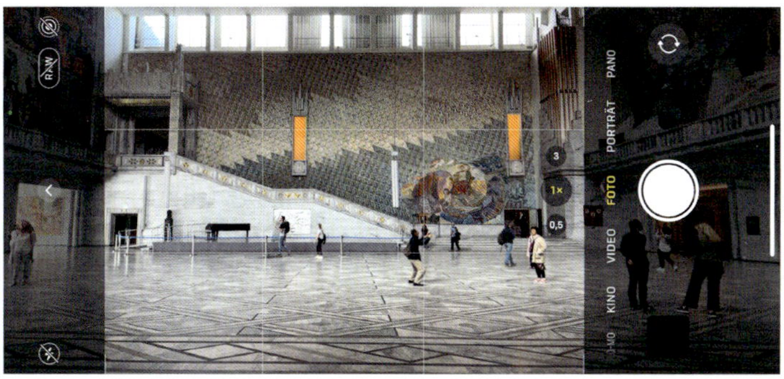

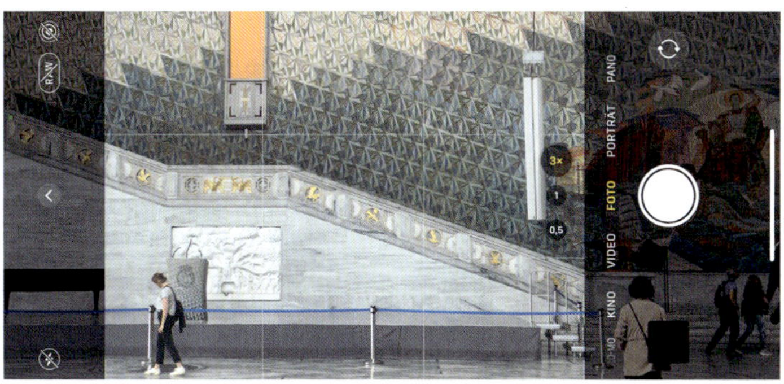

In allen drei Abbildungen kann man gut die Wirkung der im iPhone 13 Pro Max eingebauten Objektive erkennen. Tippen Sie auf die Zahlen 0,5, 1, 3 (hier in den Bildern rechts) um zwischen den Objektiven für Ultraweitwinkel, Normal- und Teleobjektiv zu wechseln.

In der Kamera-App der iPhones ab dem Modell 11 gibt es im Vergleich zu älteren Modellen zahlreiche erweiterte Einstellungsoptionen.

Schauen Sie sich zunächst die linke Seite der obigen drei Screenshots an:

- Ganz oben haben Sie die Möglichkeit, den Live-Modus zu aktivieren oder zu deaktivieren (zielscheibenartiges Icon).
- Darunter können Sie (nur bei den Pro und Pro Max-Modellen) das Bildformat auswählen: RAW oder JPG. Ist diese Option deaktiviert oder nicht verfügbar, wählt die Kamera automatisch das HEIF-Format (in *Einstellungen* > *Kamera* können Sie über *Maximale Kompatibilität* auch JPG einstellen).

- Ein kleiner Haken in der Mitte öffnet ein weiteres Menü, in dem Sie Einstellungen wie die Belichtungskorrektur vornehmen können.
- Ganz unten können Sie schließlich den Blitz ein- oder ausschalten.

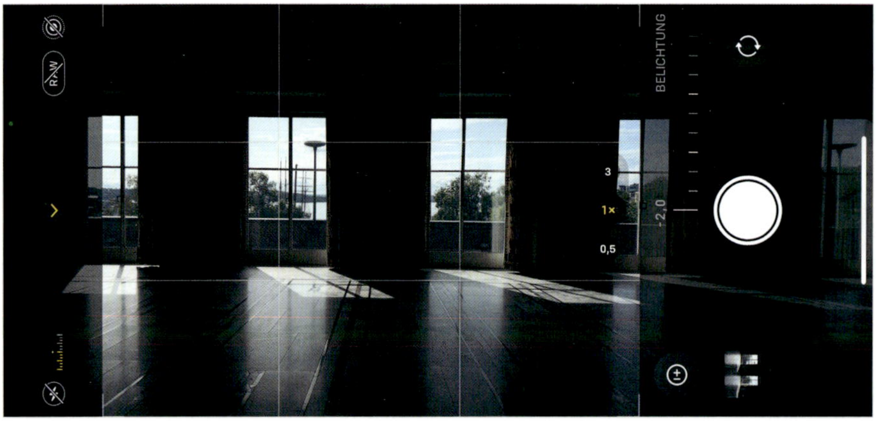

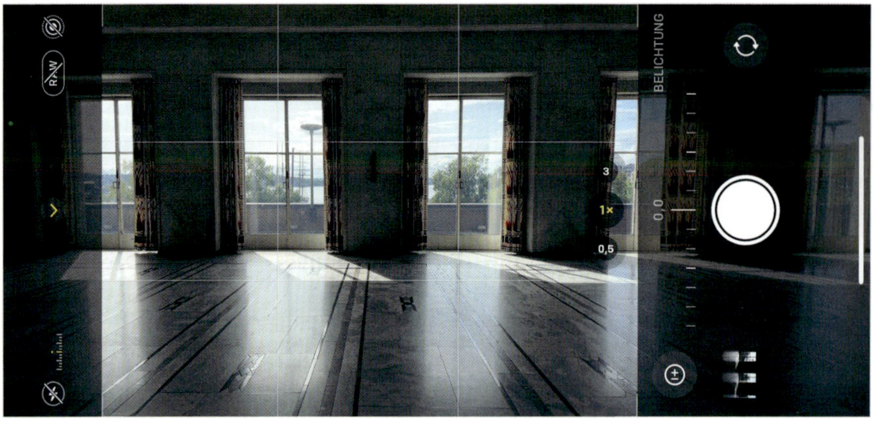

Schauen Sie nun auf die rechte Seite (tippen Sie ggf. nochmal auf den kleinen Haken am linken Rand):

Der Reihe nach von unten nach oben finden Sie hier die Einstellung des Blitzes, den Nacht-Modus (der wird automatisch bei schlechtem Licht aktiviert), den Live-Modus, die Einstellung des Bildstiles, Änderung des Bildformates und die permanente Belichtungskorrektur über das auf Seite 22 beschriebene Wahlrad (oben in der Abbildung zu sehen).

4.2 Einstellungen bei Android

Unten sehen Sie zunächst das Live-Bild und darunter die Einstellmöglichkeiten der Standard-Kamera-App des Samsung Galaxy S23 (auf anderen Android-Geräten wird die App ähnlich aussehen).

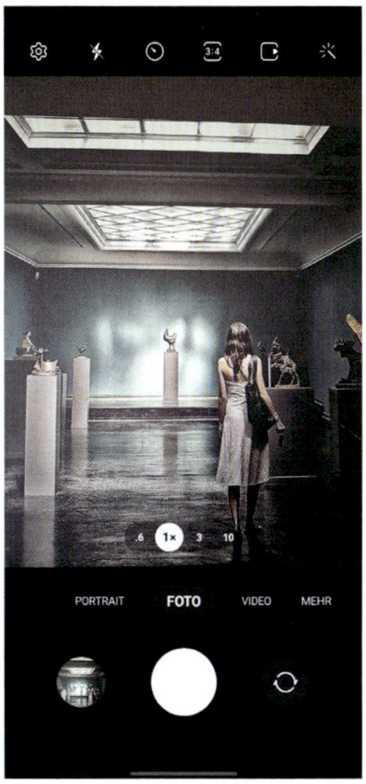

Auf dem Live-Bild sehen Sie unten die Umschaltung zwischen den 4 Objektiven des Samsung Galaxy: 0,6 (Ultraweitwinkel), 1,0 (Standardweitwinkel), 3 und 10 (für die Teleobjektive)

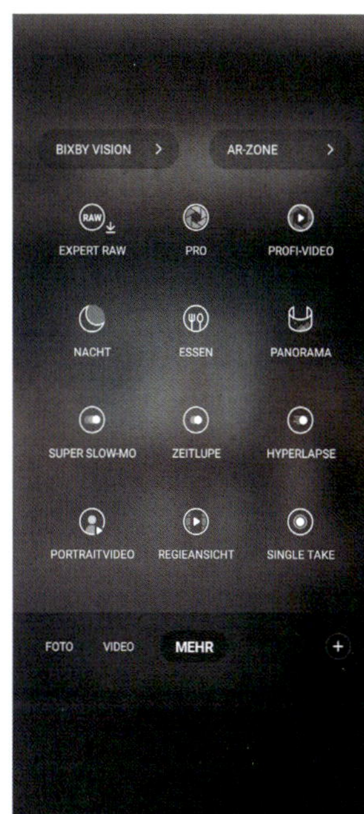

Im Samsung Galaxy S23-Menü befindet sich oberhalb des Live-Bildes zunächst das Zahnrad-Icon, hinter dem sich die Grundeinstellungen verbergen. Direkt daneben sehen Sie das Blitz-Symbol, gefolgt vom Selbstauslöser in der Mitte. Die Einstellung für das Bildformat kommt als Nächstes, direkt neben dem Symbol für den Bildstabilisator. Ganz rechts finden Sie die mitgelieferten Filter.

Wenn Sie unterhalb des Live-Bildes auf *MEHR* tippen, wird ein umfangreiches Menü geöffnet. Samsung hat in dieser Hinsicht wirklich einiges zu bieten. Die wichtigsten Funktionen werden wir im nächsten Kapitel genauer unter die Lupe nehmen. Wenn Sie ganz unten auf das Plus-Symbol tippen, können Sie Ihre bevorzugten Werkzeuge in die obere Menüleiste Ihres Live-Bildes verschieben, um so schneller auf diese zugreifen zu können.

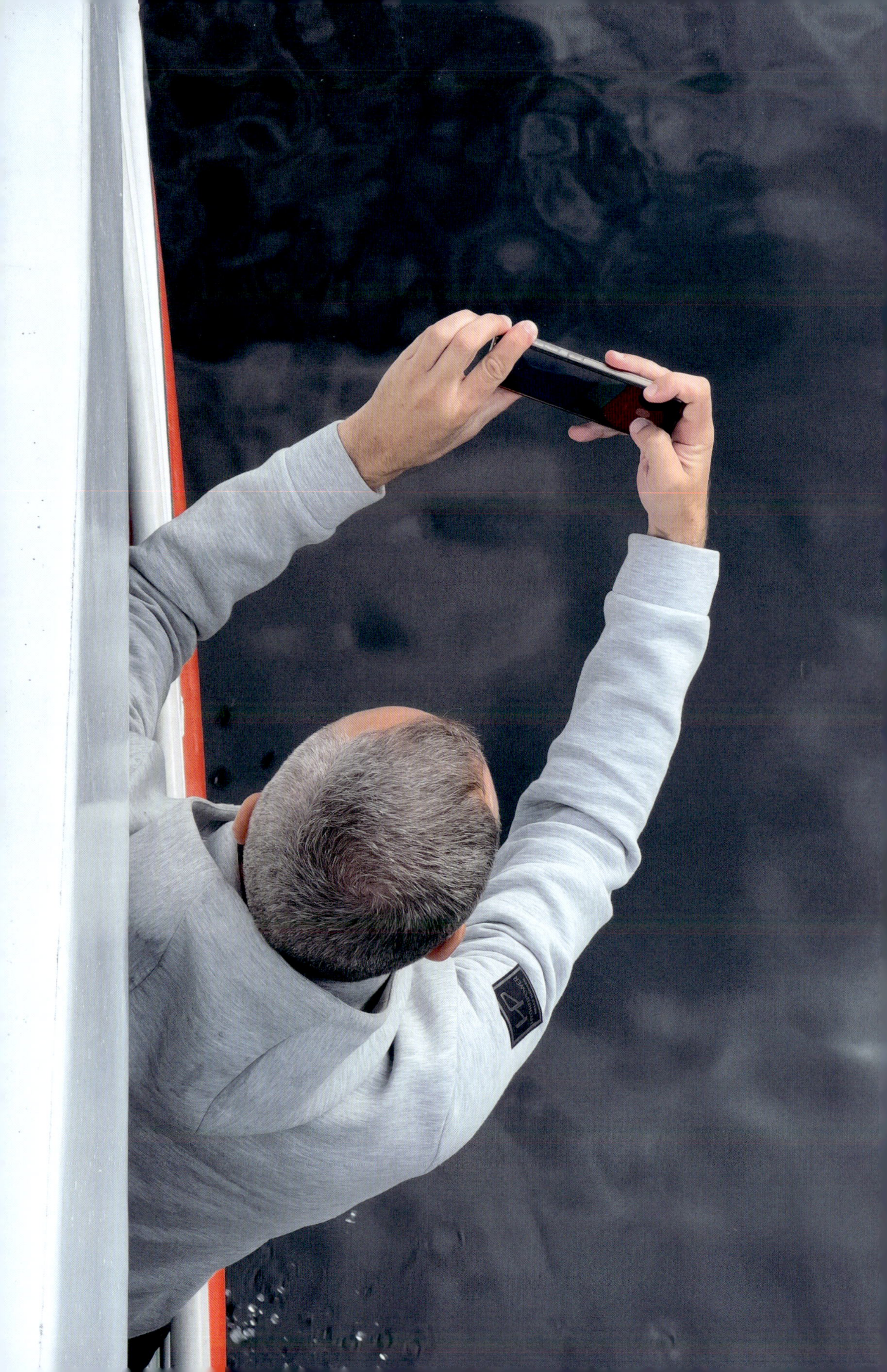

5 ALLES EINE FRAGE DER PERSPEKTIVE

Die meisten Smartphone-Fotografen mögen es, ihre Aufnahmen auf Brusthöhe und am allerliebsten hochkant zu schießen. Diese Perspektive kann allerdings schnell langweilig wirken. Um spannendere Bilder zu machen, muss sich ein guter Smartphone-Fotograf bewegen. Also verlassen Sie Ihre Komfortzone und begeben Sie sich zum Beispiel einfach in die Hocke. Lassen Sie sich überraschen durch neue, spannende Perspektiven. Stellen Sie sich ruhig auf Bänke oder Stühle oder legen Sie sich flach auf den Boden. (Profis tragen für solche Situationen immer eine größere, faltbare Plastikplane bei sich, um sich ja kein Motiv entgehen zu lassen.) Oder noch besser: Sie haben einen Selfiestick dabei – dazu gleich mehr.

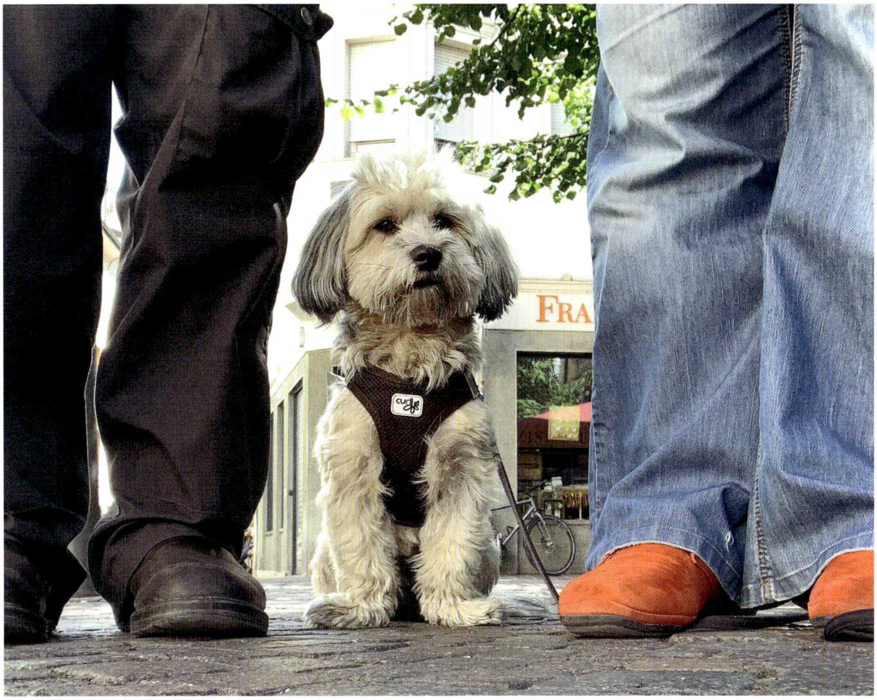

Aufnahmen mit dem Selfiestick – aus der Froschperspektive finden Sie garantiert interessante Motive.

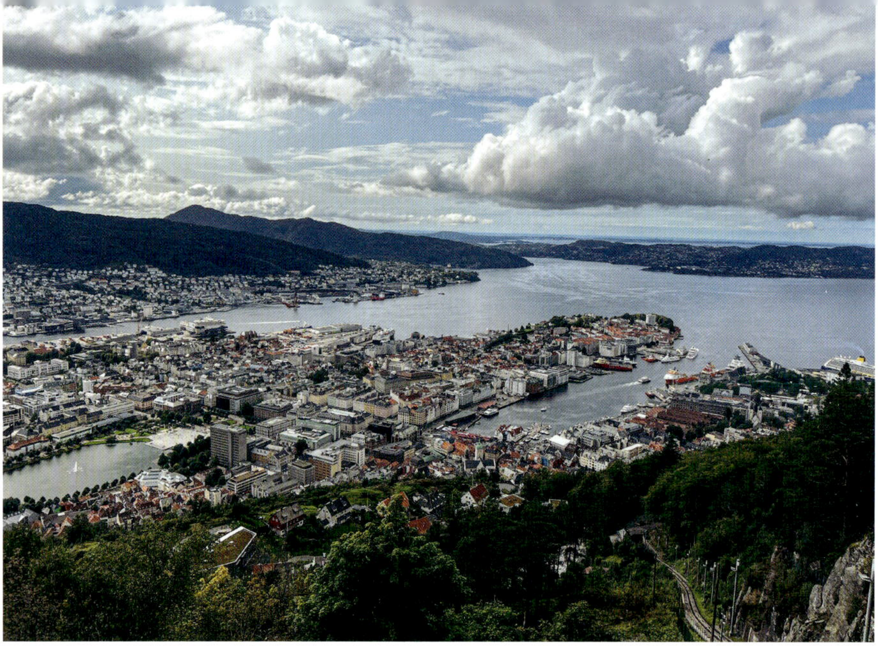

Die Vogelperspektive bietet einen faszinierenden Überblick. Ein Aufstieg auf einen Berg ist dafür oft ein lohnender Weg.

5.1 Nicht ohne meinen Selfiestick

An dieser Stelle möchte ich eine Lanze brechen für eines der wichtigsten Gadgets schlechthin. Viele trauen sich damit nicht auf die Straße, schämen sich, mit der sogenannten »Vollpfostenstange« oder dem »Deppenzepter« gesehen zu werden (wie meine Kollegen in Österreich den Selfiestick gern nennen).

Dabei ist der Selfiestick eines der wichtigsten Gadgets. Ich selbst gehe nicht mehr ohne aus dem Haus. Der Selfiestick ist ein multifunktionales Werkzeug für Fotografie-Enthusiasten. Dank ihm können Sie kreative Bilder aus vielfältigen Perspektiven wie der Frosch- oder Vogelperspektive schießen. Er ist besonders vorteilhaft, wenn Sie sich selbst in einem Gruppenfoto positionieren möchten. Ein weiterer Pluspunkt ist seine Fähigkeit, das Smartphone zu stabilisieren, wodurch die Gefahr von unscharfen Bildern reduziert wird. Bei Großveranstaltungen, wie Konzerten, erweist er sich als besonders nützlich, um über die Köpfe der Menge hinweg zu fotografieren. Seine Vielseitigkeit zeigt sich vor allem bei Reisen und beim Sightseeing. Wenn Sie auf der Suche nach einem solchen Helfer sind, empfehle ich einen Selfiestick mit Stativfuß und abnehmbarer Bluetooth-Fernbedienung. Persönlich habe ich gute Erfahrungen mit den Produkten der Marke Atumtek gemacht, die verschiedene Modelle in unterschiedlichen Größen anbieten.

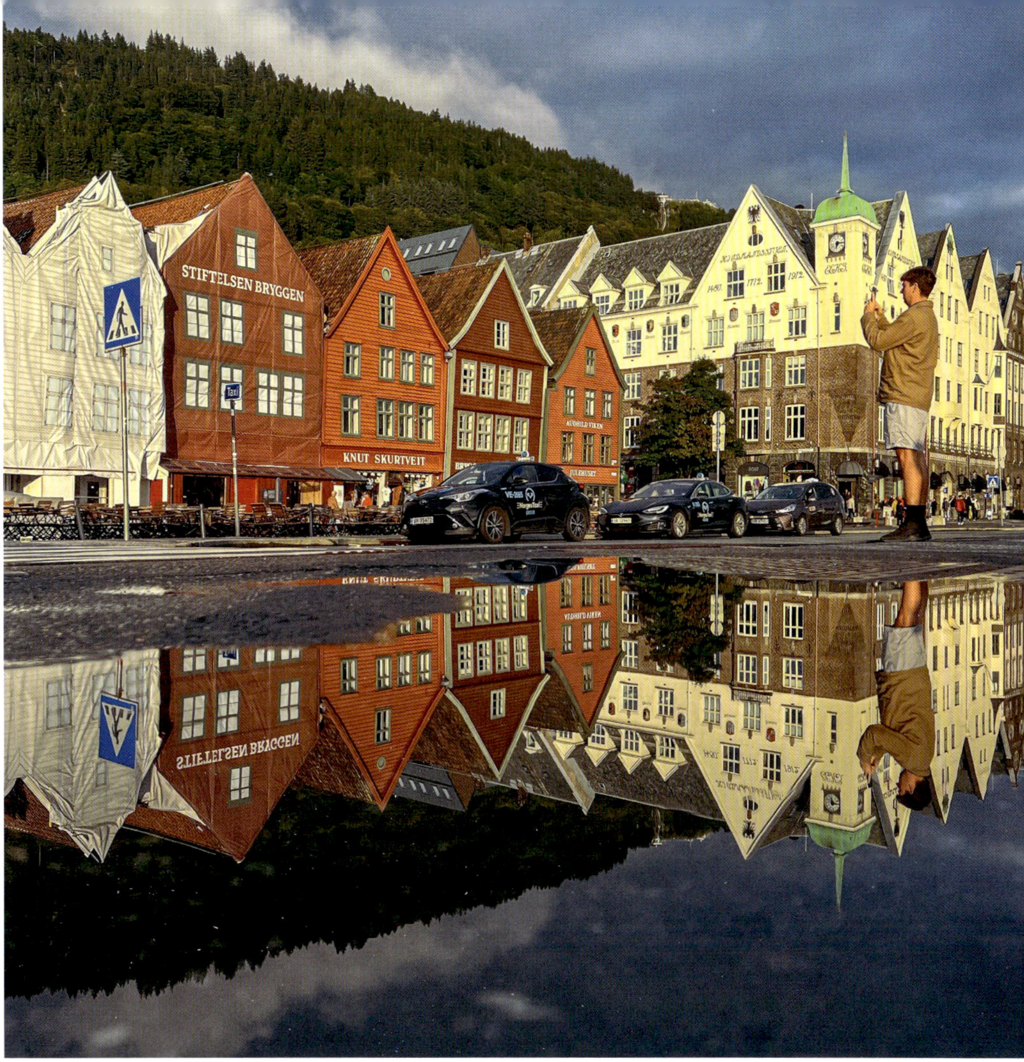

Abendlicht in der Hafenstadt Bergen. Spiegelung in der Pfütze, aufgenommen mit einem Selfiestick. So konnte ich die Spieglung am besten einrichten, ohne nasse Füße zu bekommen.

Niemals ohne meinen Selfiestick. Er ist stets mein Begleiter. Sei es bei Landschafts- oder Streetfotografie – er ist ein unverzichtbares Hilfsmittel.

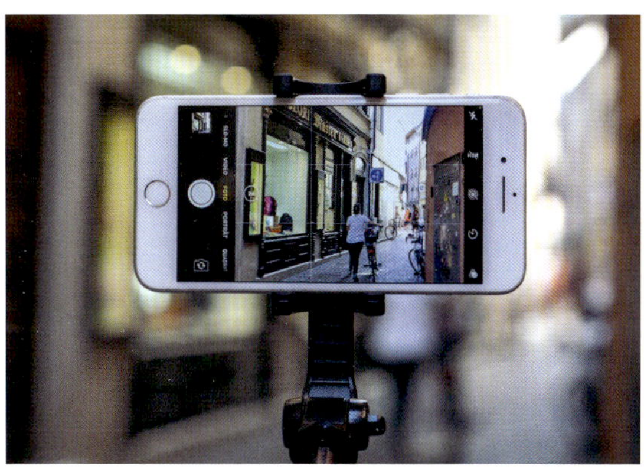

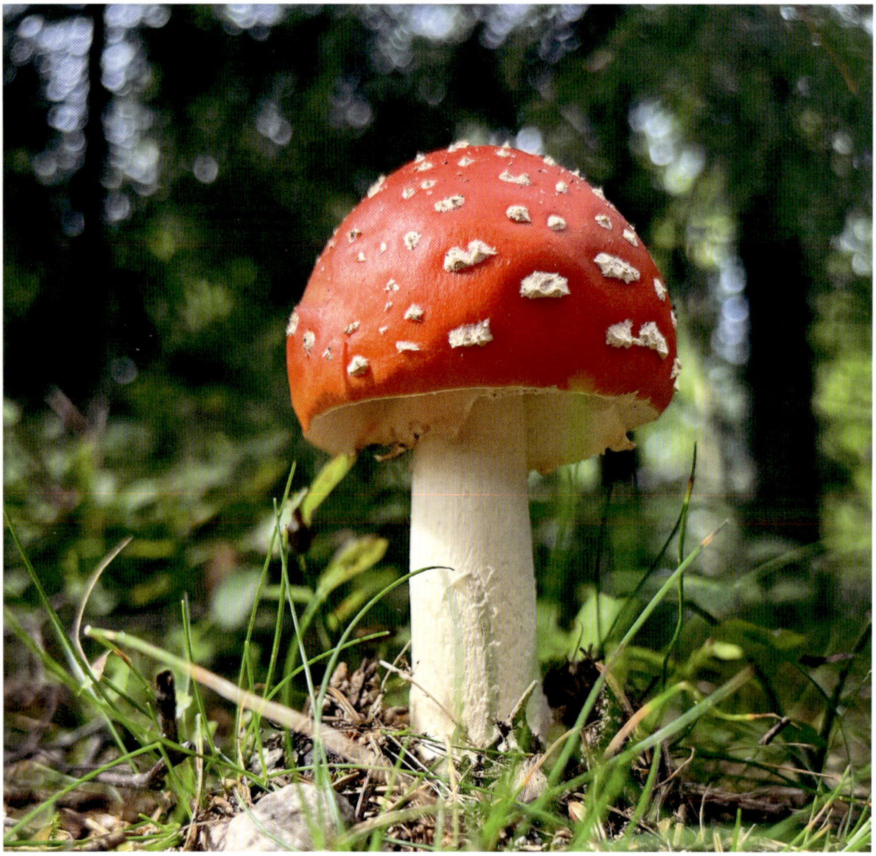

Durch die Froschperspektive öffnet sich uns eine völlig neue Welt. Bei einem Spaziergang im Wald ist es ratsam, den Selfiestick stets dabei zu haben. Anstatt sich zu bücken oder in die Hocke zu gehen, kann man so einfach und bequem diese Perspektive erreichen.

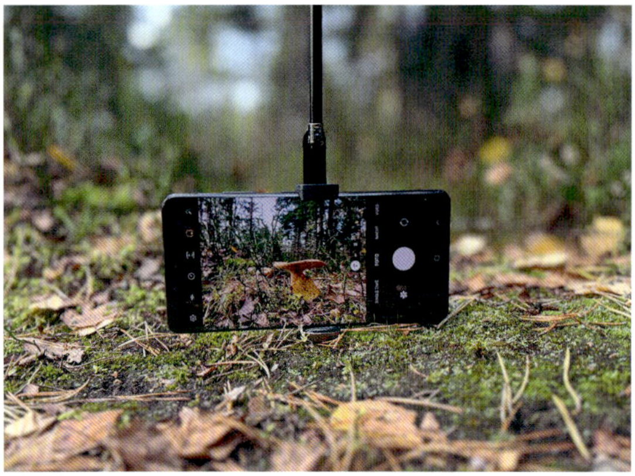

Und so sieht das im Making-of aus.

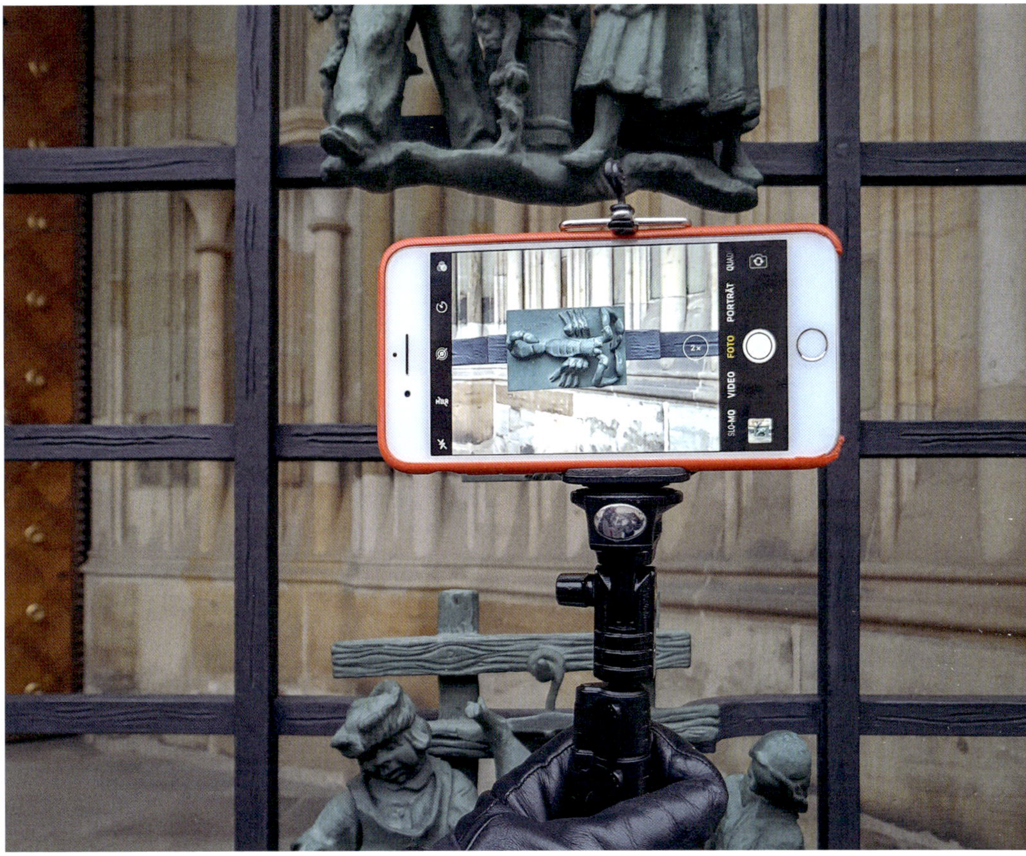

Wer viele Details und kleine Motive vor dem Objektiv hat, dem hilft der Selfiestick, das Smartphone ruhig zu halten und mit einer Fernbedienung auszulösen.

Warum Sie einen Selfiestick brauchen:

- Sie kommen mühelos in unterschiedliche Perspektiven und Aufnahmewinkel.
- Er reduziert Verwacklungen und erlaubt so schärfere Fotos bzw. längere Belichtungszeiten.
- Dank Stativfuß und Selbstauslöser kommen Sie bei Gruppenfotos auch selbst mit aufs Bild.
- Motive sind viel besser erreichbar, z. B. über eine Menschenmenge, über Wasser oder über Hindernisse hinweg.
- Der Stick ermöglicht Ihnen kreative Aufnahmetechniken, wie z. B. das Drehen des Smartphones während einer Langzeitaufnahme.

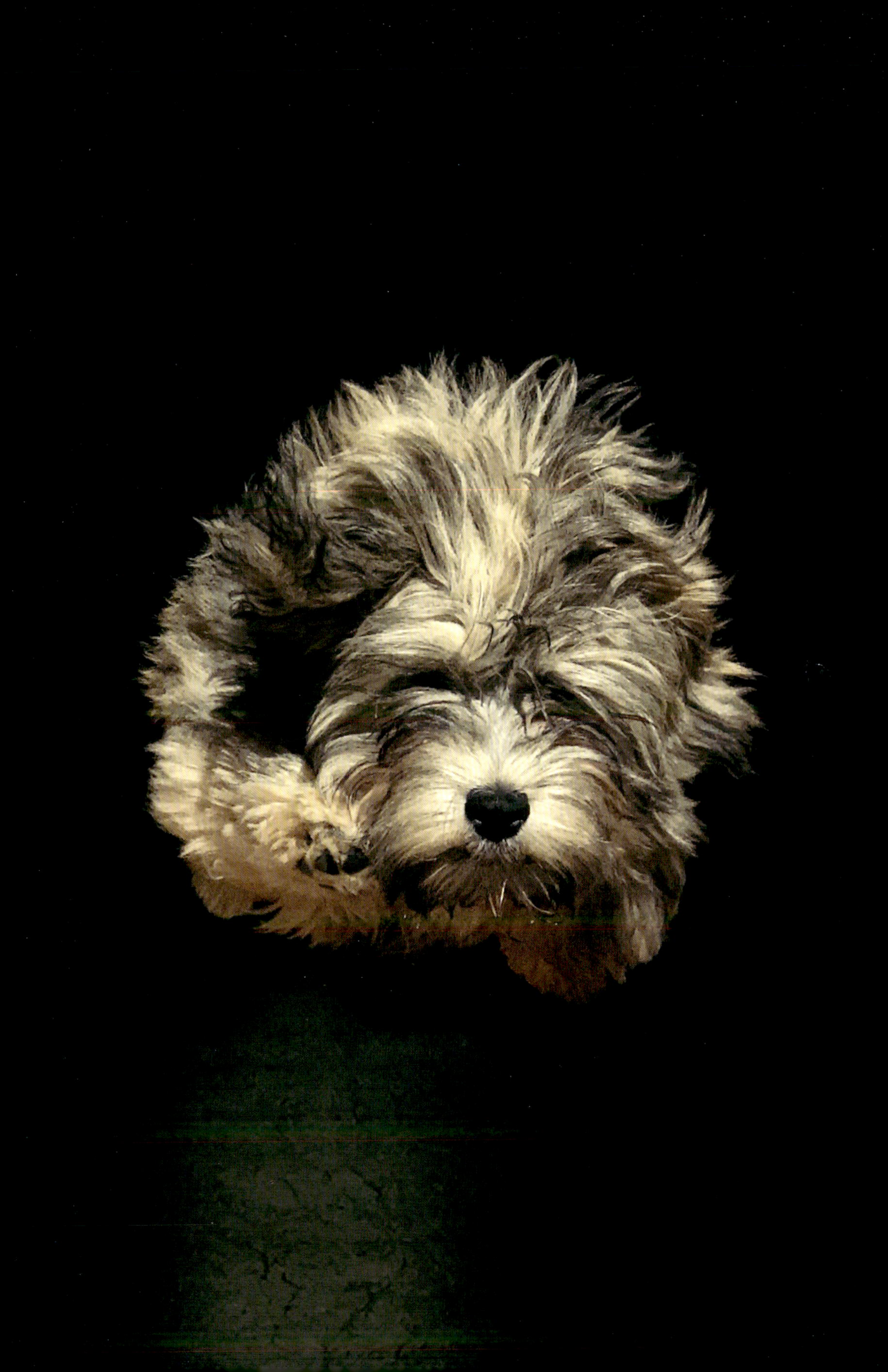

6 BEWEGTE MOTIVE PERFEKT EINFANGEN

Bewegungen gelungen zu fotografieren ist eine der Königsdisziplinen der Fotografie. Mit wenig anderen Bildern ist Ihnen die Aufmerksamkeit der Betrachter so sicher wie mit denen, die schnelle Bewegungen gekonnt in Szene setzen - entweder, indem Sie diese mit einer kurzen Belichtungszeit einfrieren oder sie durch eine längere Belichtungszeit verwischen - und so erst sichtbar machen.

6.1 Bewegung einfrieren

Um bewegte Motive, tobende Kinder, dribbelnde Fußballer oder auch einen rennenden Hund scharf abzubilden, braucht es eine sehr kurze Belichtungszeit und dementsprechend viel Licht. Profis erhöhen dafür an ihrer »großen« Kamera die Lichtempfindlichkeit (ISO), öffnen die Blende (f) und/oder verlängern die Belichtungszeit (S). Wir Smartphone-Fotografen setzen mit dem Serienaufnahmen-Modus (auch: Rapid-Fire- oder Burst-Modus) in unserer Kamera-App auf kürzere Belichtungszeiten und - Glück. Serienaufnahmen sind eine gute Möglichkeit, sicherzustellen, dass zumindest eines der Bilder gestochen scharf ist, denn bei ungünstigen Lichtbedingungen ist die Gefahr von verwackelten Bildern höher. Und wenn Sie Fotos von Ihren Kindern machen, ist der Serienaufnahme-Modus praktisch, um in kurzer Zeit die verschiedensten Gesichtsausdrücke einzufangen.

Tipp

Licht ist der Schlüssel zum Erfolg. Je mehr Licht, desto kürzer kann die Belichtungszeit sein, umso schnellere Bewegungen können Sie gestochen scharf einfangen.

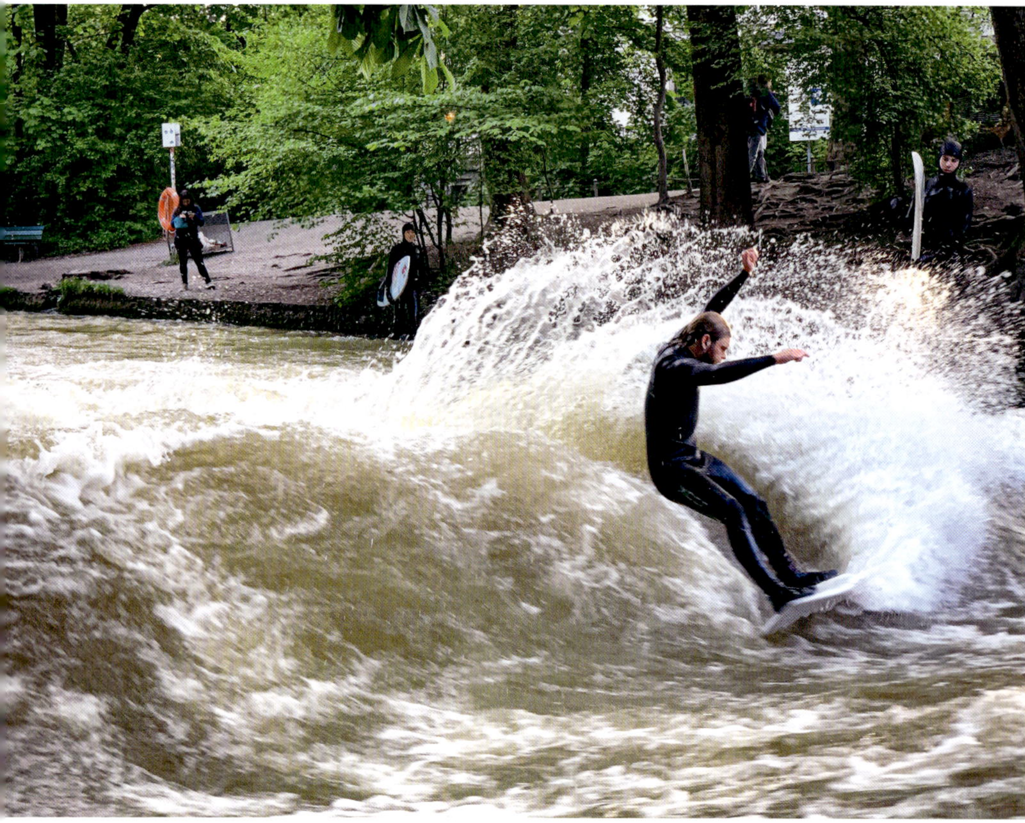

Ohne die kurze Belichtungszeit, die der Serienaufnahmen-Modus automatisch bietet, wäre dieser Surfer komplett unscharf geworden.

Halten Sie den Auslöser längere Zeit gedrückt, nimmt Ihre Kamera in einer Sekunde ca. zehn Bilder auf. Im Anschluss öffnen Sie in der Bildergalerie Ihr Bild und tippen auf *Auswählen*.

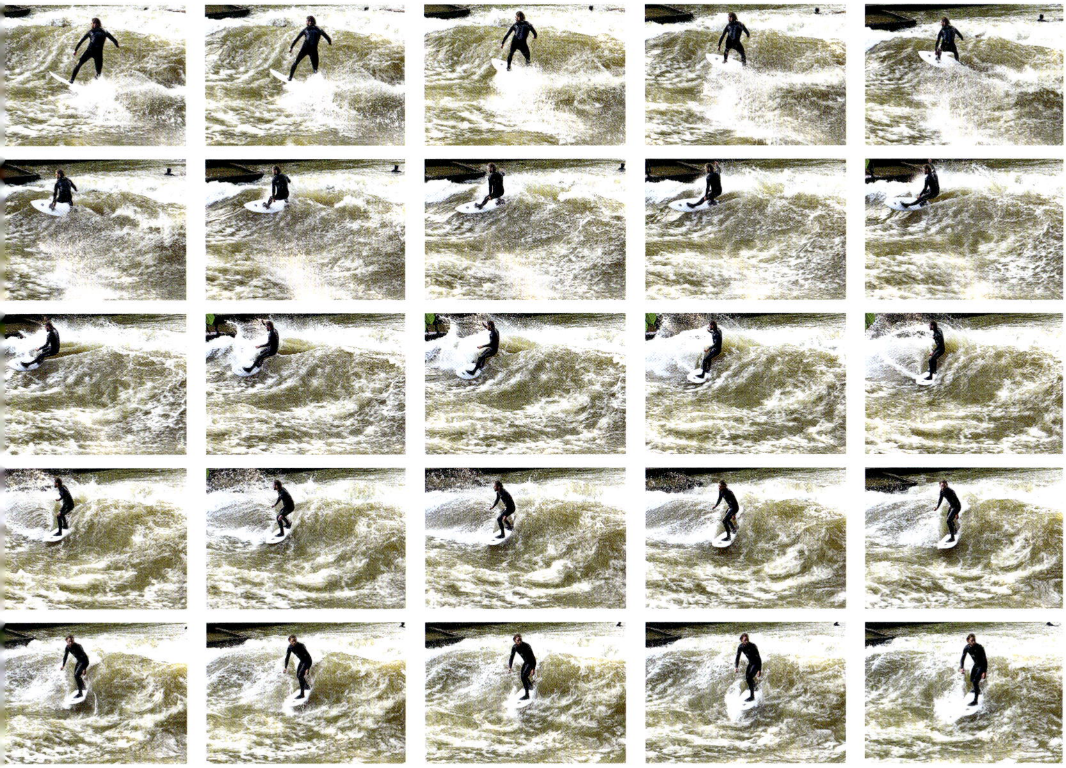

Anzeige der im Serienaufnahmen-Modus aufgenommenen Bilder – hier können Sie nun das beste Bild auswählen.

Jetzt werden Ihnen alle Aufnahmen angezeigt. Blättern Sie durch, behalten Sie nur die besten Fotos und löschen Sie gleich den Rest, um Speicherplatz zu sparen.

Tipp
Steht ihr Smartphone bei der Aufnahme auf einem Stativ, lassen sich aus solchen Aufnahmen wunderbar kleine Filme (etwa als GIF) produzieren.

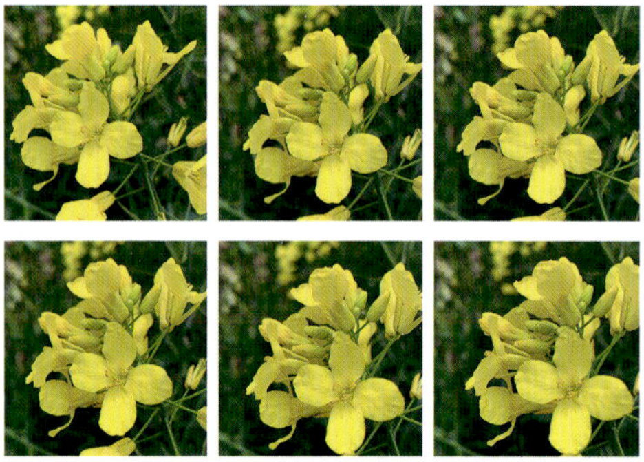

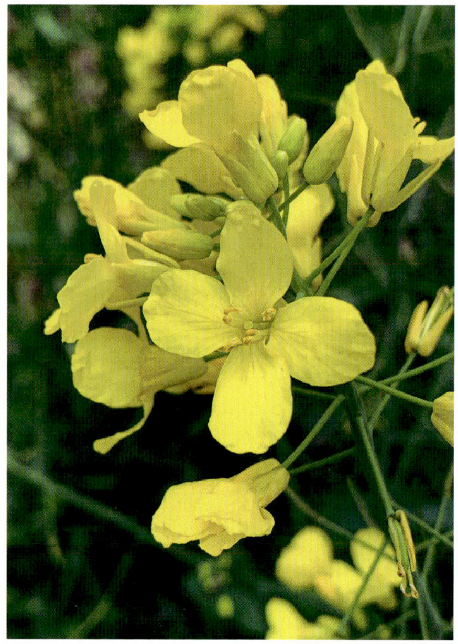

Diese Blumen hier bewegten sich so sehr im Wind, dass sie nur mit dem Serienaufnahmen-Modus scharf abgebildet werden konnten.

Wie aktiviert man den Serienaufnahmen-Modus?

Bei einem iPhone starten Sie eine Serienaufnahme, indem Sie den digitalen Auslösebutton nach links ziehen. Wenn Sie dabei allerdings zu lange drücken, startet die Videoaufzeichnung. Das ist anfänglich etwas ungewohnt – nicht aufgeben! Oder Sie nutzen Sie die Lauter-Taste an der linken Seite des Gehäuses – dafür müssen Sie in den *Einstellungen* unter *Kamera* die Option *»Lauter« für Serie* aktiviert haben (das ist meine bevorzugte Methode).

Ähnlich funktioniert es auch bei Samsung-Geräten. Hier wird die Serienaufnahme allerdings durch das Ziehen des Auslösebuttons nach *unten* aktiviert. Aber auch hier können die seitlichen Lautstärketasten als Auslöser genutzt werden.

Nach der Aufnahme können Sie direkt Ihr Foto öffnen und entweder beim iPhone auf *Auswählen* oder auf einem Samsung-Smartphone auf das Serienaufnahme-Symbol links tippen. Danach können Sie Ihre besten Fotos markieren und alle anderen sofort entfernen. Falls Sie keine Zeit für eine sofortige Auswahl haben: Bei iPhones finden Sie die Serienbilder im Album *Serie* in der Foto-App. Bei Samsung werden diese Fotos in der Galerie durch das Serien-Symbol markiert.

Kleiner Tipp: Ich versuche in der Regel, nicht mehr als 20–30 Aufnahmen zu machen. Das Aussortieren kostet auch etwas Geduld.

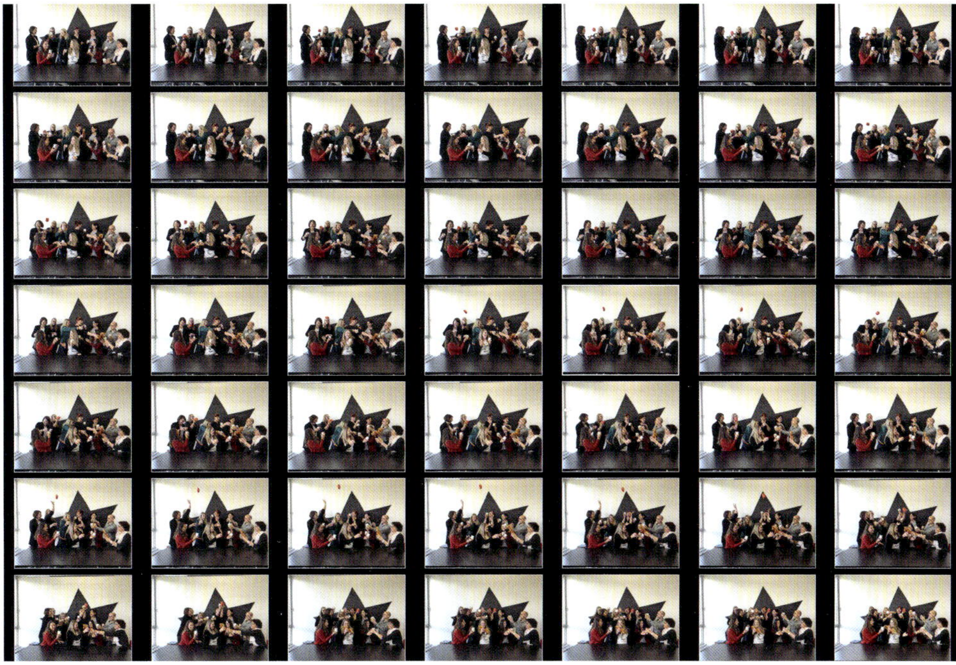

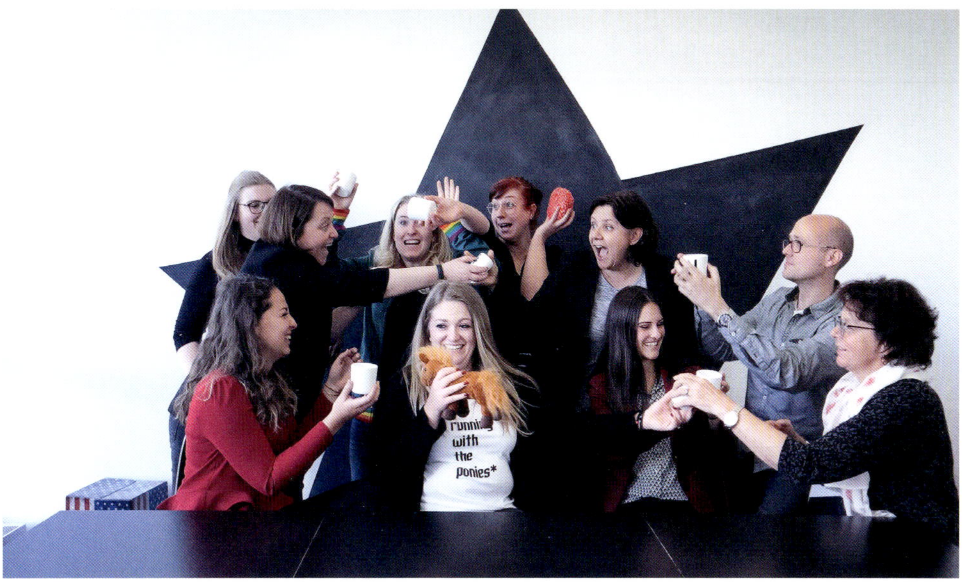

Der Serienaufnahmemodus ist auch perfekt für lebendige Gruppenfotos. Bei so viel Auswahl sollte es doch ein Bild geben, auf dem keine(r) blinzelt oder redet!

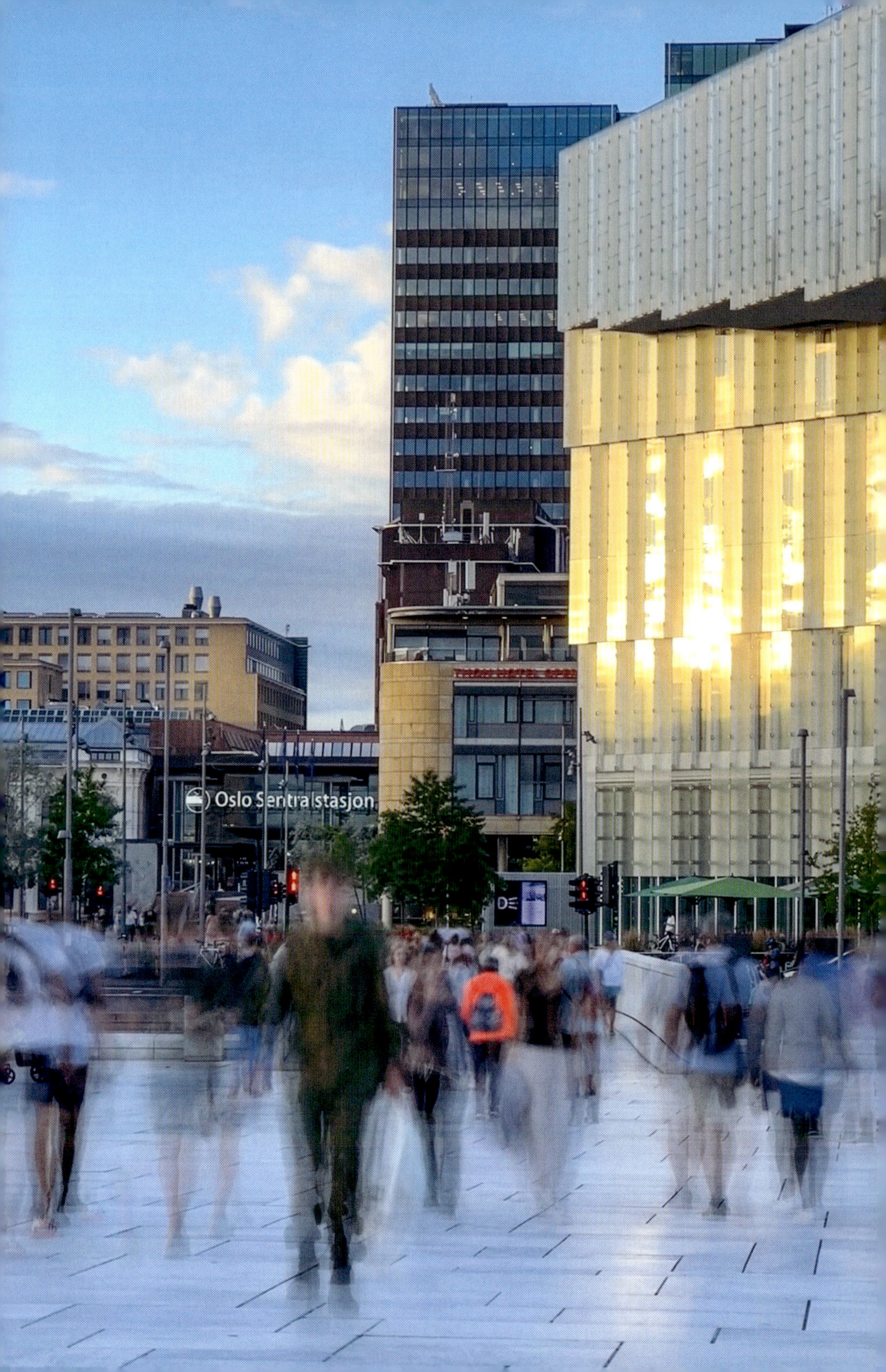
Oslo Sentralstasjon

6.2 Bewegung sichtbar machen

Anstatt Bewegung mit einer kurzen Belichtungszeit einzufrieren, können Sie sie mit einer Langzeitbelichtung »verwischen« – und damit eigentlich erst sichtbar machen. Besonders reizvoll wirken diese Bilder, wenn Teile von ihnen scharf abgebildet werden, wie etwa der Hintergrund, und sich die verwischte Bewegung davor absetzt. Dazu eignen sich etwa sich bewegende Menschen vor Gebäuden. In der Natur wirken zu seidigen Oberflächen verschwommene Flüsse oder zu Schlieren verzogene Wolken ebenfalls sehr reizvoll.

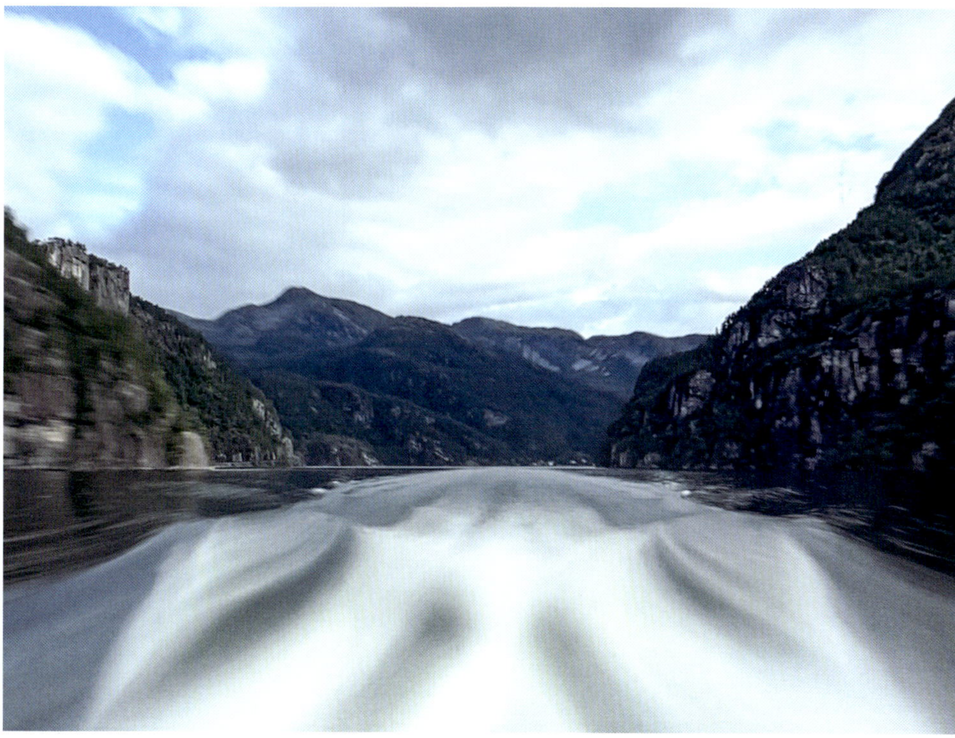

Langzeitbelichtungen sind bei iPhones auch aus der Hand möglich. Apple hat diese Möglichkeit im Live-Modus integriert. Bei Android-Geräten brauchen Sie nach wie vor ein Stativ.

Wie der Begriff »Langzeitbelichtung« schon sagt: Für diese Art von Bildern benötigen Sie eine längere Belichtungszeit – lang genug, damit die jeweilige Bewegung sichtbar wird. Die Belichtungszeit einzustellen ist recht einfach, wie Sie bereits aus dem Abschnitt »So belichten Sie richtig« ab Seite 12 wissen. Viele Smartphone-Modelle verfügen schon in der Standard-Kamera-App über einen Profimodus, in dem Sie unter anderem ISO und Belichtungszeit manuell einstellen können.

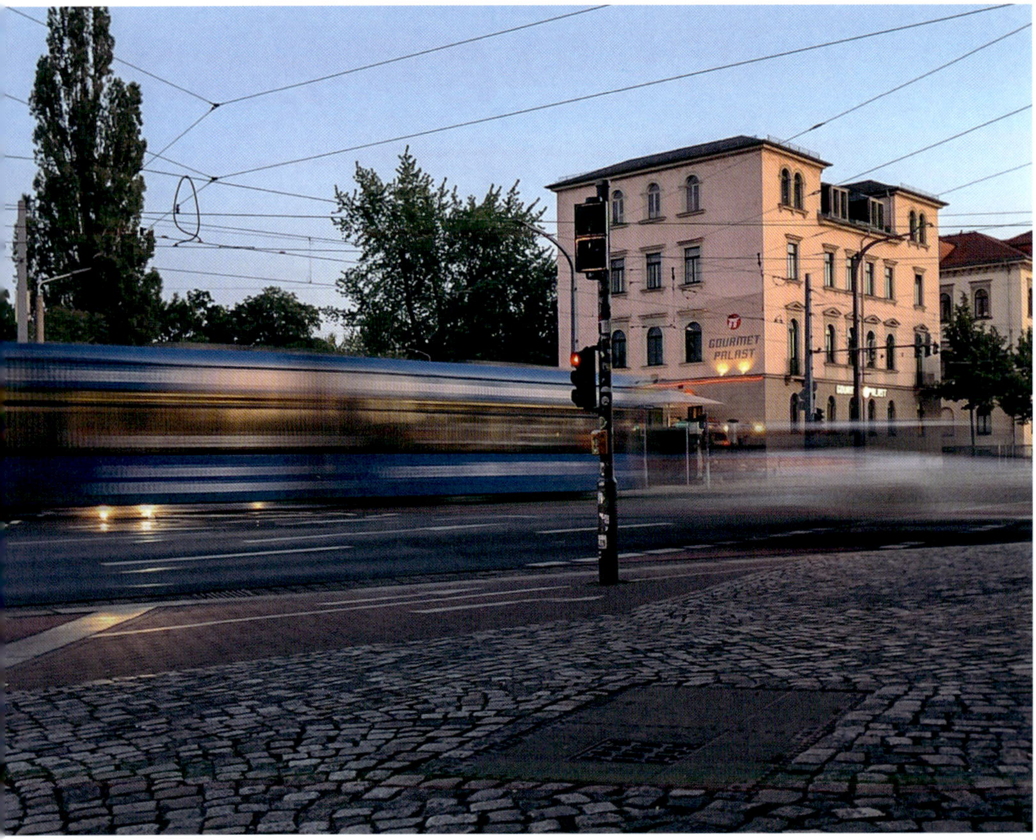

Langzeitbelichtung mit dem Samsung Galaxy. Das Smartphone stand hier auf einem Stativ.

Bei vielen Android-Geräten, wie zum Beispiel dem Samsung Galaxy, können Sie Langzeitbelichtungen direkt in der vorinstallierten Standard-Kamera-App durchführen. Und das geht so:

- Öffnen Sie die Kamera-App auf Ihrem Samsung-Smartphone und wechseln Sie in den »Pro«-Modus (manchmal auch als »Professionell« oder »Manuell« bezeichnet).
- Suchen Sie nach dem Verschlusssymbol oder dem Begriff »Verschlusszeit« bzw. »Speed«.
- Stellen Sie die gewünschte Aufnahmezeit ein. Als Langzeitbelichtungen gelten Verschlusszeiten wie 2 s, 5 s, 10 s oder sogar länger. Je länger der Wert, desto länger bleibt der Verschluss geöffnet und desto mehr Licht wird auf den Kamerasensor fallen.
- Verwenden Sie in jedem Fall ein Stativ, denn selbst schon ein wenig Zittern kann zu Verwacklungen führen. Nutzen Sie zusätzlich den Selbst- oder Fernauslöser.

Experimentieren Sie ein wenig, um die zur fotografierten Bewegung passende Belichtungszeit herauszufinden – je schneller sich Ihr Motiv bewegt, desto kürzer darf die Belichtungszeit sein (und umgekehrt). Probieren Sie auch unterschiedliche Lichtquellen aus – Straßenlaternen, Sternhimmel oder auch vorbeifahrende Autos und anderes Können interessante Effekte erzeugen.

Wenn Sie feststellen, dass die Standard-Kamera-App auf Ihrem Android-Gerät keine manuellen Einstellungsoptionen oder einen Pro-Modus bietet, schauen Sie sich Drittthersteller-Apps aus dem Google Play Store an, wie z. B. *Camera FV-5*, *Manual Camera*, *Open Camera* oder die schon erwähnte *ProCamera*. Diese Apps bieten erweiterte manuelle Steuerungsoptionen, einschließlich der Möglichkeit zur Einstellung der Aufnahmezeit (*Verschlusszeit* oder *Speed*). Die App *Slow Shutter* ist sogar auf Langzeitbelichtungen spezialisiert.

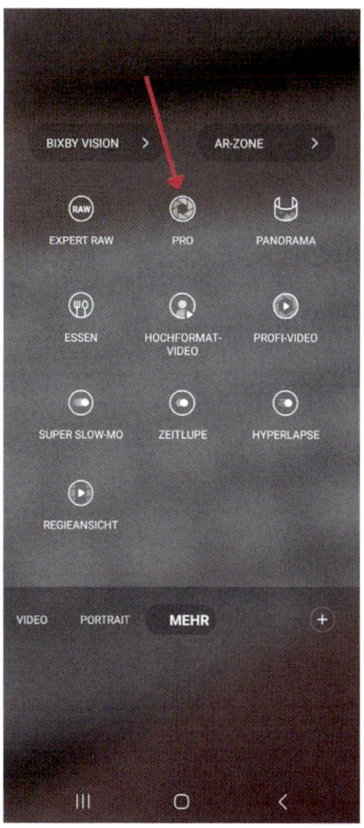

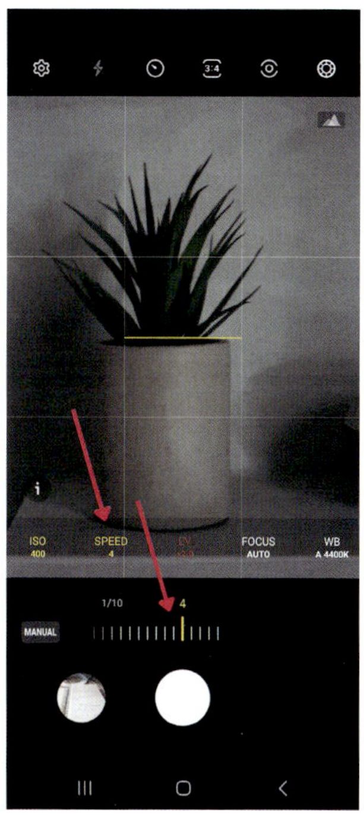

Weil bei Langzeitbelichtungen viel Licht auf den Kamerasensor fällt, wird etwa bei starkem Sonnenschein das Bild überbelichtet. Die besten Ergebnisse erzielen Sie bei Dämmerung oder in schwach beleuchteten Räumen.

Anders ist es beim iPhone. Sie können den Wischeffekt aus der Hand aufnehmen, wann immer es sich anbietet. Sie benötigen weder ein Stativ, noch müssen Sie auf die Lichtsituation achten.

Langzeitbelichtungen lassen sich relativ einfach mit dem »Live«-Modus erstellen.

Und das geht so:

- Schalten Sie den Live-Modus ein und nehmen Sie Ihr Foto auf.
- Anschließend öffnen Sie dieses in der Foto-App. Oben links auf dem Bildschirm tippen Sie auf *Live*. Hier werden Ihnen verschiedene Effekte vorgeschlagen, darunter auch der zur Langzeitbelichtung.

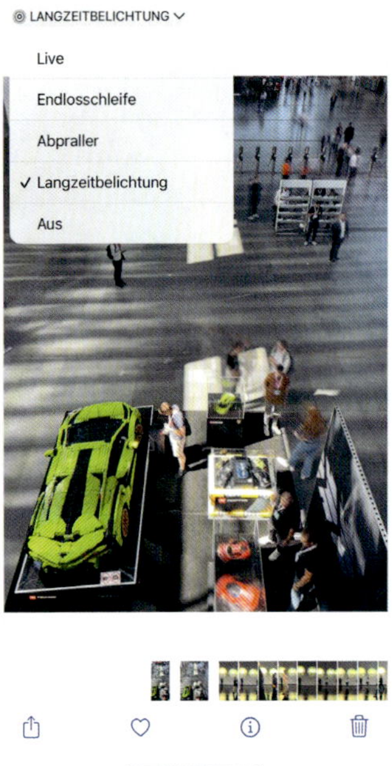

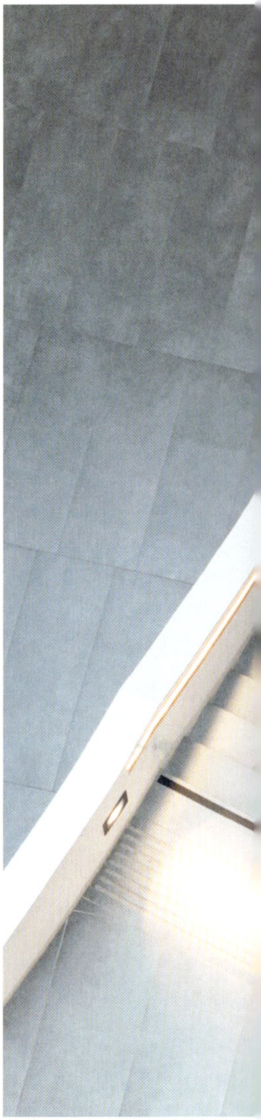

In der Praxis sieht das so aus – zwei Tipps:

- Für den optimalen Wischeffekt sollte das Licht nicht zu stark sein.
- Halten Sie Ihr iPhone sowohl vor als auch nach dem Drücken des Auslösers für etwa zwei Sekunden still. Bei zu hellem Licht, wie zum Beispiel mittags, könnten sich bewegende Objekte oder Personen im Bild aufgrund der kurzen Belichtungszeit sonst kaum sichtbar werden.

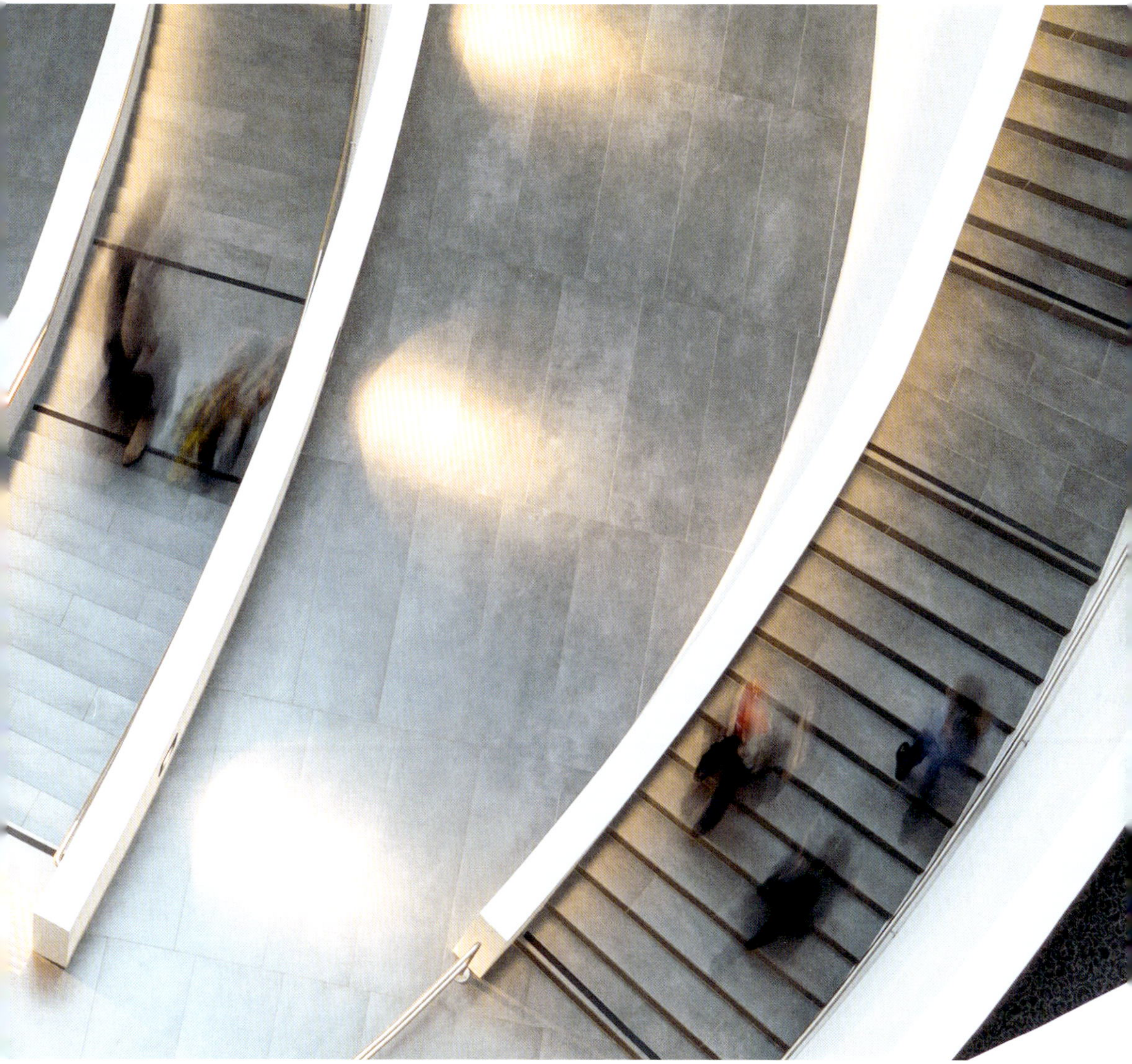

In der Architekturfotografie sind Wischeffekte ein beliebtes Gestaltungsmittel, um Aufnahmen von Räumen lebendiger wirken zu lassen.

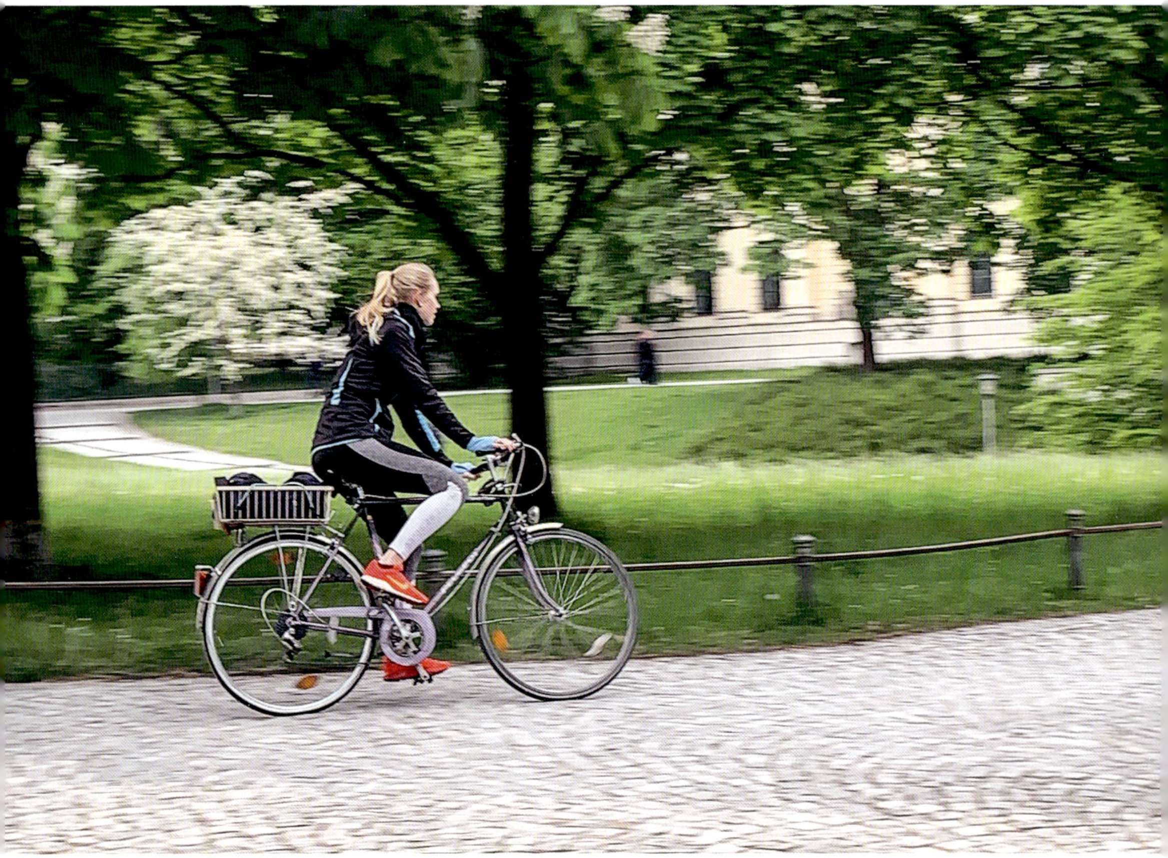

Das Mitziehen der Kamera mit der Bewegung ist eine andere kreative Möglichkeit, Bewegung in Ihre Bilder zu bringen, und kann zu beeindruckenden Ergebnissen führen. Ziel ist es, ein Hauptmotiv (z.B. ein fahrendes Auto oder einen Radfahrer) scharf vor einem verschwommenen Hintergrund abzubilden, um ein Gefühl von Geschwindigkeit und Bewegung zu erzeugen (also genau der umgekehrte Effekt zu dem zu Beginn beschriebenen). Der verschwommene Hintergrund entsteht durch die Bewegung der Kamera während der Aufnahme, wobei das Hauptmotiv, dem Sie mit der Kamera genau folgen, möglichst scharf abgebildet wird.

Und so geht es:

- Suchen Sie sich ein passendes Motiv, eine Person, die sich schnell bewegt, einen Fahrradfahrer, ein Auto oder Ihr Haustier.
- Wählen Sie einen Ausgangspunkt, ab dem Sie Ihr Motiv über eine längere Zeit verfolgen können. Beginnen Sie, das Motiv mit Ihrem Smartphone zu verfolgen, bevor Sie den Auslöser drücken, und behalten Sie die Bewegung auch danach bei. Drücken Sie den Auslöser, während Sie das Motiv verfolgen.

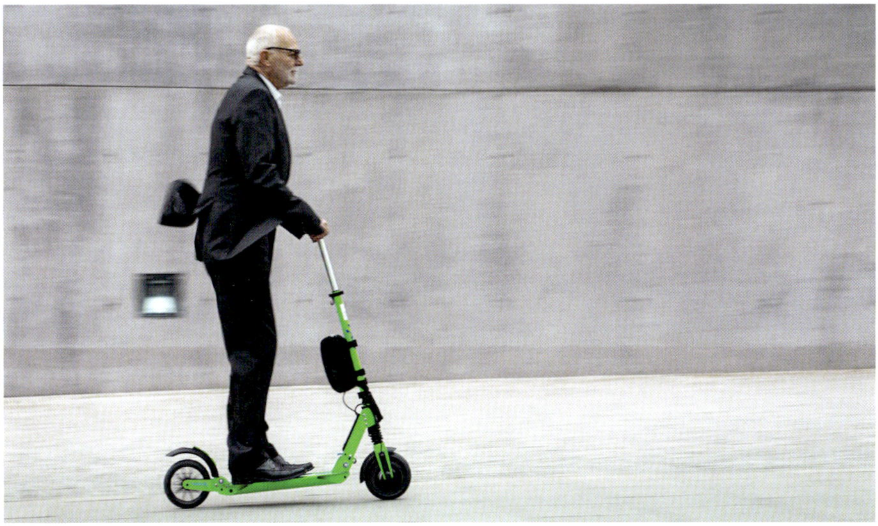

Wichtig ist, dass die Bewegung flüssig und in derselben Geschwindigkeit wie das Motiv erfolgt. Zu Beginn wird es wahrscheinlich einiges an Übung kosten, um das gewünschte Ergebnis zu erzielen. Geben Sie nicht auf – wiederholen Sie die Aufnahme so oft wie möglich, um die Technik zu perfektionieren.

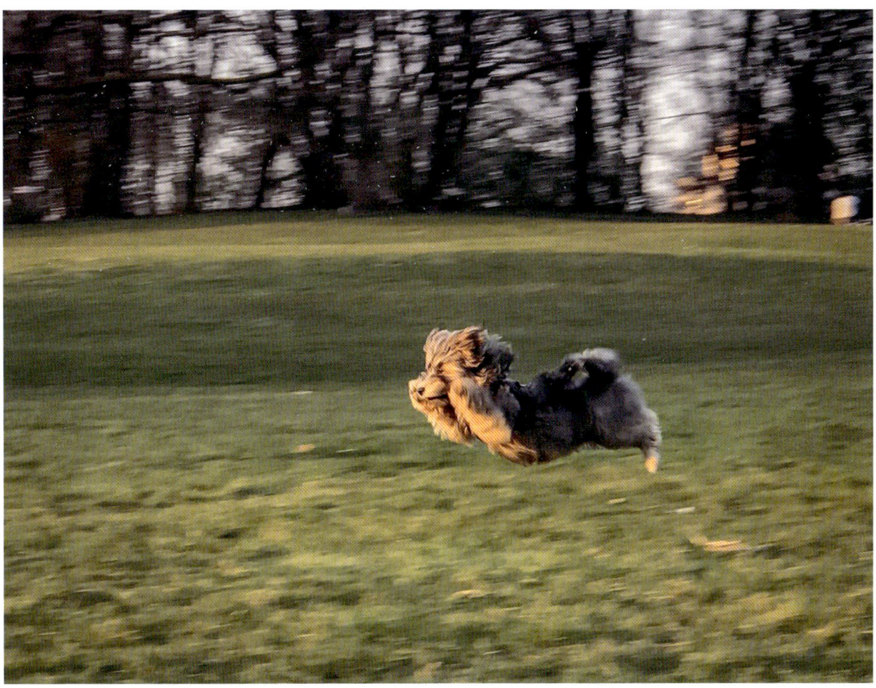

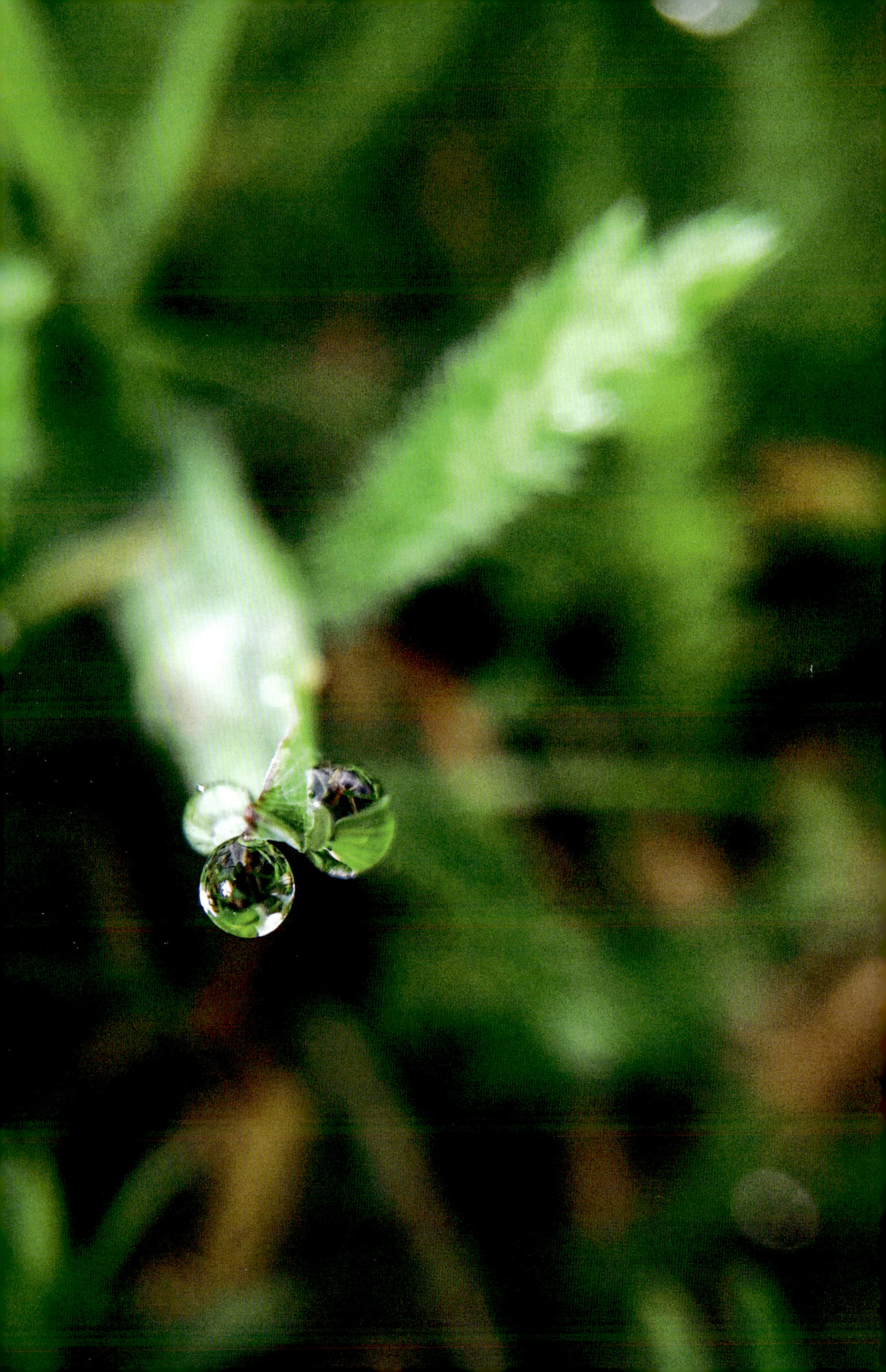

7 MOTIVEN AUF DIE PELLE RÜCKEN

Rücken Sie Ihren Motiven mal so richtig auf die Pelle! Im Vergleich zu einer größeren Kamera, für die Sie ein eigenes Makroobjektiv benötigen, haben moderne Smartphones den Vorteil, dass sie über einen sogenannten »Makro-Modus« verfügen. Dieser Modus optimiert die Kameraeinstellungen für Nahaufnahmen und stellt sicher, dass Ihr Motiv auch scharf abgebildet wird. Sie können sich so Ihrem Motiv auf bis zu 10 cm nähern (bei Samsung- oder bei Huawei-Modellen sogar noch näher). Probieren Sie es aus und gehen Sie so nah wie möglich an Ihr Motiv heran. Wenn das Bild auf Ihrem Display nicht mehr scharfgestellt wird, ist diese Grenze erreicht. Ziehen Sie das Smartphone leicht zurück, bis die Schärfe Ihres Motivs wieder perfekt ist.

Wenn Ihnen dieser Vergrößerungsmaßstab noch nicht ausreicht, gibt es spezielle aufsteckbare Makrolinsen, die das Motiv noch weiter vergrößern.

▸ Am besten kommen Detailaufnahmen bei gutem Licht zur Geltung. In diesem Fall war das weiche Licht der Abendsonne besonders vorteilhaft.

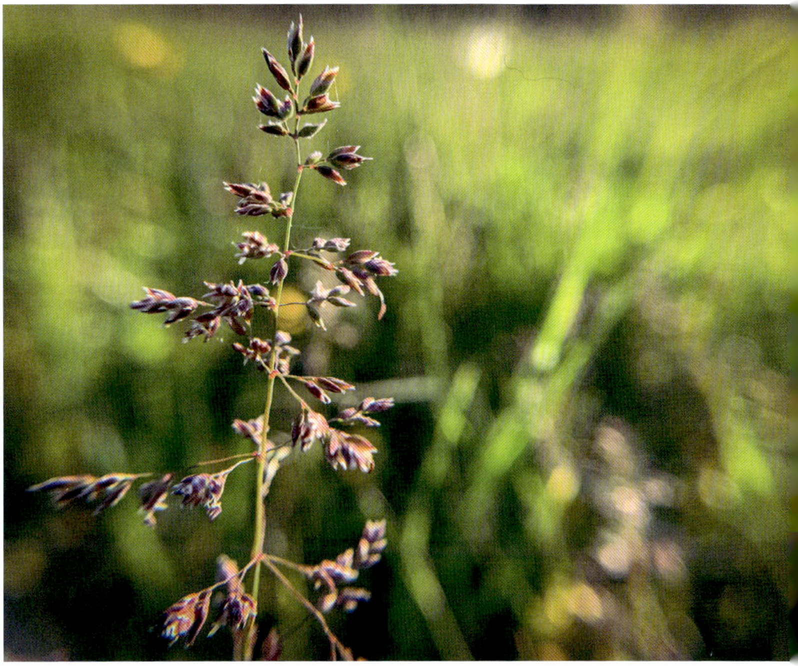

◂ Für dieses Motiv habe ich ein kleines Stativ, eine Makro-Aufstecklinse und einen Fernauslöser genutzt.

Vergrößern lässt sich auch ohne aufwendige Technik. Hier dürfen Sie Ihrer Kreativität richtig freien Lauf lassen. Nehmen Sie mal eine Lupe oder eine Lesebrille und halten Sie diese vor Ihr Objektiv. Sie werden staunen, wie sehr Ihre Motive vergrößert werden.

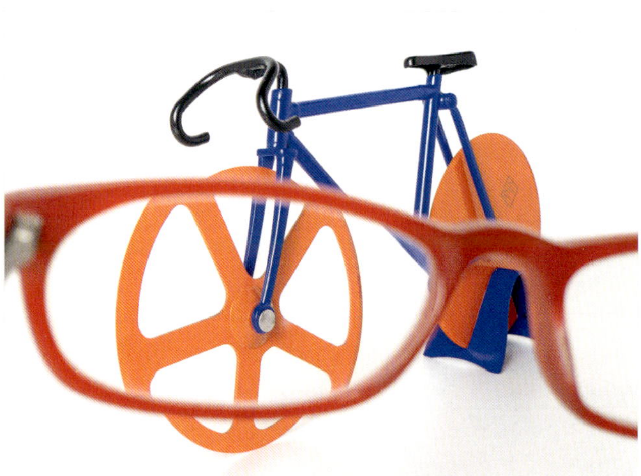

7.1 Makrofotografie: Motive ganz im Detail

Allerdings gibt es diesen Makro-Modus nicht bei allen aktuellen Smartphone-Modellen. Bei Samsung etwa bietet ihn nur die A-Serie. Bei Apple unterscheidet sich die Verfügbarkeit ebenfalls je nach Modell, beginnend mit dem iPhone 13 Pro. Um festzustellen, ob Ihr Gerät über einen Makro-Modus verfügt, schauen Sie entweder direkt in den *Einstellungen* für die *Kamera* nach (beim iPhone) oder in der Standard-Kamera-App selbst unter *MEHR* (bei Android) und aktivieren dort den Modus.

Die kleine Welt ein wenig größer darzustellen entfacht auch den Entdeckergeist bei unseren Kindern. Gemeinsam fangen wir Details mit dem Smartphone ein und betrachten sie auf den Bildern intensiver.

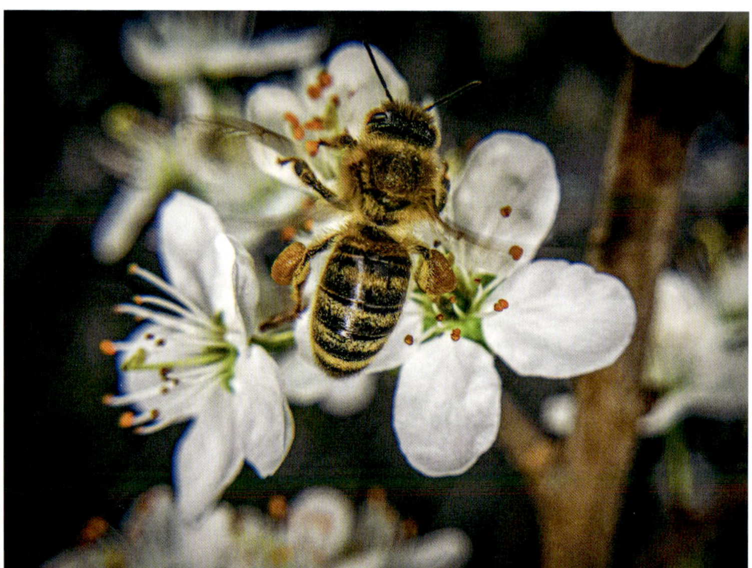

Für scharfe Makrofotos ist ein fester Stand des Smartphones entscheidend. Ein Mini-Stativ oder eine stabile Unterlage sind hierbei hilfreich. Das richtige Licht spielt ebenfalls eine zentrale Rolle. Natürliches Tageslicht ist oft das Beste, aber zu empfehlen sind auch kleine LED-Lampen, -Ringe oder externe Blitze, um das Objekt gleichmäßig zu beleuchten. Aufgrund der begrenzten Schärfentiefe in der Makrofotografie sollte der Fokus präzise gesetzt werden, was meist durch einen einfachen Fingertipp auf den entsprechenden Bereich des Displays schnell erledigt ist.

Tipp
Wenn Sie Ihrem Motiv sehr nahekommen, kann das Licht knapp werden. Nutzen Sie in diesen Momenten bloß nicht den Blitz Ihres Smartphones! Stattdessen können Sie das Motiv mit einer kleinen Taschenlampe beleuchten oder, falls verfügbar, das Licht einer »Taschenlampe« eines anderen Smartphones nutzen.

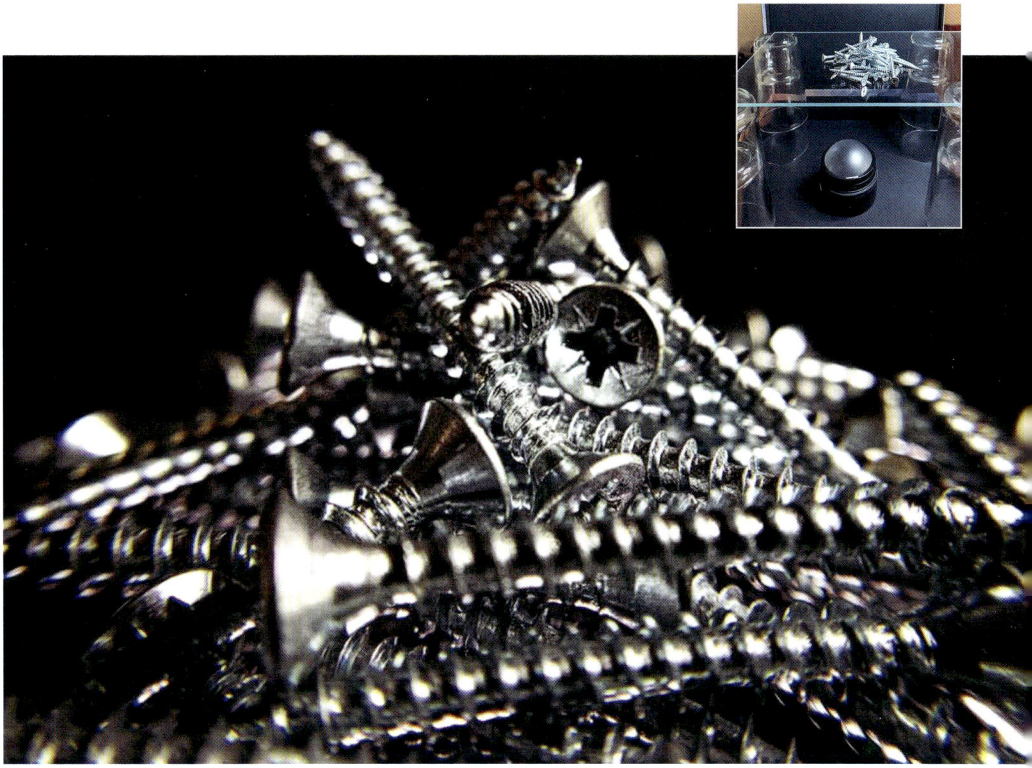

Ein alltägliches Motiv wird als Makroaufnahme interessanter. Die Schrauben liegen auf einer Glasplatte und wurden von unten und von der Seite mit einer kleinen LED-Leuchte angestrahlt. Als Hintergrund diente ein schwarzer Geschenkkarton.

So machen Sie Makrofotos mit dem iPhone ab Modell 13 Pro Max

Aktivieren Sie in den Einstellungen die Makro-Steuerung. Der Button dafür befindet sich ganz unten. Wenn Sie jetzt mit Ihrer Kamera ganz nah an Ihr Motiv herangehen, erscheint links ein kleiner gelber Kreis, mit einer Blume in der Mitte. Das ist das Zeichen dafür, dass der Makro-Modus aktiviert ist. Jetzt heißt es: die Hände ganz ruhig halten.

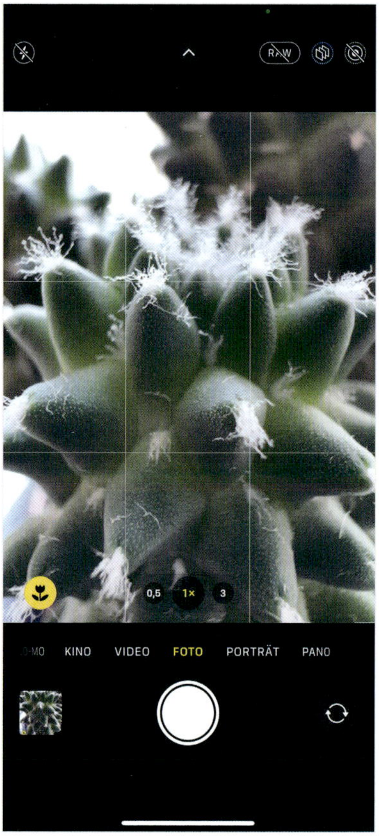

Hinweis

Das Samsung Galaxy S23 verfügt über keinen Makro-Modus, aber es kann trotzdem sehr nah ans Motiv herangebracht werden. Dann zeigt es Ihnen unten links zwei übereinanderliegende Kreise an, auf die Sie tippen, um die Fokusoptimierung einzuschalten – mit deren Hilfe können Sie noch etwas näher ans Motiv.

In der Makrofotografie vergrößern Sie nicht nur die Details Ihres Motivs, sondern auch die sonst unmerklichen Bewegungen Ihrer Hände beim Fotografieren. Benutzen Sie daher am besten ein Stativ. Damit haben Sie auch die Hände frei und können sich in aller Ruhe um die Kameraeinstellungen kümmern.

Üben Sie zu Beginn mit ruhigen oder unbeweglichen Motiven. Gehen Sie so nah wie möglich an Ihr Motiv heran und fixieren Sie den Autofokus (dabei müssen Sie die Kamera sehr ruhig halten, denn die Schärfe wird nun nicht mehr nachgeführt). Wenn das Bild sich nicht mehr scharfstellen lässt, haben Sie die Naheinstellgrenze Ihrer Smartphone-Kamera erreicht. Nutzen Sie einen Fernauslöser oder stellen Sie die Kamera-App auf Selbstauslöser, damit sich die Kamera beim Auslösen nicht bewegt.

Checkliste für Makrofotografie

- Ein Makroobjektiv für Smartphones, falls kein Makro-Modus integriert ist.
- Aktivieren Sie den Makro- oder Pro-Modus, falls Ihr Smartphone über diese Funktion verfügt.
- Eine stabile Unterlage oder ein Stativ für das Smartphone, um Verwacklungen zu vermeiden.
- Stellen Sie den Fokus manuell ein, um sicherzustellen, dass Ihr Motiv scharf ist.
- Suchen Sie nach einem Ort mit gutem, natürlichem Licht
- Nähern Sie sich Ihrem Motiv langsam und vorsichtig, besonders wenn es sich um Insekten oder andere scheue Motive handelt.
- Halten Sie das Smartphone so stabil wie möglich, um Unschärfe zu vermeiden.
- Lösen Sie mit einem Fernauslöser oder dem integrierten Selbstauslöser aus.
- Haben Sie Geduld! Oft braucht es in der Makrofotografie mehrere Versuche, bis das perfekte Bild gelingt.

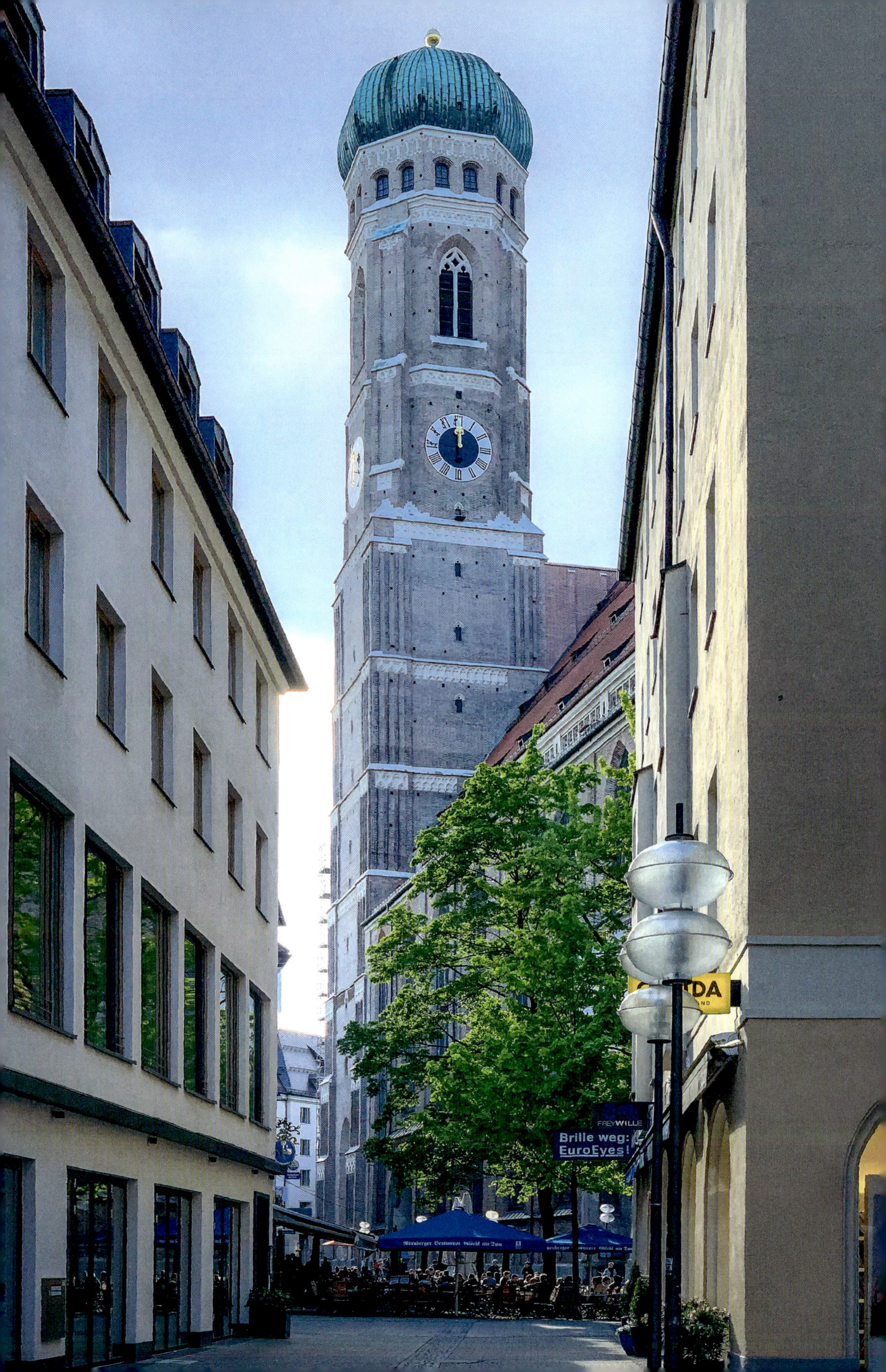
FREYWILLE
Brille weg:
EuroEyes!

8 PANORAMAFOTOGRAFIE

Viele Motive haben so ausladende Ausmaße, dass sie mit einer einzelnen Aufnahme nicht vollständig erfasst werden können. Die Lösung wäre ein größerer Abstand zwischen Ihnen und Ihren Motiv, aber dieses würde dann auf dem Bild zu klein erscheinen. Hier schaffen Panoramen Abhilfe – auf ihnen bleiben große Motive groß. Dafür brauchen Sie inzwischen keine speziellen Apps mehr, nur eine möglichst ruhige Hand und etwas Konzentration. Die Panoramafunktion ist bereits fest in Ihre Standard-Kamera-App integriert. Beim iPhone finden Sie diese Funktion gleich unten beim Öffnen der Kamera (*Pano*). Android-Geräte haben ihre Panoramafunktionen im Menü integriert. Die Umsetzung ist ein Kinderspiel, Pfeile und Linien zeigen genau an, in welche Richtung und auf welcher Höhe Sie Ihr Smartphone bewegen sollten.

Panoramen lassen sich in alle Richtungen aufnehmen – horizontal oder vertikal. Das funktioniert bei den Smartphone-Modellen ganz unterschiedlich. Mit dem iPhone ziehen Sie für Querformat-Bilder das Smartphone im Hochformat von rechts nach links oder umgekehrt. Wo die Kamera mit der Aufnahme beginnen soll, legen Sie vorab mit einem Fingertipp fest. Bei Android-Smartphones sucht die Kamera meist automatisch die richtige Aufnahmeposition.

Ein bisschen Übung vorab garantiert Ihnen die besten Aufnahmen. Suchen Sie sich einen ruhigen und festen Standpunkt, befreien Sie Ihre Arme von Rucksack oder Handtasche und drücken Sie Ihre Unterarme ein bisschen gegen den Oberkörper, denn so erreichen Sie eine ruhigere Hand- und Kameraführung.

Auf den beiden folgenden Seiten sehen Sie ein Beispiel für ein vertikales Panorama, wie es sich bei Gebäuden anbietet. Hierbei halten Sie Ihr Smartphone quer und bewegen es gemäß den Anweisungen der App in der Vertikalen. Ein horizontales Panorama wie beim Foto des Bergsees auf der Doppelseite 74/75 erstellen Sie genau umgekehrt: Sie halten das Smartphone vertikal und bewegen es den Anweisungen der App entsprechend in horizontaler Richtung.

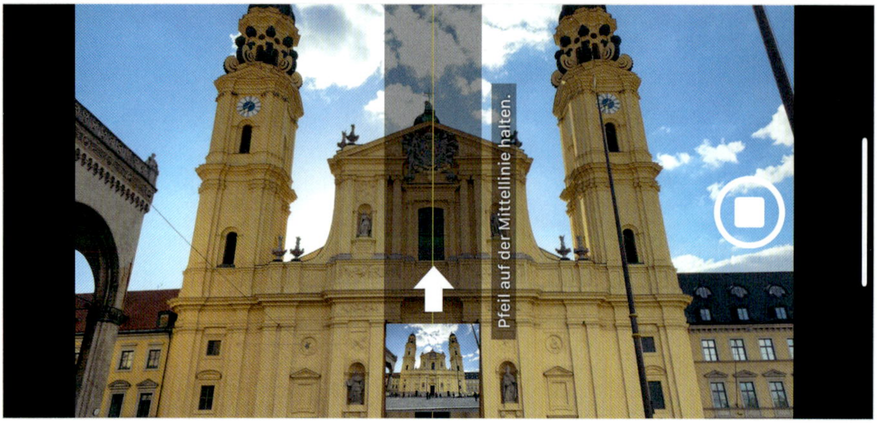

1. Wollen Sie ein Gebäude in seiner ganzen Höhe aufnehmen, halten Sie Ihr Smartphone quer und ziehen Ihre Kamera in der Vertikalen.

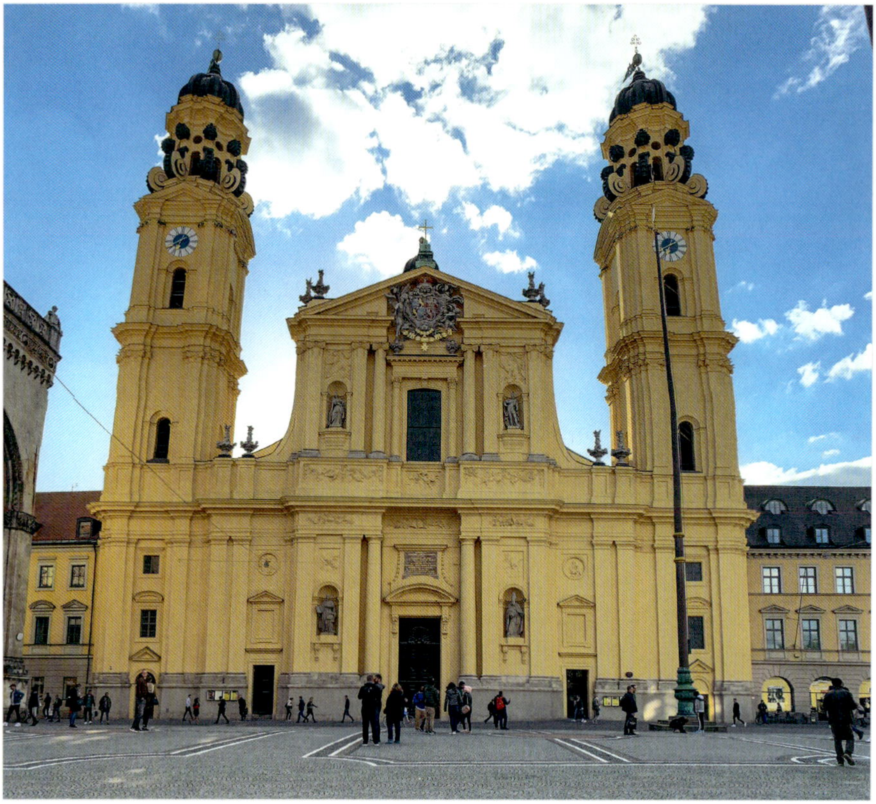

2. Beispiel eines vertikal aufgenommenen Panoramas. Gerade Linien werden meistens verzerrt dargestellt (sogenannte »stürzende Linien«).

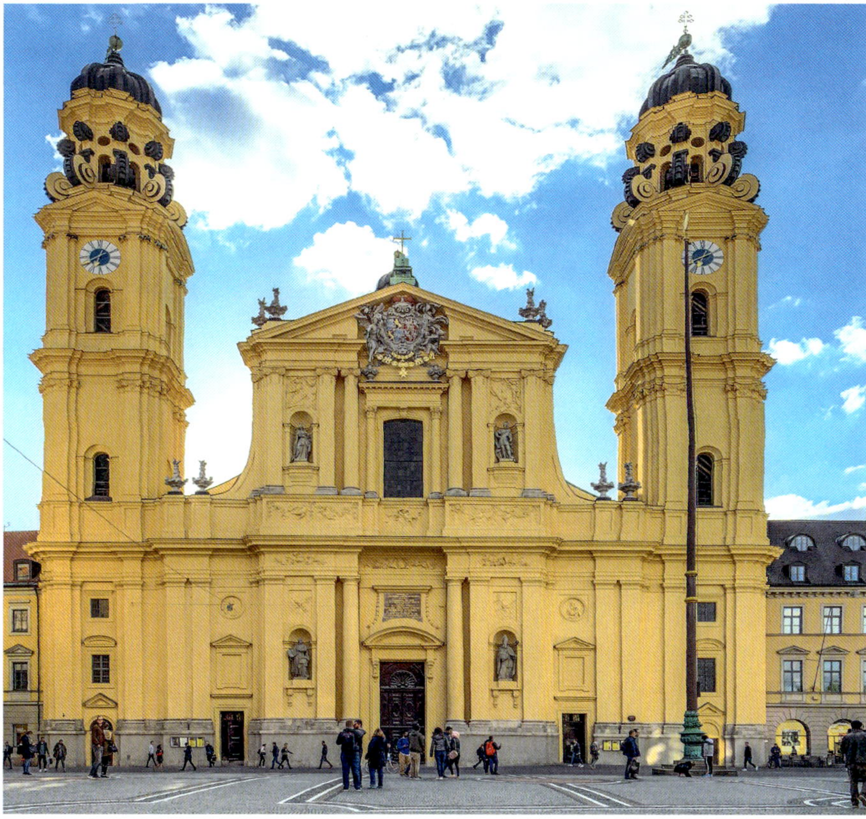

3. Mit Lightroom (*Geometrie > Upright*) oder der auf Perspektivkorrektur spezialisierten App *SKRWT* können Sie das Gebäude gegebenenfalls wieder aufrecht stellen.

Tipp
Achten Sie auch darauf, dass sich keine Menschen, Tiere oder Autos während der Aufnahmen bewegen, sonst bekommt die Software beim Zusammensetzen der Einzelbilder zum Panorama Probleme.

Egal, in welche Richtung Sie Ihr Panorama aufnehmen, bleiben Sie dabei genau im vorgegebenen Rahmen oder auf der am Display angezeigten Führungslinie. Wenn Sie zu sehr abweichen und wegrutschen, entstehen kleine Brüche, die Sie erst später auf einem größeren Monitor oder – bewahre – nach dem Druck Ihrer Aufnahme entdecken.

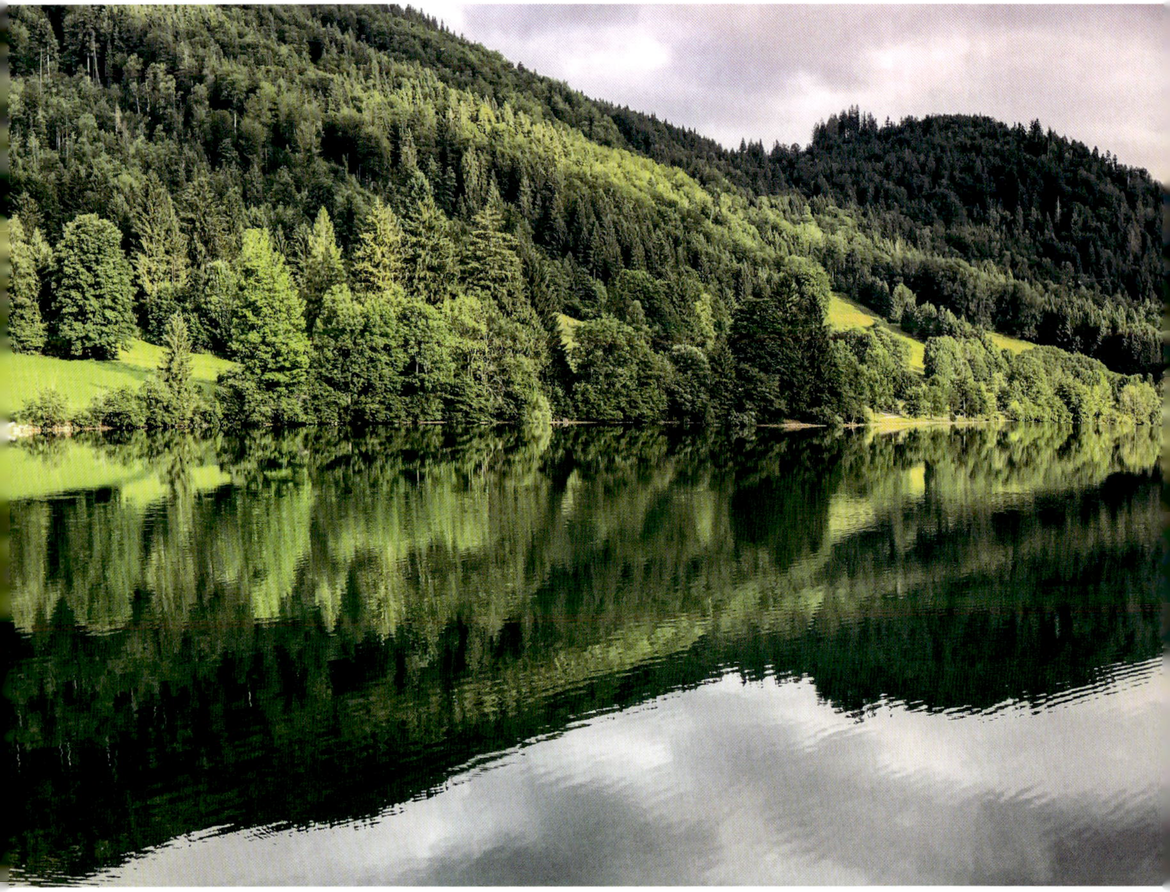

Morgenstimmung am Schliersee. Das Panorama wurde von rechts nach links gezogen, damit der Himmel gleich korrekt belichtet dargestellt wird, die Schatten der Bergseite wurden in der Bildbearbeitung aufgehellt.

Achten Sie dabei auch auf die Lichtsituation. Ist der Unterschied zwischen Hell und Dunkel zu groß, kann die Kamera das innerhalb des Panoramabildes nicht mehr ausgleichen. Die Belichtung wird nur einmal zu Beginn der Aufnahme ermittelt und auch nicht mehr nachkorrigiert. Wenn Sie mit Ihrem Panorama in einem dunklen Bereich beginnen und in einen helleren Bereich ziehen, so wird dieser leider überbelichtet. Sie erhalten bessere Aufnahmen, wenn Sie im hellsten Bereich beginnen und im dunkleren enden. In der Bildbearbeitung lassen sich dunklere Bereiche leichter aufhellen, starke Überbelichtungen hingegen sind nicht mehr zu reparieren.

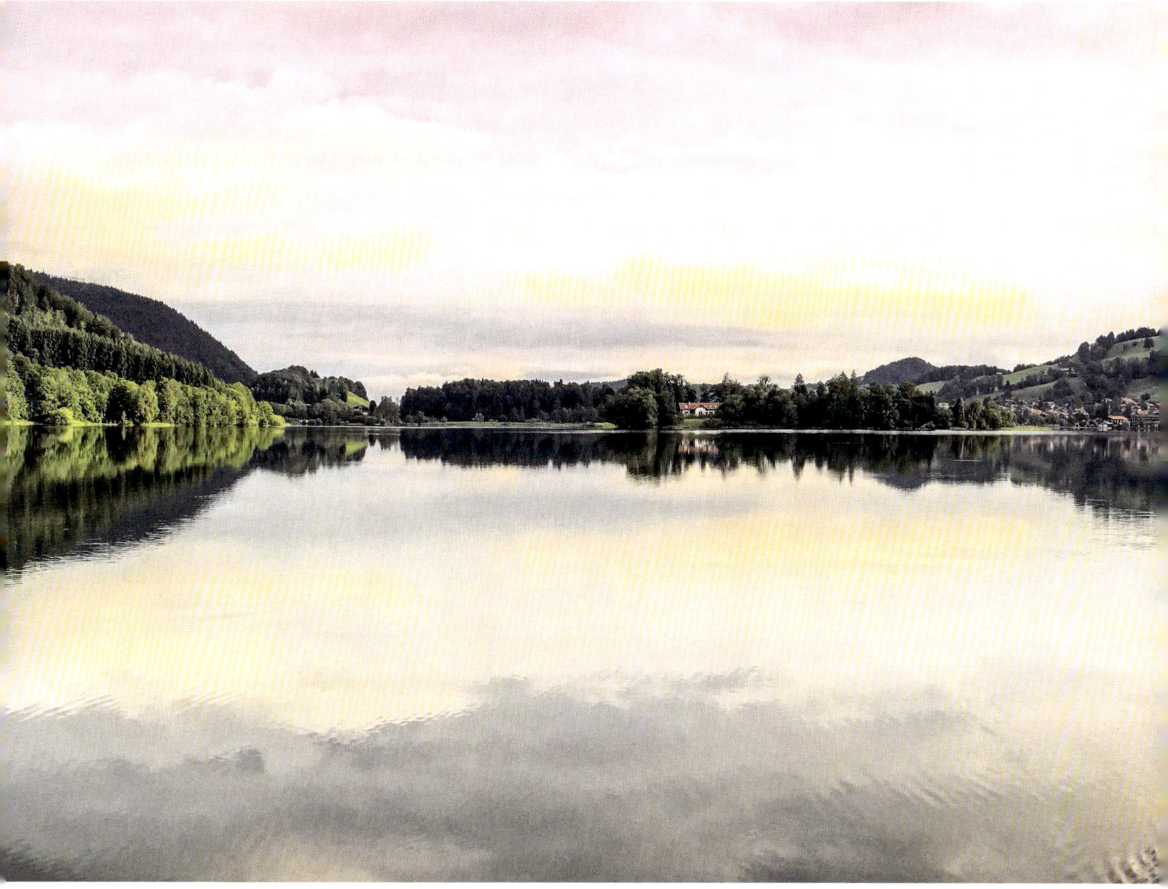

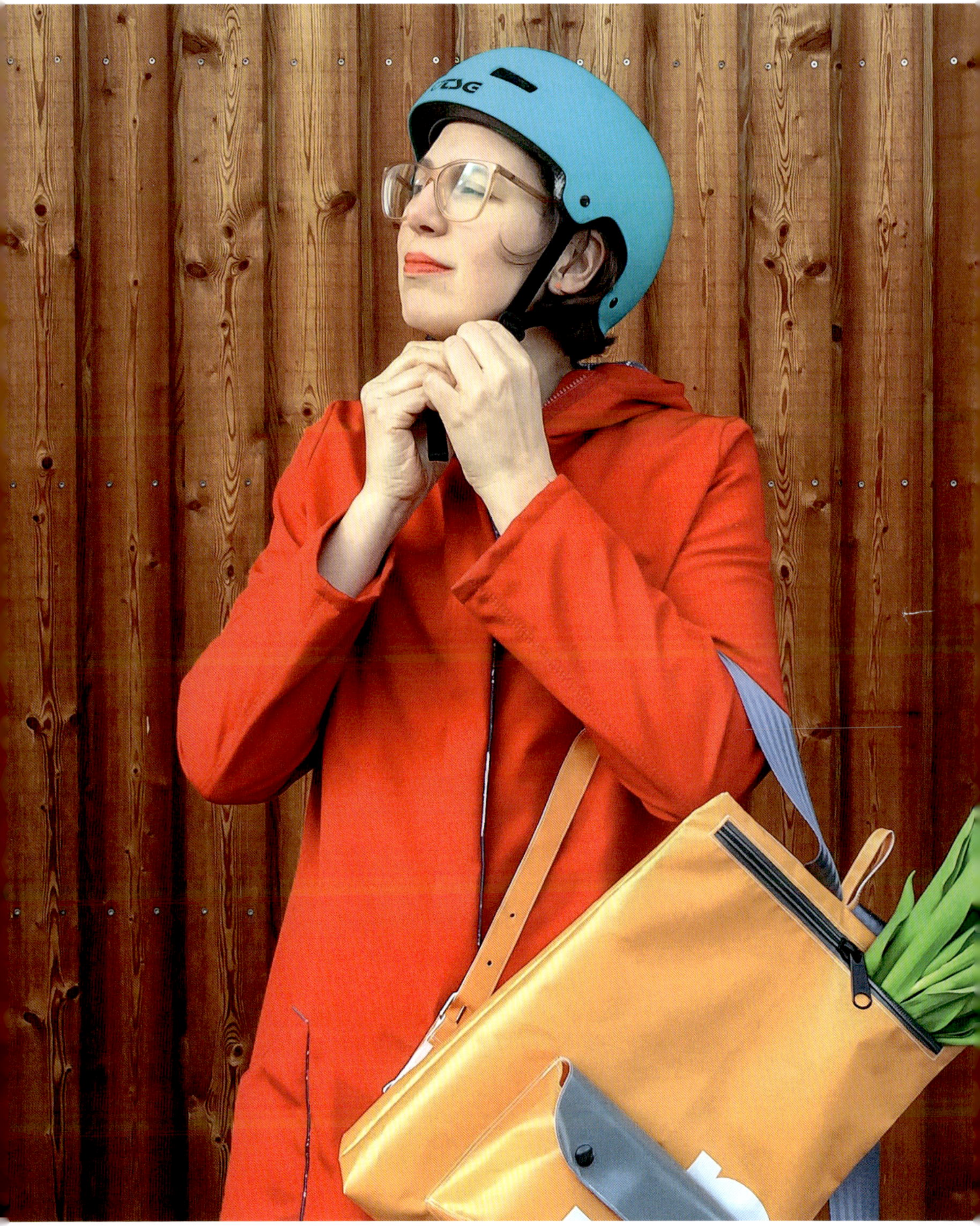

9 MENSCHEN FOTOGRAFIEREN

Ein gutes Porträt ist ein Bild von der Persönlichkeit eines Menschen, das im Idealfall Einblick in sein Inneres gibt. Dafür braucht es keine »große« Kamera. Jede Person bringt eine einzigartige Persönlichkeit, Emotion und Geschichte mit, die durch eine Smartphone-Kamera eingefangen werden kann.

Egal ob es Schnappschüsse Ihrer Liebsten sind, Kinder, die ausgelassen spielen, oder unvergessliche Momente bei Familienfeiern: Diese Fotos fangen alles ein – vom herzhaften Lachen bis zum tiefgründigen, nachdenklichen Blick. Sie erzählen Geschichten, verstärkt durch die Körpersprache und die Umgebung, in der sie aufgenommen wurden.

Menschen zu fotografieren geht weit über die bloße Beherrschung von Technik hinaus. Es ist ein kreativer Prozess, den Sie überall ausprobieren können, von Aufnahmen daheim bis hin zu spontanen Schnappschüssen auf der Straße. Ein Porträt mit dem Smartphone ist zudem potenziell authentischer, weil der Blickkontakt zwischen Model und Fotograf bei der Aufnahme bestehen bleibt.

Das Beeindruckende? Mit nur einem gezielten Fingertipp können Sie einen vergänglichen Augenblick für immer festhalten und so an das erinnern, was Menschen miteinander verbindet.

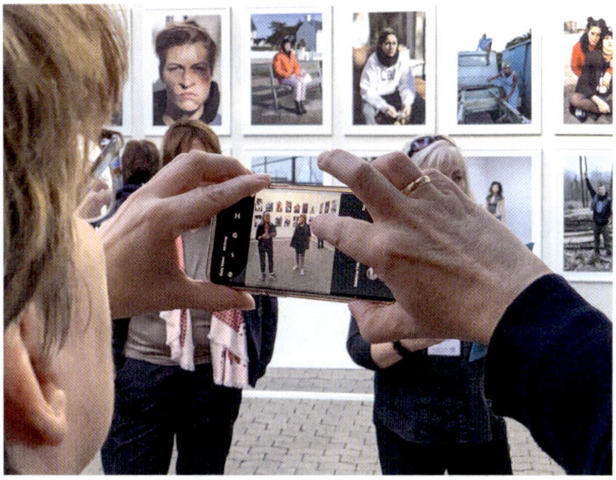

9.1 Das passende Objektiv

Bei den meisten modernen Smartphones haben Sie die Wahl zwischen drei oder vier verschiedenen Brennweiten. Bei Porträts sollten Sie hieraus immer das Teleobjektiv auswählen (sofern vorhanden). Wenn jedoch die Umgebung oder der Hintergrund auch eine erzählende Rolle spielen soll, empfiehlt sich das Standard-Weitwinkel (1,0). Für Aufnahmen mit einer großen Gruppe greife ich ab und zu zum Ultraweitwinkel (0,5).

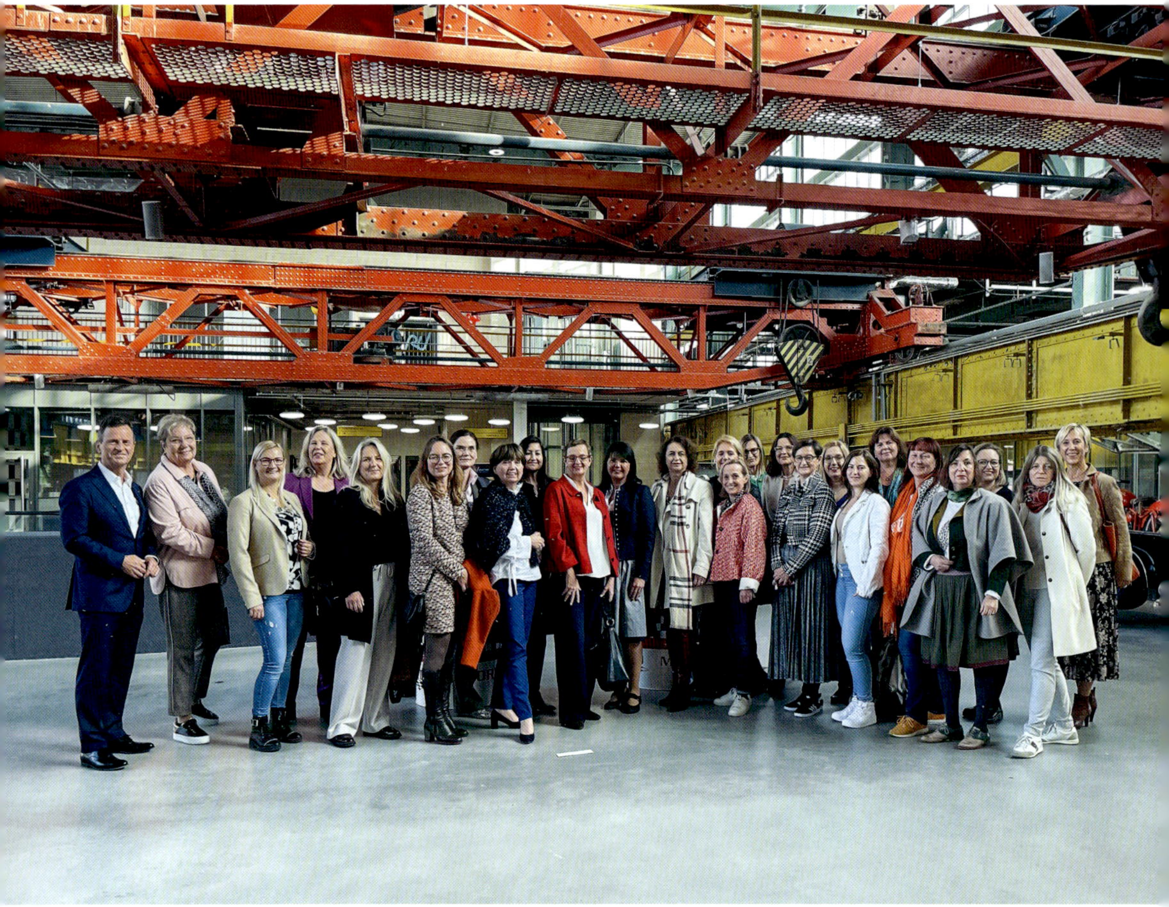

Gruppenaufnahme mit dem Ultraweitwinkel. Wegen der für Ultraweitwinkel-Objektive starken Verzerrungen ist es ratsam, einen großen Abstand an den Bildrändern zu lassen und die Aufnahmen hinterher passend zuzuschneiden.

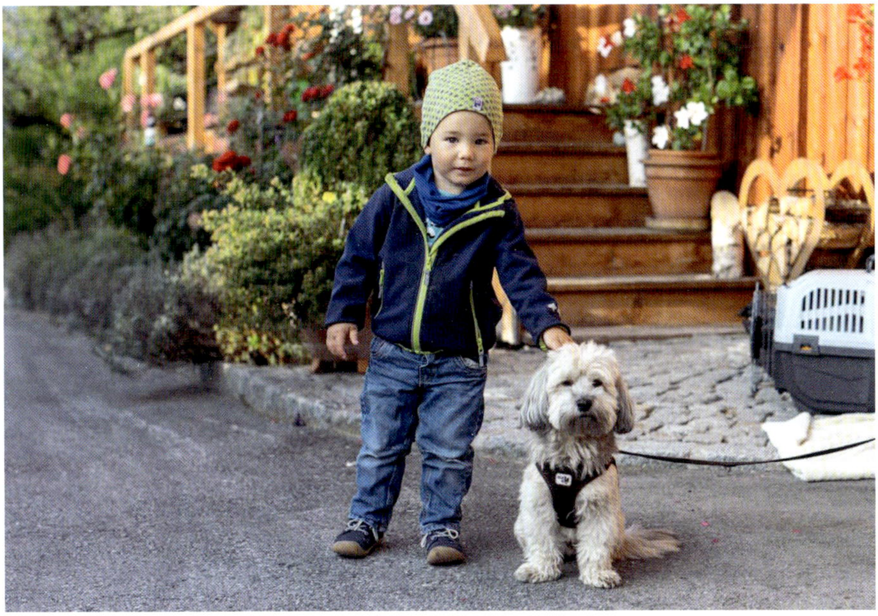

Ist die Umgebung bei der Aufnahme wichtig, könnte es sinnvoll sein, mit einem normalen Weitwinkelobjektiv zu fotografieren.

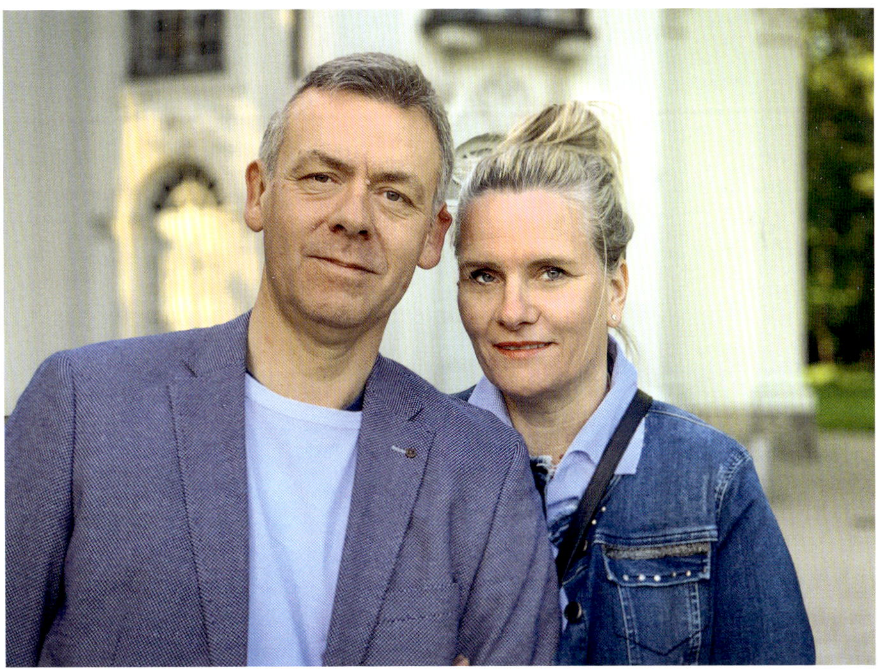

Bei Nahaufnahmen empfiehlt es sich, das Teleobjektiv Ihres Smartphones zu verwenden. Falls Ihr Smartphone nur über ein einzelnes Objektiv, dafür aber über den Porträt-Modus verfügt, können Sie auch diesen als »Teleobjektiv« nutzen – er besitzt meist einen hochwertigen digitalen Zoom.

9.2 Porträt-Modus

Ich nutze sehr gern den Porträt-Modus. Er ist ideal für Einzelporträts, Aufnahmen von kleinen Gruppen oder für Ganzkörperaufnahmen.

Experimentieren Sie mit den zahlreichen Licht- und Gestaltungsfunktionen, die Ihnen hier zur Verfügung stehen. Im Porträt-Modus sowohl des iPhones als auch einiger Android-Smartphones von Samsung haben Sie eine Vielzahl an Optionen, darunter *Studiolicht*, *High-Key-Licht* und vieles mehr. *Bühnenlicht* beim iPhone etwa sorgt für ein sanftes Licht, das Gesichtsschatten minimiert. Bei manchen Samsung-Galaxy-Modellen haben Sie sogar die Möglichkeit, diese Lichteffekte und Filter in Echtzeit anzupassen, sodass Sie Ihr Foto schon vor der Aufnahme perfektionieren können.

Wie ab Seite 23 zum Thema »Schärfe« beschrieben, können Sie im Porträt-Modus die Tiefenschärfe im Hintergrund anpassen. Ein Porträt mit unscharfem Hintergrund wirkt ruhiger, die Person steht viel mehr im Mittelpunkt, der Hintergrund lenkt nicht ab.

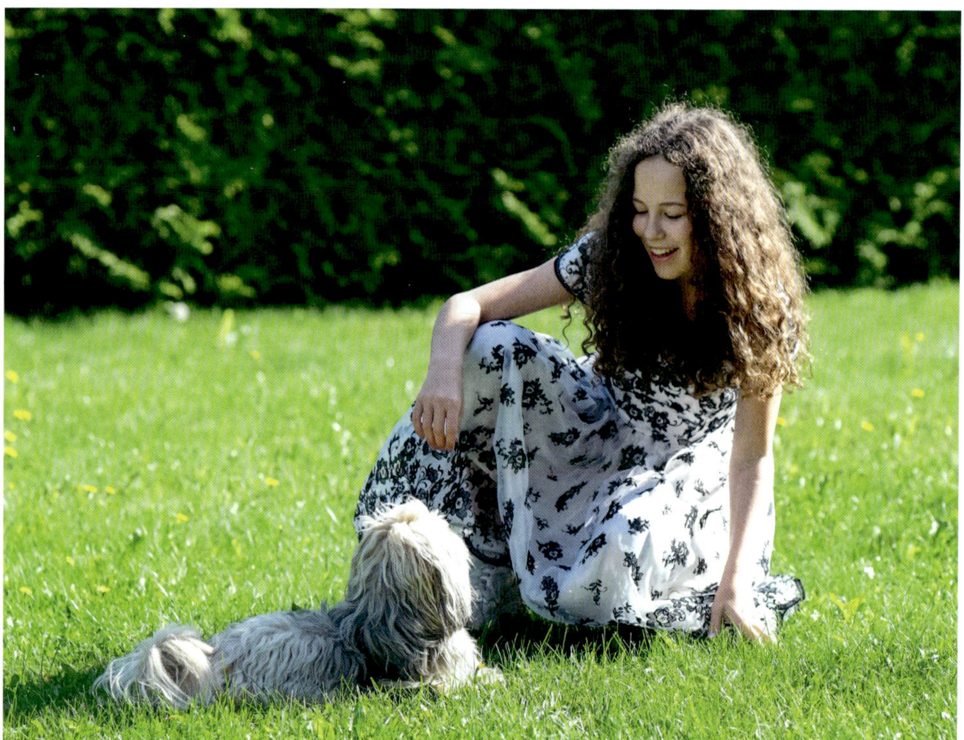

Auch spontane Nahaufnahmen lassen sich gut im Porträt-Modus festhalten. Passt die selektive Schärfe im Hintergrund noch nicht, kann sie später in der Bildbearbeitung korrigiert werden.

9.3 Eine gute Bildgestaltung ist das A & O

Auch die Bildgestaltung allgemein spielt in der Porträtfotografie eine wichtige Rolle, um emotionale und aussagekräftige Bilder zu machen. Entscheiden Sie, ob Sie ein Close-up, ein Halbkörper- oder ein Ganzkörperporträt machen möchten. Jeder Ausschnitt erzählt eine andere Geschichte.

Grundsätzlich wirkt ein Bild harmonischer, wenn das Hauptmotiv nicht genau in der Mitte platziert wird. Das gilt auch für Porträts. Als Orientierungshilfe können Sie sich in Ihrer Kamera-App ein Raster zur Bildeinteilung anzeigen lassen (unter iOS aktivieren Sie es in den *Einstellungen* der *Kamera*, unter Android gehen Sie in der Kamera-App auf das Zahnrad und aktivieren dann in den Kameraeinstellungen das *Raster*). Wählen Sie das *3 × 3-Raster*, um es dauerhaft im Live-Bild der Kamera-App anzeigen zu lassen. Positionieren Sie prägnante Details direkt auf oder nahe den Schnittpunkten der Linien und erhalten Sie so eine harmonische Bildgestaltung.

Spielen Sie mit unterschiedlichen Perspektiven. Ein Bild aus Ober- oder Unterperspektive kann eine ganz andere Bildwirkung erzeugen als eine Aufnahme auf Augenhöhe.

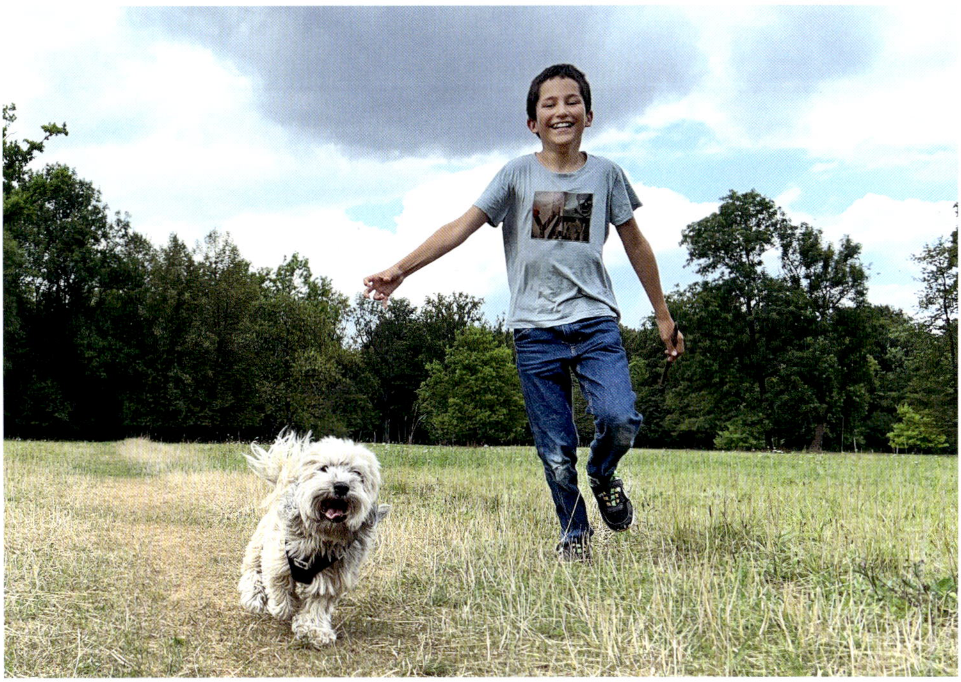

Hier wirkt der Hintergrund dezent und stiehlt den beiden Models nicht die Show. Aus der Unterperspektive aufgenommen, kommen sie richtig groß raus.

Der Hintergrund kann eine Herausforderung sein. Bei einem belebten Straßenbild mit verschiedenen Gebäuden, farbigen Werbetafeln und zahlreichen Menschen im Hintergrund wirken Porträtaufnahmen sehr unruhig. Bäume, Verkehrsschilder, oder Ampelmasten, die aus den Köpfen Ihrer Models »wachsen«, sollten Sie vermeiden. Falls solch ein Objekt bedeutsam ist für Ihr Bild, positionieren Sie das Model so, dass das Objekt harmonisch ins Gesamtbild integriert ist.

Beobachten Sie die Umgebung, warten Sie, bis Autos oder Personen aus dem Hintergrund verschwunden sind und/oder verändern Sie den Bildausschnitt. Manchmal hilft schon ein kleiner Schritt nach rechts oder links, um störende Objekte aus dem Bild zu verbannen.

9.4 In das richtige Licht gerückt

Gutes Licht ist für uns Smartphone-Fotografen wie das Salz in der Suppe. Weniger gute Lichtverhältnisse gehen zulasten der Bildqualität und damit auch zulasten Ihres Motivs. Eine Nachbearbeitung der Aufnahmen kann helfen, muss aber nicht. Ideales Porträtlicht ist weiches Licht – das haben Sie bei leicht bewölktem Himmel oder am Morgen bzw. am späten Nachmittag.

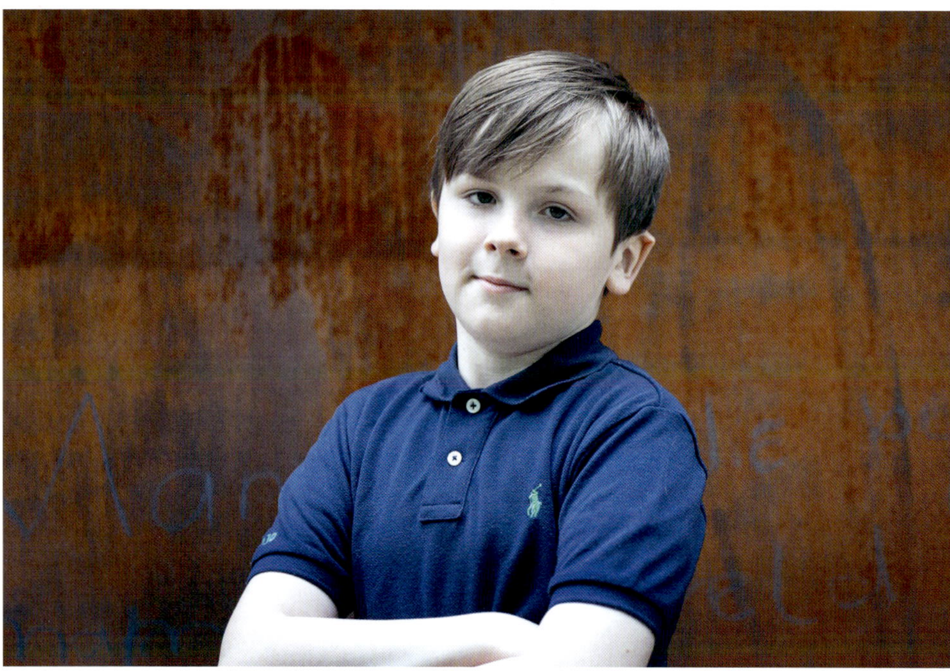

Für dieses Foto haben wir gewartet, bis sich die Sonne hinter den Wolken versteckte und das Licht somit sanfter und ohne Schatten fiel. Um einen ruhigen Hintergrund zu bekommen, stand mein Model vor einer kleinen rostigen Metallwand.

Die ungünstigste Zeit für Porträts ist die Mittagszeit. Die hochstehende Sonne wirft dann sehr harte Schatten auf das Model, das sollten Sie unbedingt vermeiden (es sei denn, Sie fotografieren Ihre Models im Schatten, etwa unter einem dichten Blätterdach).

9.5 Nehmen Sie sich Zeit

Auch wenn Sie »nur« mit Ihrem Smartphone fotografieren, sollten sich für ein Porträt etwas Zeit nehmen. Porträts zeigen die Gefühle und Verfassung eines Menschen - beides einzufangen ist nicht so einfach und abhängig von dem Verhältnis zwischen Model und Fotograf, dem richtigen Licht und dem passenden Aufnahmeort.

Die Menschen vor der Kamera vertrauen uns Fotografinnen und Fotografen in der Hoffnung, dass wir das Beste aus ihnen herausholen. Achten Sie auf die passende Körperhaltung und gutsitzende Kleidung. Korrekturen sind immer willkommen und zeigen den Menschen vor der Kamera, dass Sie es ernst meinen.

Noch ein Tipp zur Kleidung: Für ein gutes Porträtbild ist es wichtig, dass Ihr Gegenüber sich wohlfühlt. Egal ob die Kleidung, elegant, casual oder sportlich ist - sie muss zu der porträtierten Person passen. Der Stil, Farben, Muster oder auch Schmuck sollten allerdings so gewählt werden, dass sie nicht vom Gesicht ablenken. Erkundigen Sie sich im Vorfeld, ob Sie Hilfestellung geben dürfen und erteilen Sie verständliche und klare Anweisungen bezüglich der Körperhaltung. Menschen, die sich vor der Kamera wohlfühlen, werden das zu schätzen wissen und zufriedener mit dem Ergebnis sein.

9.6 Der letzte Schliff mit Bildbearbeitung

Nach dem Foto ist vor der Bildbearbeitung (meistens). Auch wenn Ihnen Ihr Porträt schon gut gelungen erscheint, kann es durch ein wenig Nachbearbeitung noch besser werden. Mit Apps wie Facetune KI-Bildbearbeitung, Cymera oder Face App lassen sich Porträts nach Belieben retuschieren. Die App Snapseed eignet sich auch sehr gut, um Ihren Porträts den letzten Schliff zu geben. Mein Workflow sieht zum Beispiel so aus:

- Ich beginne mit *Zuschnitt* und *Begradigen* - die Bildränder sollen ruhig wirken und nicht mit angeschnittenen Objekten vom Model ablenken.
- In der Feinabstimmung passe ich die *Helligkeit* des gesamten Bilds an und korrigiere Überbelichtung mit dem Tool *Spitzlichter* und zu starke Schatten mit dem Tool *Schatten*.
- Mit einer ganz leichten dunklen *Vignette* gestalte ich die Bildränder ruhiger und lenke das Auge des Betrachters auf das Hauptmotiv, mein Model. Und das war es auch schon.

- Wenn mein Model zu sehr im Gegenlicht steht, helle ich das Gesicht noch etwas auf. Das geht wunderbar mit der *Gesichtsaufhellung*, integriert im Tool *Porträt*. Für Eilige bietet dieses Tool auch fertige Filter an.

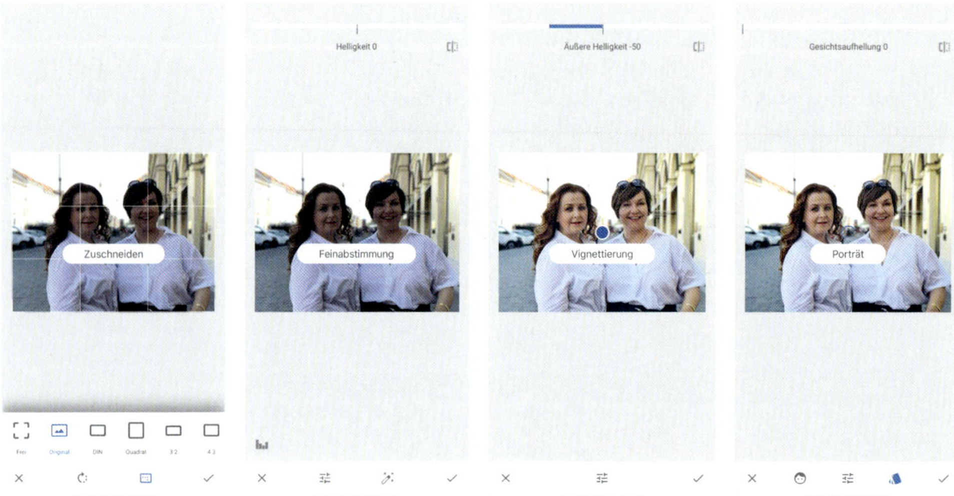

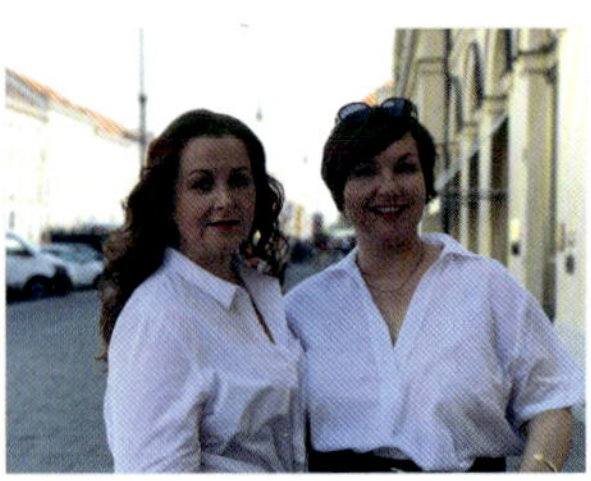

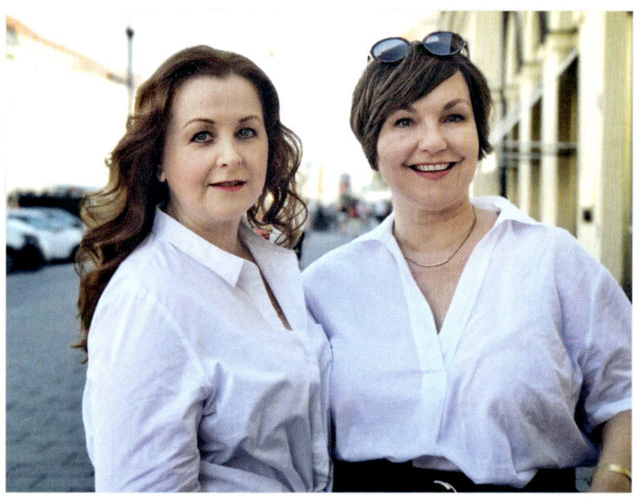

Bildbearbeitung lohnt sich wirklich. Selbst Aufnahmen, die normalerweise in den Papierkorb wandern würden, lassen sich so noch ordentlich aufpeppen.

Checkliste für das perfekte Porträt

- Vermeiden Sie Gegenlicht
- Welches Objektiv ist sinnvoll, Weitwinkel oder Tele?
- Nutzen Sie den Porträt-Modus.
- Stellen Sie sicher, dass Ihr Model optimal belichtet ist.
- Prüfen Sie, ob der Hintergrund zum Motiv passt, frei von störenden Objekten ist und nicht ablenkt.
- Verwenden Sie das Raster in der Standard-Kamera-App für die Bildgestaltung.
- Achten Sie auf die Augen des Models.
- Experimentieren Sie mit verschiedenen Perspektiven für ein einzigartiges Bild.
- Kommunizieren Sie mit Ihrem Model, um eine entspannte und lockere Atmosphäre zu schaffen.

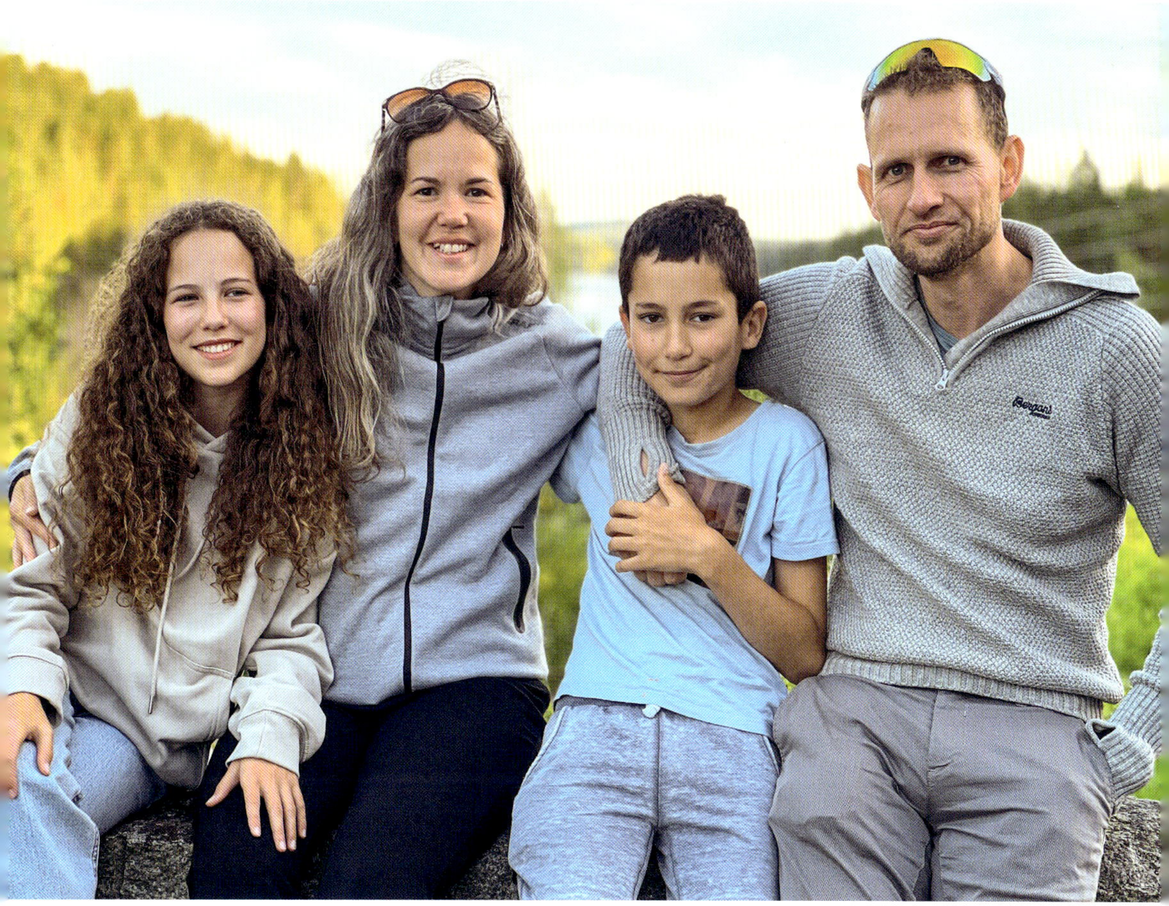

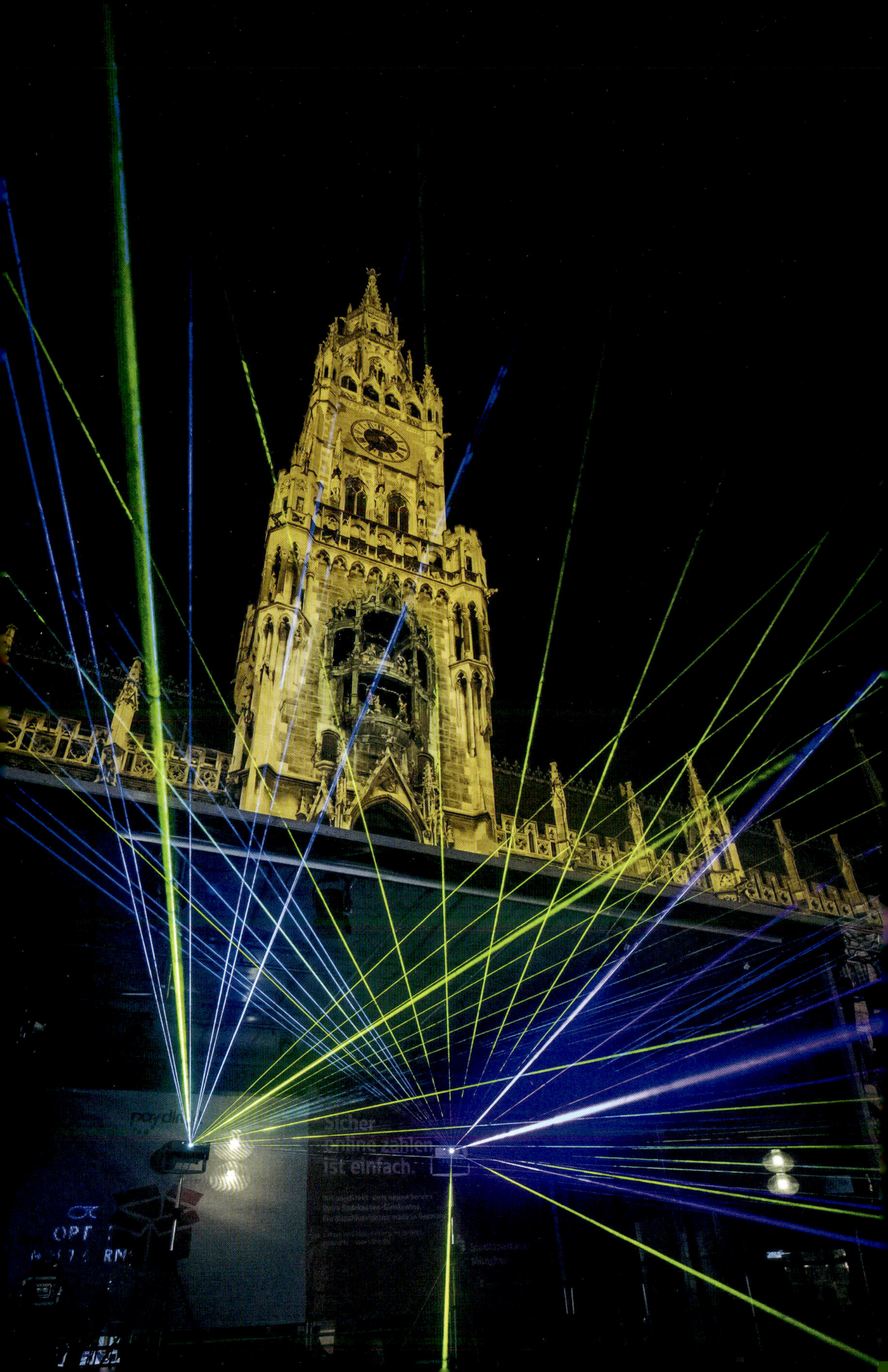
Sicher
online zahlen
ist einfach.

10 EVENTFOTOGRAFIE

Es gibt kein Event, keine Party, keine Familienfeier, die nicht mit dem Smartphone fotografiert würde. Eventfotografie ist wahrscheinlich das meist bediente Genre unter Smartphone-Fotografen. Aber: Qualitativ gute Eventfotografie bedarf einiger Kreativität und Erfahrung. Eine Veranstaltung bedeutet fast immer, dass viele Menschen an einem Ort zusammenkommen und sich dabei viel bewegen. Mitunter lenken Einrichtungsgegenstände und Dekoration vom eigentlichen Geschehen ab. Unter diesen Umständen kann Smartphone-Fotografie zur Herausforderung werden. Sie möchten aussagekräftige Fotos machen, die zum Beispiel einen innigen Moment bei einer Trauung oder die Stimmung auf einer Party einfangen? Oft gibt es keinen zweiten Versuch, also sollte möglichst jedes Foto gelingen. Dabei ist es egal, ob Sie für das Familienfotoalbum fotografieren, für einen Blogbeitrag oder eine Eventreportage – die Spielregeln sind immer die gleichen.

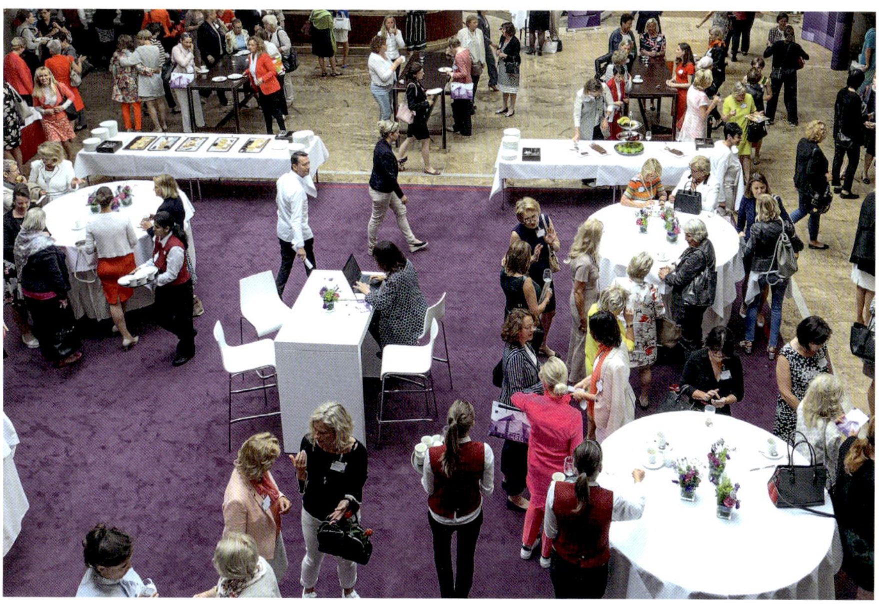

Vogelperspektive ist perfekt für Eventfotografie. Sie verleiht den Bildern Größe, Vielfalt und fängt die Energie des Geschehens ein.

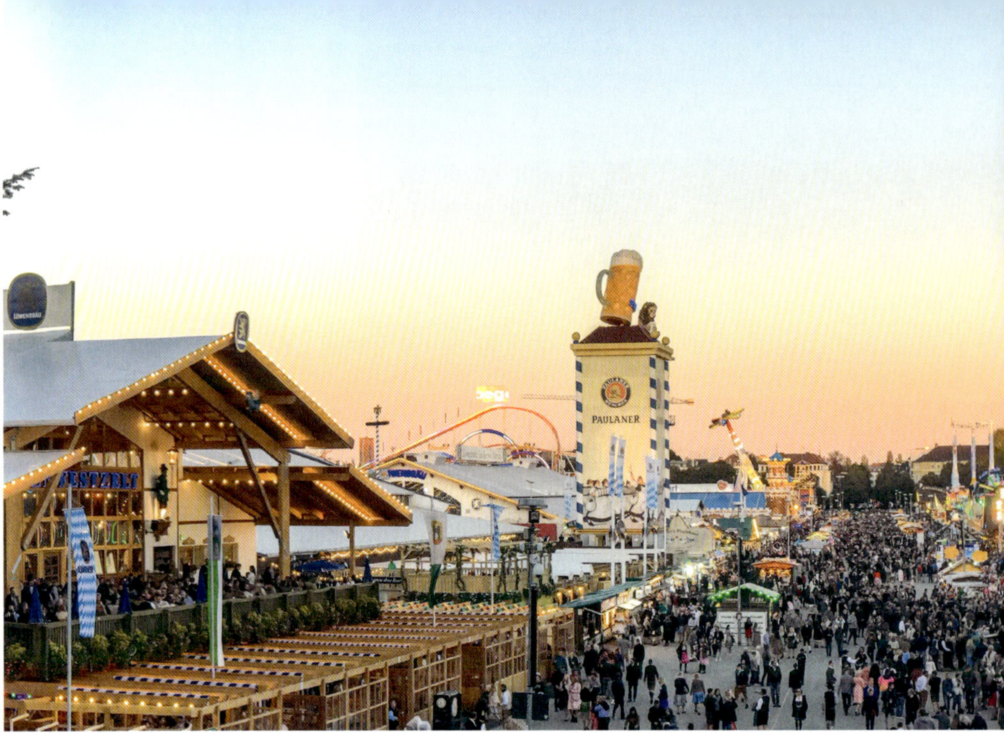

Denken Sie auch daran, eine Panoramaaufnahme zu erstellen. Damit fangen Sie gleich die gesamte Stimmung in der Umgebung ein.

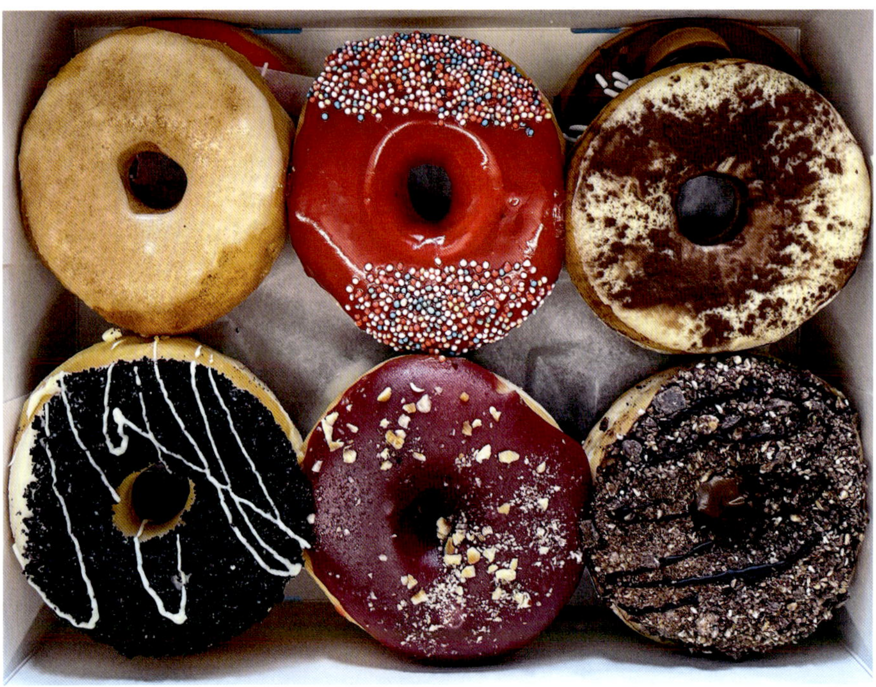

Zu einer guten Feier gehört gutes Essen und das sollte immer fotografisch festgehalten werden.

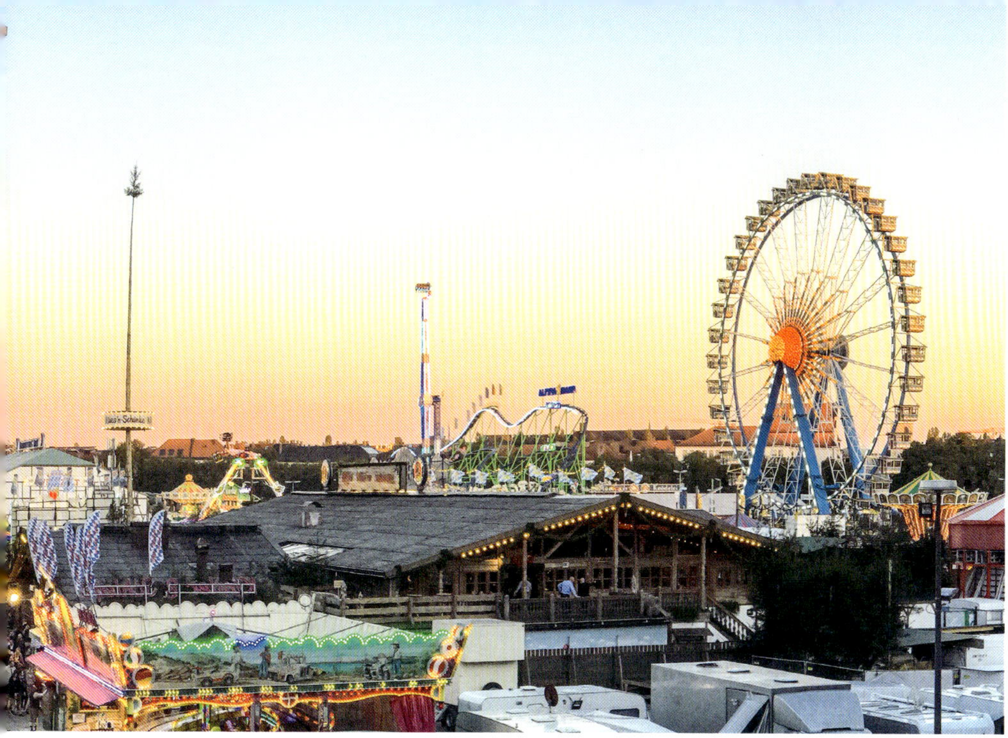

Damit die visuelle Geschichte gut wirkt, die Sie über ein Event erzählen, sollten Ihre Bilder einen einheitlichen Look haben. Das ist hier in diesem Kapitel nicht der Fall. Hier war mir wichtiger, Ihnen ein Spektrum unterschiedlichster Situationen vorzustellen: innen, außen, ruhigere und lebhaftere.

Nicht vergessen: Stellen Sie immer sicher, dass Sie fotografieren dürfen und dass die Gäste darüber informiert sind (lesen Sie dazu den Kasten »Das Recht am eigenen Bild« auf Seite 94).

Eventfotografie ist sehr vielseitig und abwechslungsreich. Hier kommen gleich alle technischen Möglichkeiten, die unsere Smartphone-Kamera bietet, zum Einsatz.

10.1 Perspektivwechsel

Bieten Sie dem Betrachter Abwechslung und wechseln Sie, wenn passend, die Bildformate und Aufnahmewinkel. Fotografieren Sie nicht immer wie gewohnt aus Brusthöhe, sondern nutzen Sie auch die Vogel- oder Froschperspektive, zum Beispiel unter Einsatz Ihres Selfiesticks.

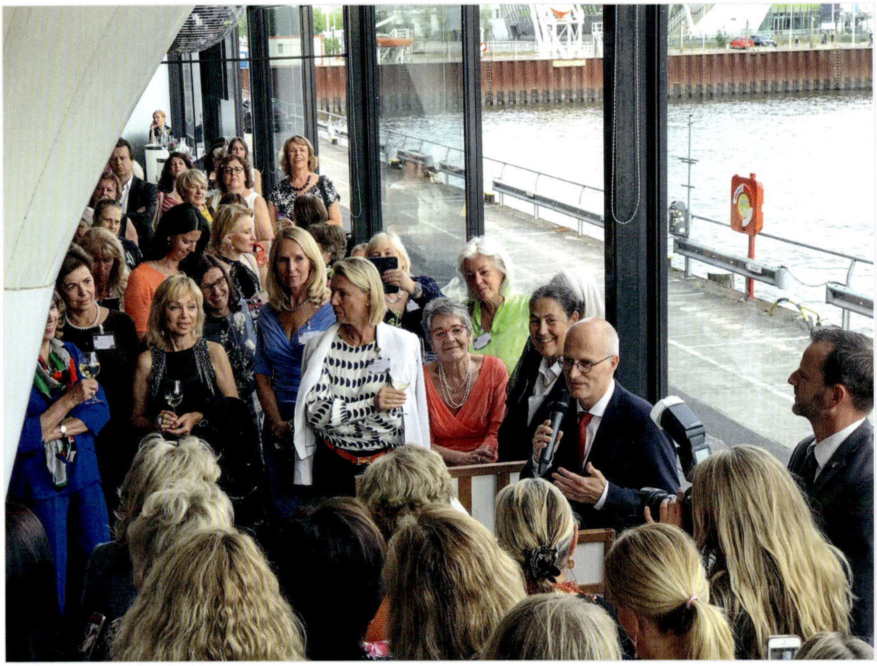

Den Überblick behalten Sie mithilfe eines Selfiesticks.

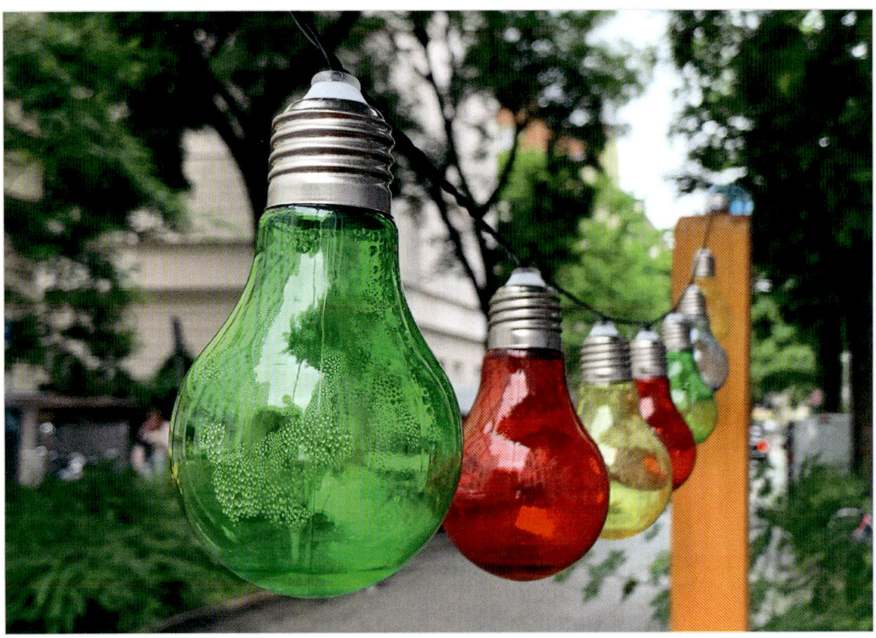

Fotografieren Sie auch aus nächster Nähe, um Ihrer Geschichte Abwechslung zu verleihen.

10.2 Bewegungseffekte durch längere Belichtungszeiten

Mit Bewegungseffekten erzeugen Sie nicht nur Aufmerksamkeit, sondern umgehen auch elegant die Bildrechteproblematik. Mit einer längeren Belichtungszeit zeigen Sie Menschen, ohne eine Person direkt erkennbar abzubilden. Was Sie dazu benötigen, ist lediglich ein ruhiger Standort für Ihr Smartphone, ein Stativ oder ein Selfiestick mit integriertem Stativfuß, ein Fernauslöser und der Profi-Modus (bei Android »Pro-Modus«) Ihrer Standard-Kamera-App. iPhone-Besitzer können mit dem Live-Modus spontan aus der Hand fotografieren – Android-Nutzer brauchen ein Stativ (oder eine feste Unterlage).

Mehr zum Thema »Langzeitbelichtung« lesen Sie im Abschnitt »Bewegung sichtbar machen« ab Seite 57.

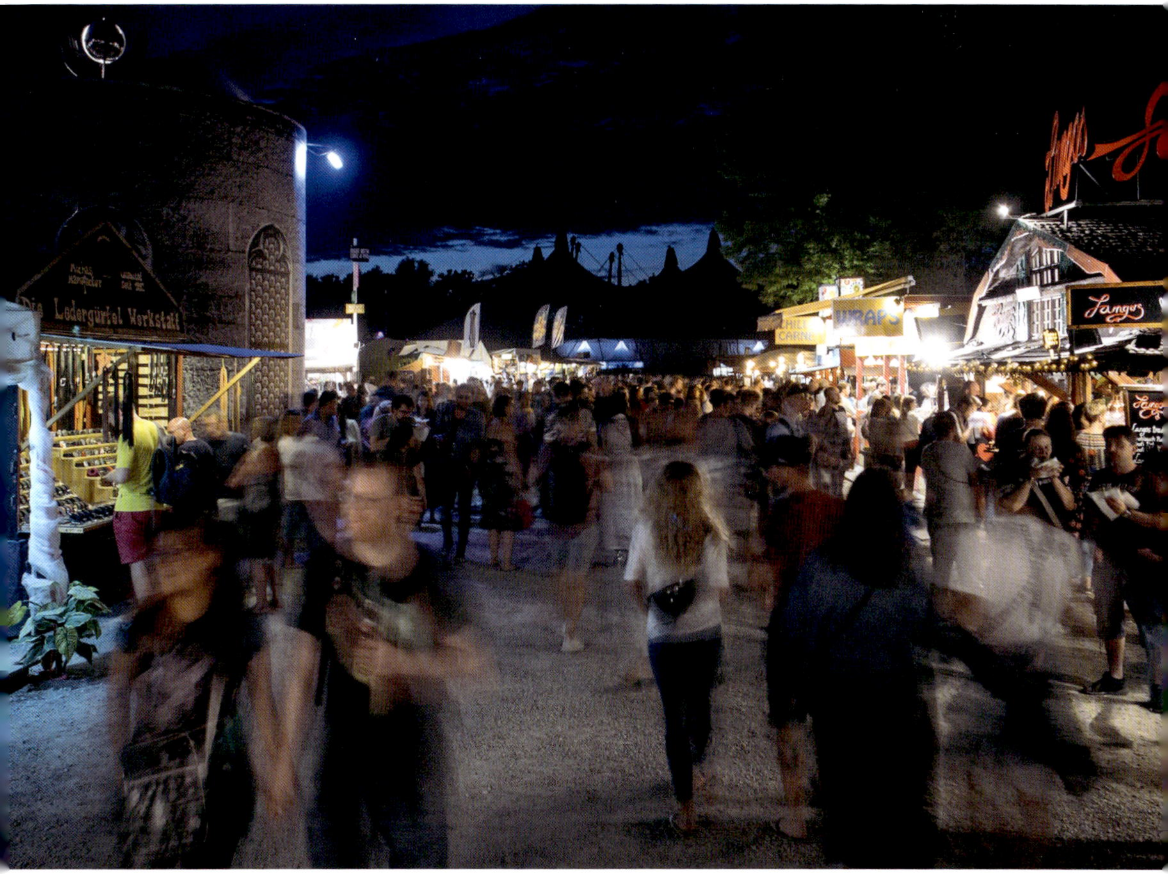

Lange Belichtung – aufgenommen mit dem »Live«-Modus des iPhone.

10.3 Details spielen die Hauptrolle

Fotografieren Sie liebevoll gedeckte Tische, knallige Dekorationen und verspielte Details. Detailaufnahmen zeigen, wie viel Liebe und Aufwand in solch einem Event stecken. Sei es der schön dekorierte Kuchen auf der Familienkaffeetafel, das reichhaltige Büfett am Abend oder das Firmenlogo auf dem Podium mit der Vorstandsvorsitzenden. Details erzählen viel mehr als Übersichtsaufnahmen und führen den Betrachter viel näher an das Geschehen.

Dafür lohnt es sich, schon vor Beginn des Events im Raum zu sein und in aller Ruhe die schönsten Bilder zu schießen.

Gehen Sie dabei auch ganz nah heran (mehr dazu im Kapitel 7, »Motiven auf die Pelle rücken«, ab Seite 65). Nutzen Sie die technischen Möglichkeiten Ihrer Smartphone-Kamera!

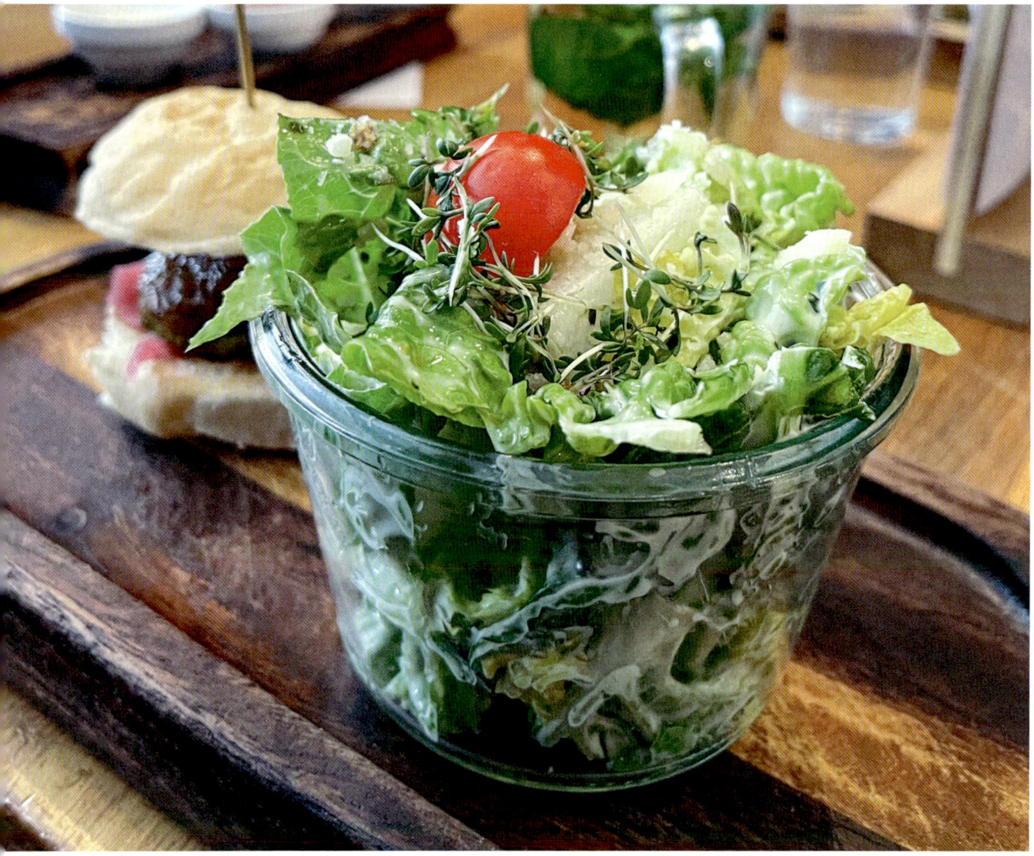

Wir alle schauen uns Bilder von Details an. Sie erzählen genauer von den gezeigten Ereignissen. Als Teil einer Bilderserie bieten sie dem Auge zwischendurch etwas Ruhe. Nutzen Sie für solche Aufnahmen den Porträt-Modus Ihrer Smartphone-Kamera.

10.4 Menschen fotografieren

Menschen wollen Menschen sehen, Menschen machen Ihre Bilder erst lebendig, erzählen die Geschichten und geben Emotionen wieder. Hier verlangt uns die Eventfotografie einiges ab. Personengruppen stehen zusammen, teilweise mit dem Rücken zum Fotografen oder zur Fotografin, sie essen und trinken oder führen gestenreiche Unterhaltungen – alles keine optimalen Voraussetzungen für schöne Fotos. Und zu allem Überfluss herrschen vielleicht noch schlechte Lichtverhältnisse. Nehmen Sie hier direkt Kontakt mit Ihren Models auf. Sprechen Sie die Personen an, fragen Sie nach einem freundlichen Blick in die Kamera. Eher selten möchten Personen sich nicht auf einem Foto sehen. Man zeigt sich gern in netter Gesellschaft und dass man dabei war.

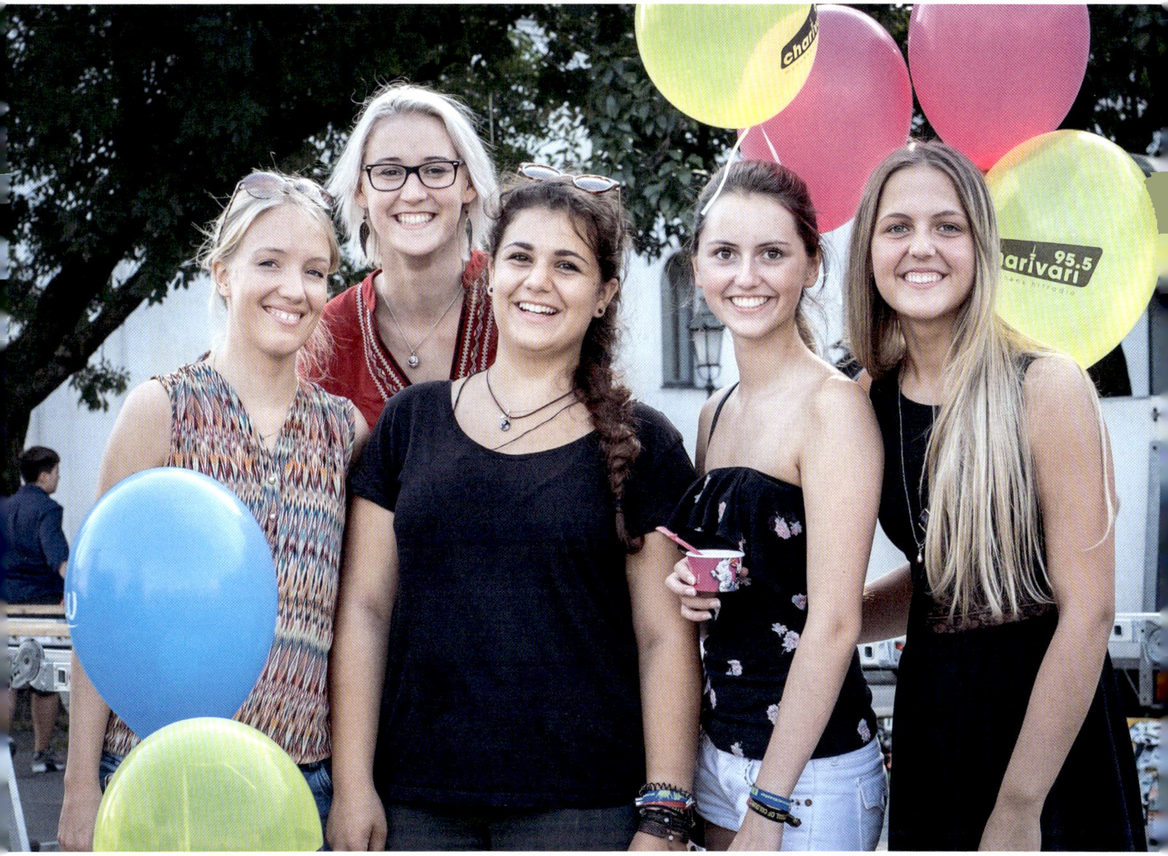

Fragen kostet nichts. Es gibt immer nette Menschen, die sich gern für ein Gästefoto zur Verfügung stellen.

Das Recht am eigenen Bild

Grundsätzlich gilt: Bevor Sie eine Aufnahme veröffentlichen, müssen Sie klären, ob die abgebildete Person mit der Veröffentlichung einverstanden ist (sonst verstoßen Sie gegen deren »Recht am eigenen Bild«). Dabei geht es nicht nur um das »Ob«, sondern auch um das »Wo«. Es macht einen Unterschied, ob Sie das Bild für ein privates Fotobuch benötigen, es auf Ihrer Website oder Ihrem Blog veröffentlichen oder es sogar auf Facebook, Twitter oder Instagram teilen wollen.

Wie verhalte ich mich auf Events? Wenn ich auf Veranstaltungen, zu denen ich eingeladen bin, fotografiere, kläre ich vorab, ob ich fotografieren darf, und informiere darüber, wo ich die Bilder nutzen möchte. Dabei muss ich als Fotografin auch sicherstellen, dass der Veranstalter seine Gäste darüber informiert.

Übrigens: auch wenn keine Personen, sondern Objekte wie z.B. Kunstwerke oder öffentliche Gebäude im Spiel sind, müssen Sie ebenfalls klären, ob Sie diese überhaupt fotografieren und zu welchem Zweck Sie die Aufnahmen verwenden dürfen.

Das Fotografieren bei Großveranstaltungen, auf vielen Konzerten oder bei Sportevents ist oft erlaubt und die Bilder dürfen privat genutzt werden. Nicht erlaubt ist es aber, die Aufnahmen ungefragt kommerziell zu nutzen (und das beginnt bereits mit dem Posten auf Social Media). In diesem Fall ist es meist schwierig, im Nachhinein eine Erlaubnis zu bekommen, besser ist es also, sich vorher die Erlaubnis zu holen.

10.5 Lichtverhältnisse meistern

Erfahrungsgemäß finden Events am Abend und mit Vorliebe in stimmungsvoller Ausleuchtung statt. Moderne Smartphone-Kameras können damit inzwischen sehr gut umgehen und liefern eine gute Bildqualität.

Trotzdem ist es sinnvoll, nicht alles der Technik zu überlassen und selbst Hand anzulegen. Belichten Sie mit einem Fingertipp auf dem Display Ihr Motiv im Bild und nutzen Sie ggf. die Belichtungskorrektur (siehe Seite 20) zur Justage. Kann die Kamera in der Dunkelheit nicht gut fokussieren, schalten Sie die AE/AF-Sperre ein (siehe Abschnitt »Den Fokus sperren« ab Seite 25), verändern den Abstand zum Motiv, bis es scharf ist, und lösen dann aus.

Vermeiden Sie zu starke Überbelichtungen, wie z.B. durch Podiumsbeleuchtung. Überbelichtungen lassen sich in der Bildbearbeitung sehr schlecht korrigieren. Ich belichte meistens etwas kürzer und bearbeite meine Aufnahmen nach. Dunklere Bereiche im Bild lassen sich dabei besser korrigieren als zu helle (vergleichen Sie dazu die beiden nachfolgenden Bilder).

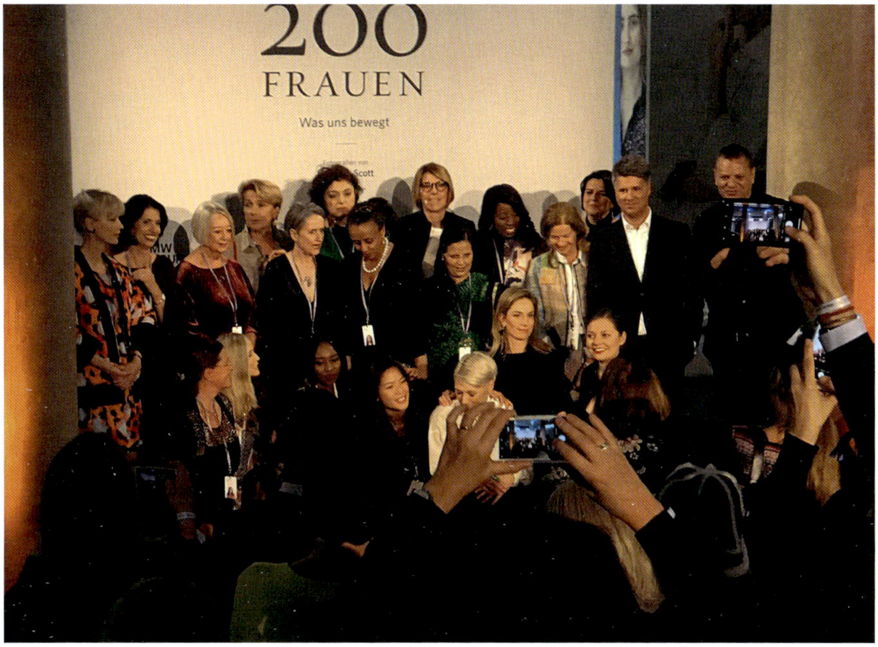

Originalaufnahme vor der Bearbeitung. Belichtet wurde hier auf die ausgeleuchtete weiße Wand.

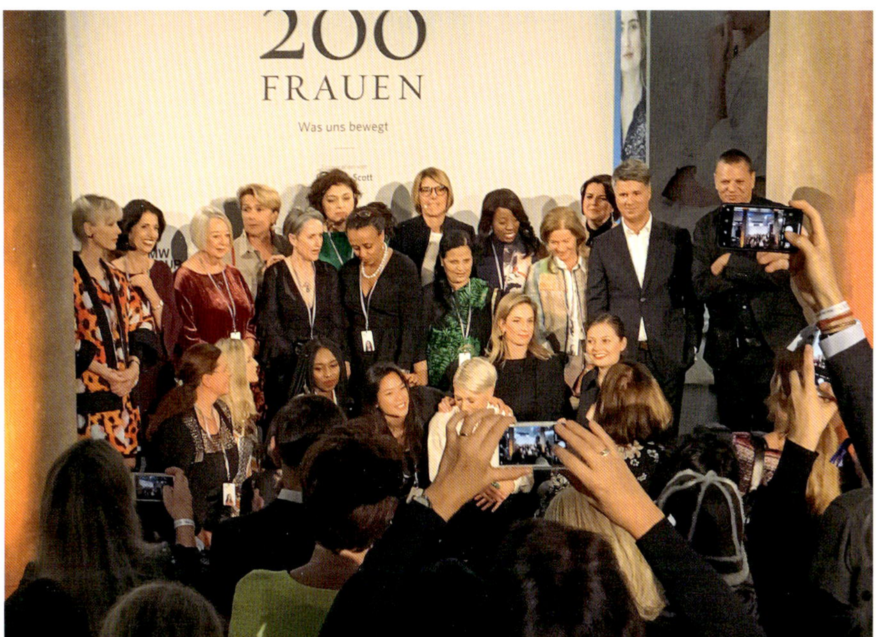

In der Bildbearbeitung wurden die Schatten wieder aufgehellt.

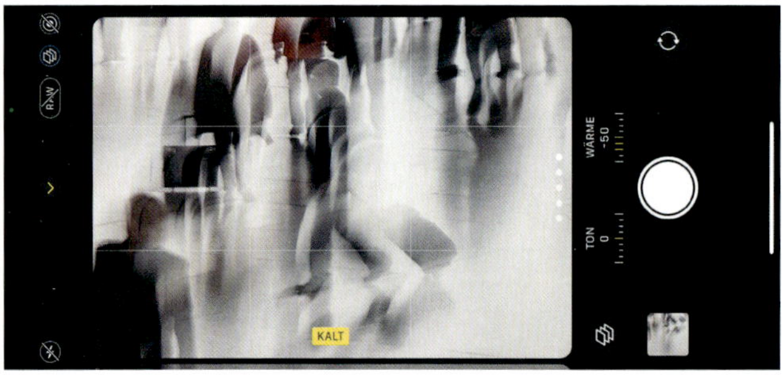

Einstellung des Bildstiles

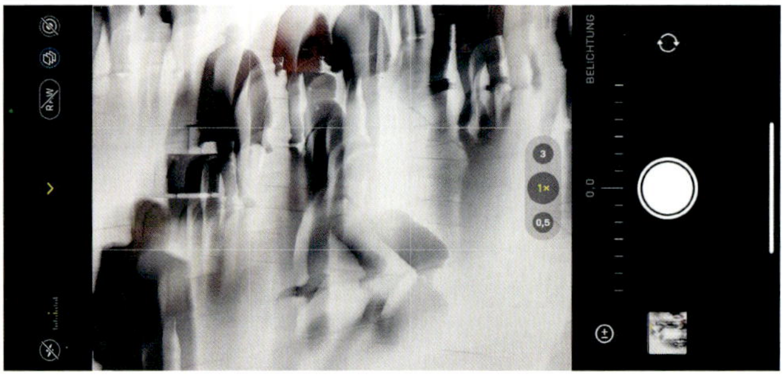

Einstellung der Belichtung

Werden viele Aufnahmen in der gleichen Lichtsituation gemacht, lohnt es sich, die Belichtung vorab richtig einzustellen, sodass sie nicht immer wieder angepasst werden muss. Bei aktuellen iPhone-Modellen können Sie etwa die Belichtung (über den Profi-Modus oder die permanente Belichtungskorrektur, siehe Abschnitt »Belichtungskorrektur« ab Seite 20) und auch den Bildstil einmal passend einstellen – die Einstellung bleibt, bis sie wieder zurückgesetzt wird. Bei Android-Smartphones nehmen Sie im Pro-Modus die Belichtungseinstellungen manuell vor (siehe Seite 13).

10.6 Der letzte Schliff in der Bildbearbeitung

In der Eventfotografie hat niemand Zeit, das perfekte Bild zu schießen. Alles muss schnell gehen, Gelegenheiten kommen nicht wieder, das Büfett ist in Windeseile abgeräumt und die Sängerin ist auch gleich wieder verschwunden. Dabei müssen Sie einige Kompromisse eingehen, um eine Serie vorzeigenswerter Aufnahmen zu bekommen. Mit Bildnachbearbeitung geben Sie Ihren Aufnahmen den notwendigen Pep. Korrigieren Sie das Licht, heben Sie die Farben etwas an, reduzieren Sie das Bildrauschen, das bei schwachem Licht entsteht, und entfernen Sie störende Elemente, wie z.B. leere Flaschen auf dem Tisch, störende Kabel an der Wand und anderes. Die bereits genannte App Snapseed eignet sich zum Beispiel hervorragend dafür. Schneller und qualitativ noch besser funktioniert die Bildbearbeitungs-app Adobe Lightroom CC. Im Gegensatz zu Snapseed sind hier die unterschiedlichen Tools am unteren Bildrand angeordnet. Ich kann mein Foto in einem Durchgang komplett anpassen und muss nicht nach jedem Vorgang abspeichern, das Tool verlassen und ein neues Foto auswählen – das spart enorm Zeit. Ein weiterer nicht unerheblicher Vorteil ist die Möglichkeit der seriellen Bearbeitung. Hier können Sie Ihre eigenen Bearbeitungsschritte als Vorgaben abspeichern und schnell über alle anderen Aufnahmen legen.

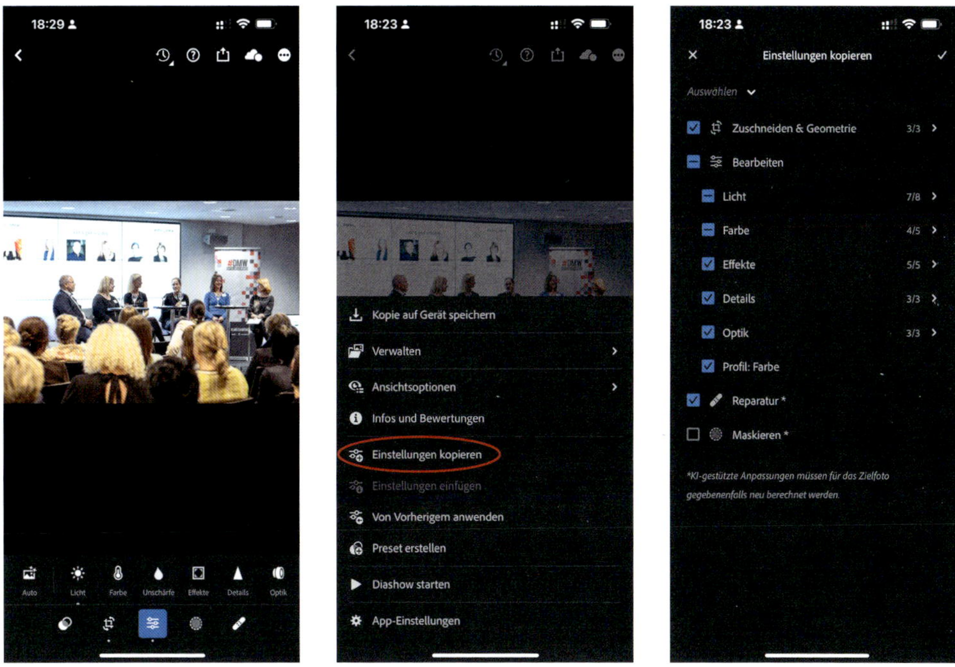

So kopieren Sie Ihre Bearbeitungseinstellungen auf ein anderes Bild. Durch An-/Abhaken legen Sie fest, welche Einstellungen kopiert werden sollen. Bestätigen Sie dann mit einem Tipp auf das Häkchen ganz oben rechts.

Wenn alle Ihre Aufnahmen unter gleichen Lichtverhältnissen entstanden sind, ist diese Art der Verarbeitung sehr zeitsparend. Auf dem Smartphone kopiere ich die Einstellung, füge sie beim nächsten Bild ein und korrigiere ggf. Licht und Kontraste individuell noch etwas nach.

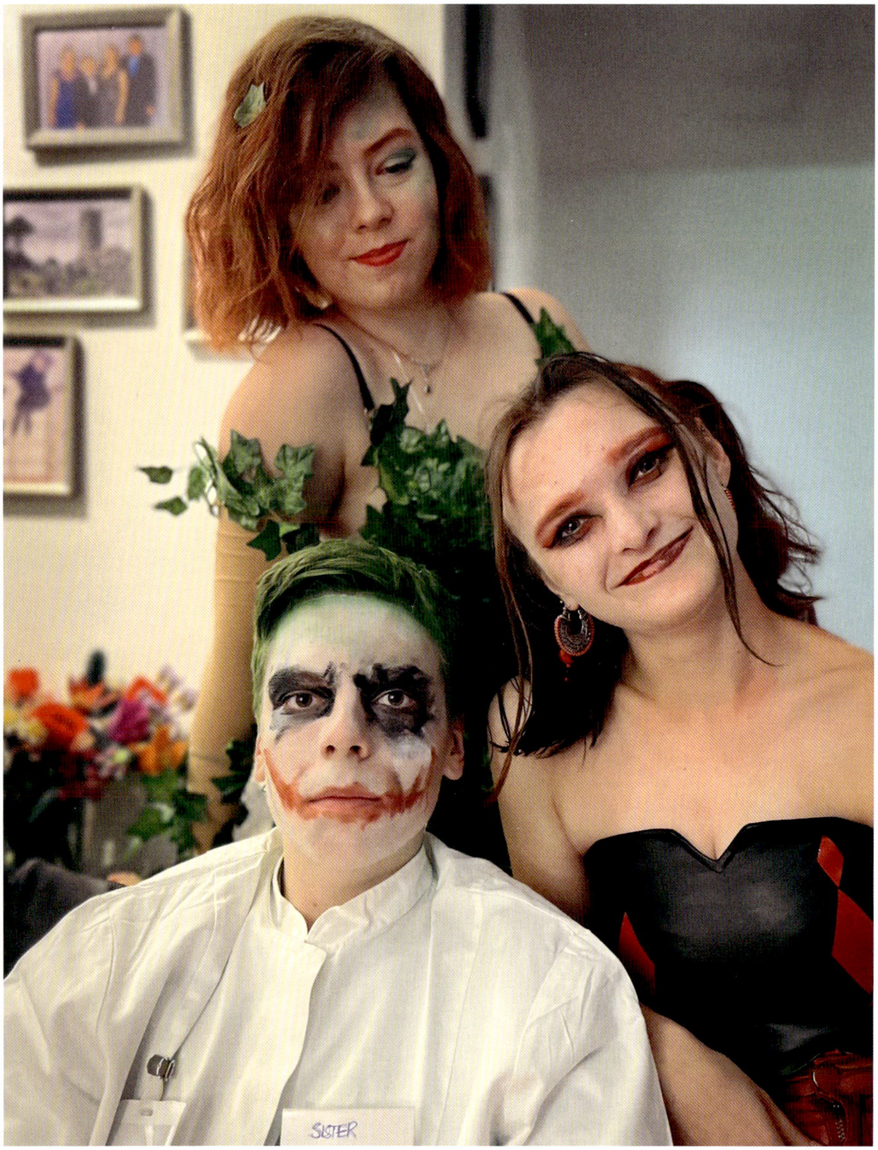

Die nächste Halloweenparty kommt ganz sicher und mit ihr die »schönsten« Models zum Fotografieren.

Familienfeiern und Partys in privater Umgebung sind oft eine Herausforderung. Das Licht ist nicht optimal und der Hintergrund meistens zu unruhig. Gehen Sie so nah wie möglich an Ihre Models heran und nutzen Sie den Porträt-Modus für einen unscharfen Hintergrund.

10.7 Welche Bilder sollten Sie aufheben?

Sie sparen sich viel Zeit bei der Bildbearbeitung, wenn Sie schlechte Aufnahmen gleich aussortieren. Doppelte und unscharfe Aufnahmen lösche ich sofort, alles andere lasse ich noch bis zur Bildbearbeitung stehen. Tipps, wie Sie bei der Archivierung grundsätzlich vorgehen sollten, finden Sie im Kapitel 22, »So behalten Sie den Überblick über Ihre Bilder«, ab Seite 181.

Checkliste für Eventfotografie

Vor dem Event:

- Smartphone-Akku und gegebenenfalls die Powerbank vollständig aufladen.
- Kameraobjektive sorgfältig reinigen.

Während des Events:

- Halten Sie die Atmosphäre des Events mit einer Mischung aus Gesamtansichten und Detailaufnahmen fest.
- Wenn ein Selfiestick verwendet werden kann, setzen Sie ihn gezielt für Gruppenbilder oder besondere Perspektiven ein.
- Achten Sie darauf, die Gäste immer von ihrer besten Seite zu zeigen; bitten Sie sie freundlich, sich zur Kamera zu wenden, statt sie nur von hinten zu fotografieren.
- Richten Sie die Belichtung immer auf das Hauptmotiv aus.
- Stellen Sie sicher, dass der Autofokus korrekt sitzt, um klare und scharfe Aufnahmen zu erhalten.

Nach dem Event:

- Sichten Sie Ihre Aufnahmen zeitnah und sortieren Sie unscharfe oder weniger gelungene Bilder aus.
- Optimieren Sie Ihre Bilder in der Nachbearbeitung, um die Atmosphäre des Events optimal wiederzugeben.

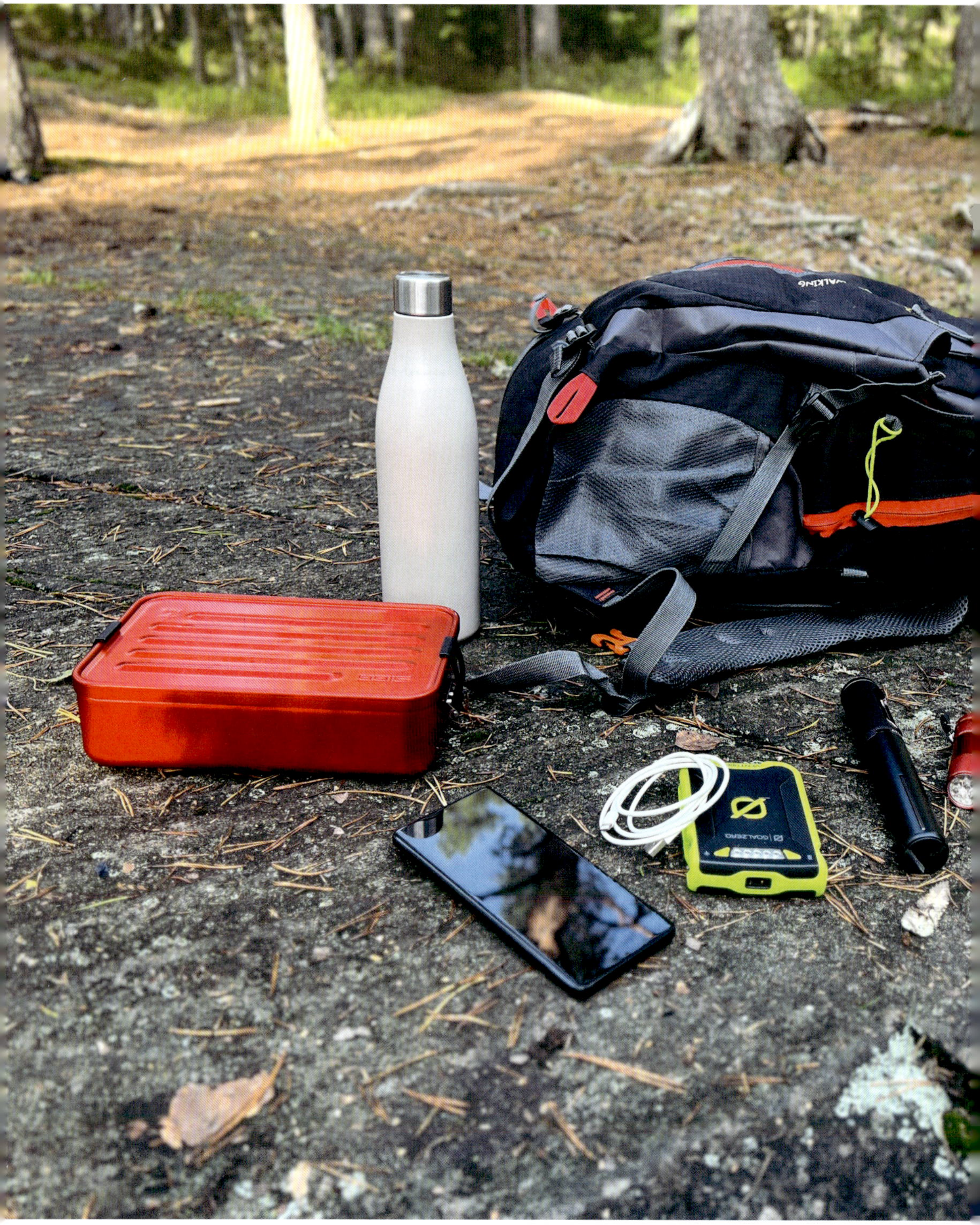

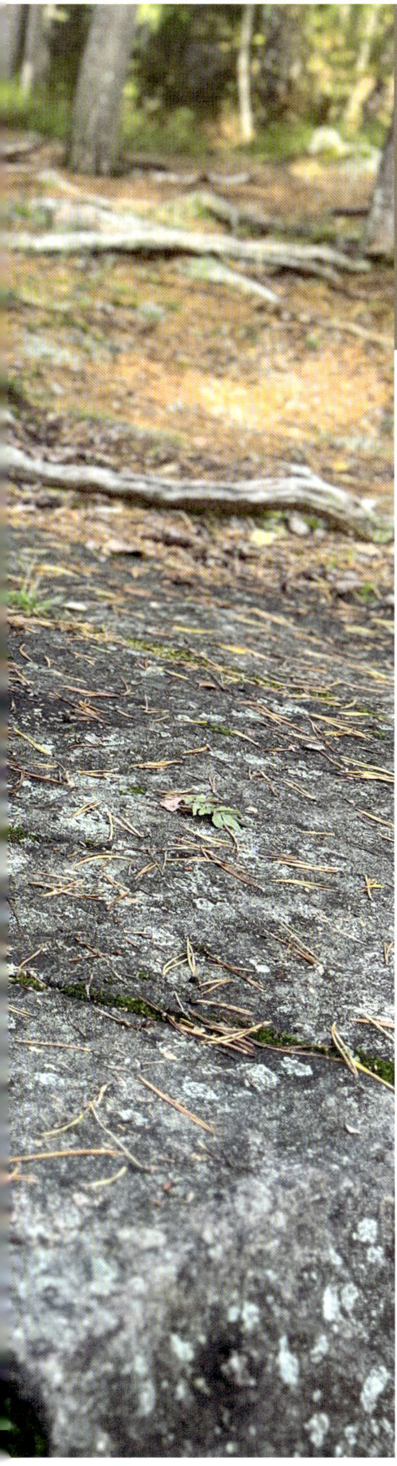

11 LANDSCHAFTS-FOTOGRAFIE – RAUS IN DIE NATUR!

Es gibt doch kaum etwas Schöneres, als zu einer herrlichen Wanderung aufzubrechen, im Rucksack unseren Selfiestick und die Brotzeit, in der Hosentasche die Kamera in Form unseres Smartphones. Und schon von unterwegs beeindrucken wir die Daheimgebliebenen mit strahlenden Bildern in ausgezeichneter Qualität. Kein Vergleich mehr zu früheren Zeiten, wo die schwere und empfindliche Kamera nebst Ausrüstung oft zu Hause bleiben musste, weil man lieber auf gute Aufnahmen verzichtete, um einen leichteren Rucksack zu haben!

Natürlich ist Landschaftsfotografie, wie alle anderen fotografischen Genres, nicht nur von der Technik abhängig. Auch hier spielen ein gutes Auge, fotografische Grundkenntnisse und vor allem das Wetter eine ebenso wichtige Rolle.

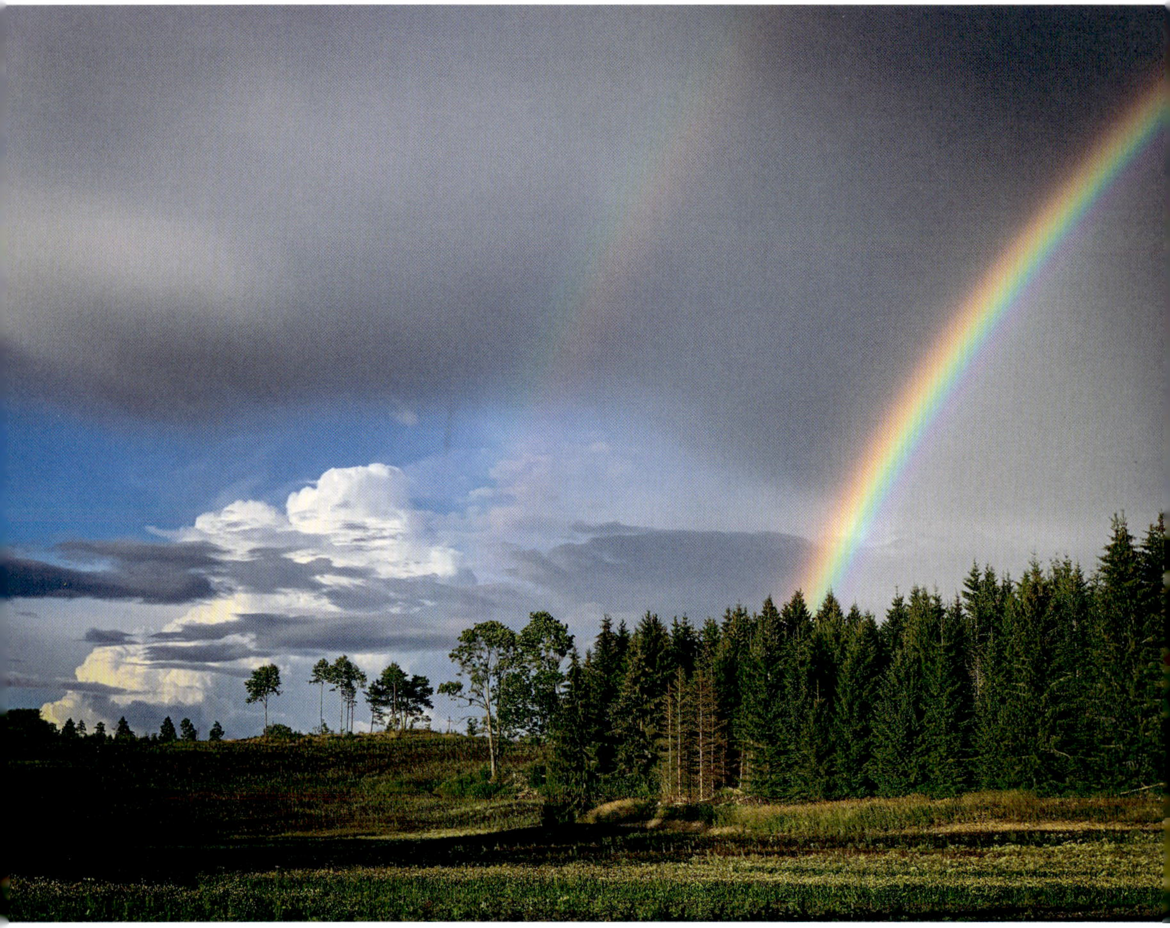

Lichtspiele verleihen der Landschaft eine interessante Stimmung. Es lohnt sich, bei Regen nicht gleich nach Hause zu gehen, sondern zu warten, bis die Sonne rauskommt. Mithilfe einer Bildbearbeitungs-App wurden hier Licht und Farben etwas verbessert.

11.1 Die richtige Zeit nutzen

Wer morgens sehr früh aufsteht, wird nicht nur mit einsamen Wanderwegen und der aufgehenden Sonne belohnt. Dies ist auch die ideale Tageszeit für fantastisches Licht.

Ist der Himmel frei, rate ich vom Fotografieren in der Mittagszeit eher ab. Die stark scheinende Sonne bringt dann harte und unschöne Kontraste ins Bild. Bei leicht bedecktem Himmel hingegen machen die Wolken das Licht weicher. Und am Morgen oder in den Abendstunden ist das Licht wie immer weicher, farbenfroher und bietet fantastische Lichtstimmungen.

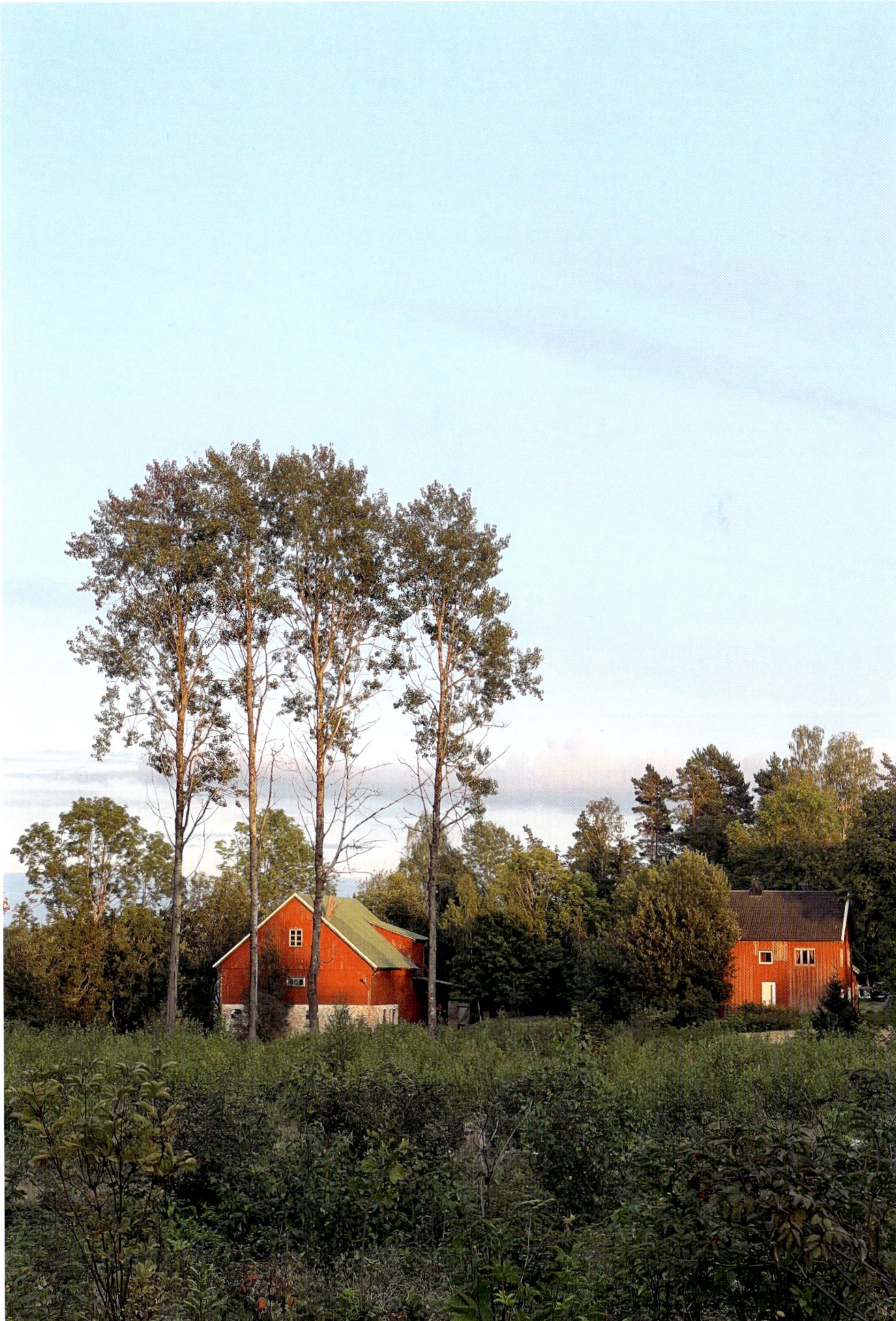

Abendlicht im Sommer, bevor die Sonne sich zurückzieht.

11.2 Kreative Langzeitbelichtungen

Sich sanft wiegendes Gras, strudelndes Wasser oder wattige Schäfchenwolken geben den Aufnahmen das gewisse Etwas. Solche Effekte entstehen durch eine längere Belichtungszeit. Mittlerweile haben wir schon die Qual der Wahl, mit welcher Technik wir diesen Effekt erzeugen können. Im Abschnitt »Bewegung sichtbar machen« ab Seite 57 finden Sie dazu eine ausführliche Beschreibung.

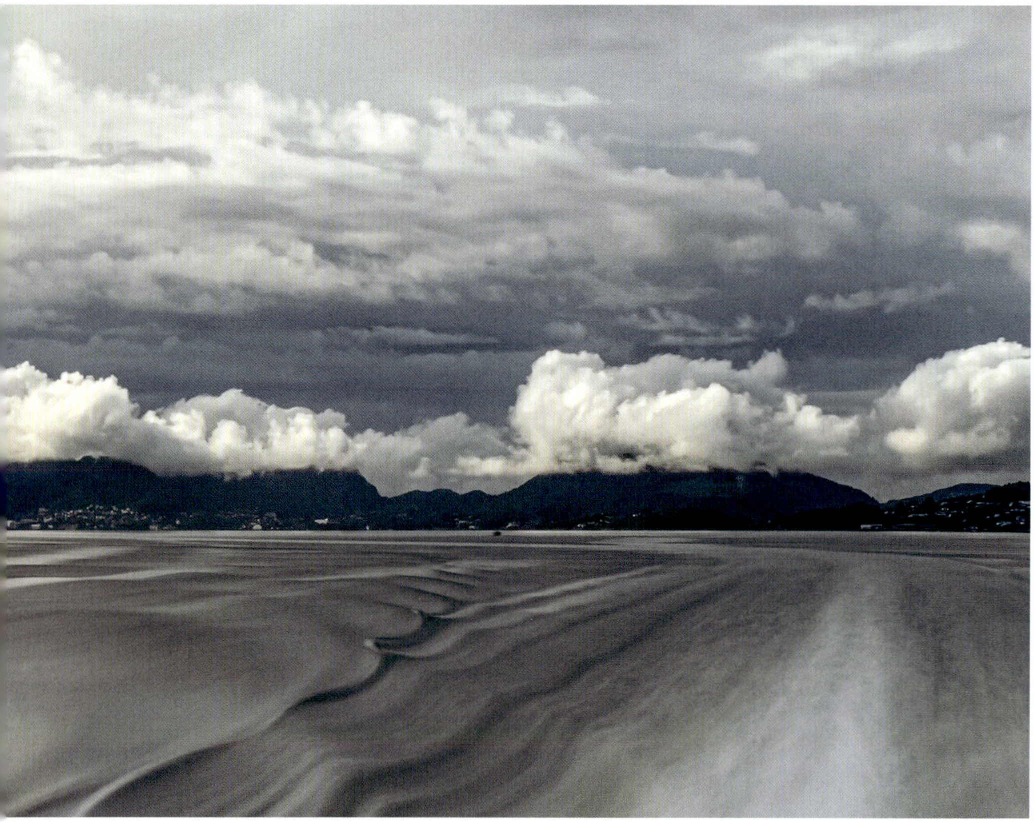

Wasser in der Langzeitbelichtung wirkt wie ein weicher Teppich. Diese Aufnahme wurde mit dem Live-Modus des iPhone 13 Pro Max erstellt.

11.3 Mit anderen Augen

Berge, Licht, das Meer, der Wald – die Komponenten einer Landschaft kennen wir zur Genüge und Bilder dazu gibt es in Hülle und Fülle. Wechseln Sie also gelegentlich die Perspektive – nehmen Sie auch mal abwechslungsreiche und spannende Blickwinkel ein. Gehen Sie in die Hocke oder fotografieren Sie aus der Vogelperspektive. Konzentrieren Sie sich auch mal auf den Vordergrund und lenken Sie den Blick über ein spannenderes Motiv hin zu den Bergen im Hintergrund.

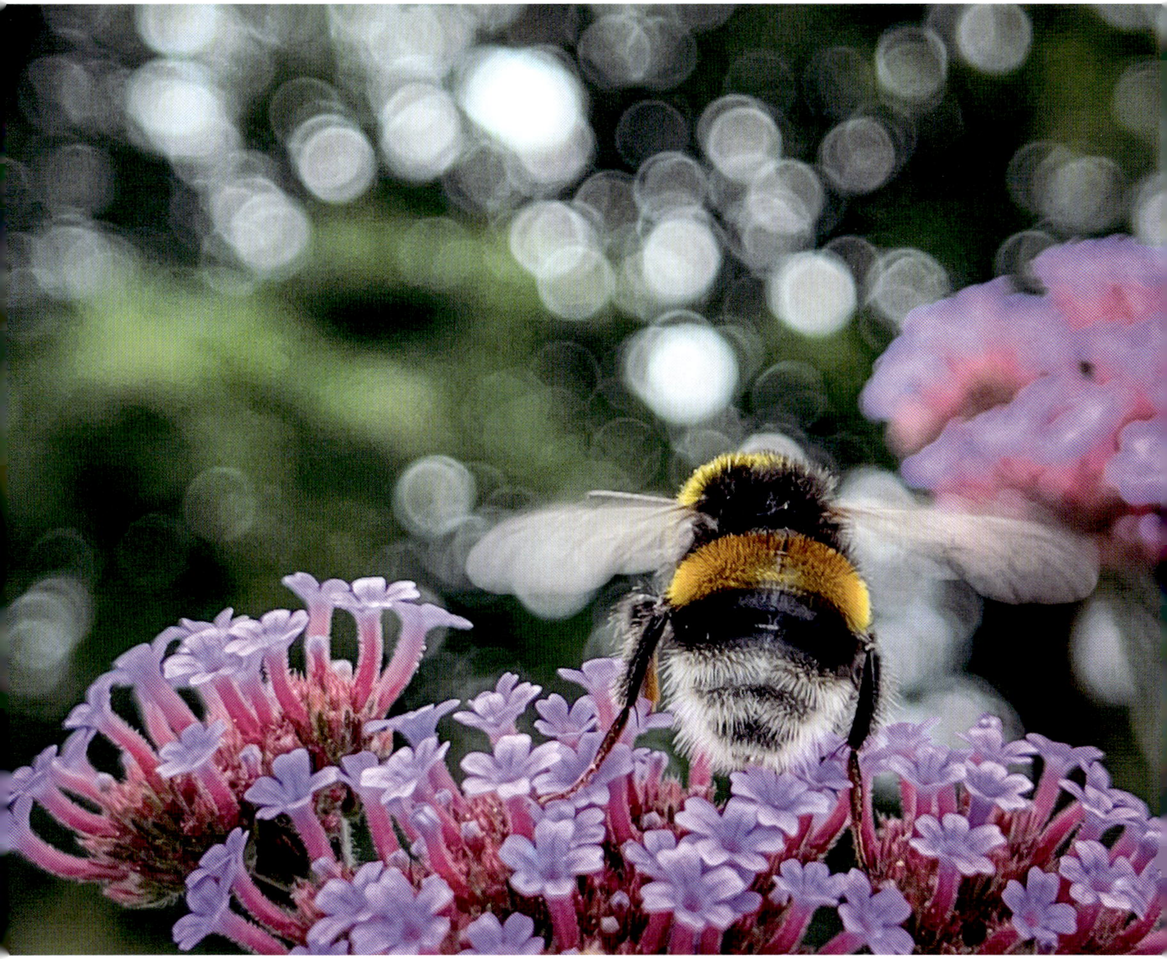

Wenn die Sonne zu hoch steht und Licht und Schatten zu stark sind, dann sind Detailaufnahmen eine gute Option und wie hier eine überraschende Abwechslung von der üblichen Landschaftsfotografie.

11.4 Das Spiel mit dem Licht

Die Morgen- und Nachmittagssonne kann in der Natur für interessante Schatten sorgen und dazu noch spannende Farbspiele schaffen. Überlassen Sie hier die Belichtung nicht allein Ihrer Smartphone-Kamera. Legen Sie selbst Hand an, richten Sie die Belichtung vor der Aufnahme genau so ein, wie Sie es möchten. Tippen Sie auf das Display und ziehen Sie den Finger nach oben oder unten (iOS) bzw. nach rechts oder links (Android) oder nutzen Sie die permanente Belichtungskorrektur. Eine genaue Beschreibung dazu finden Sie im Abschnitt »Belichtungskorrektur« ab Seite 20.

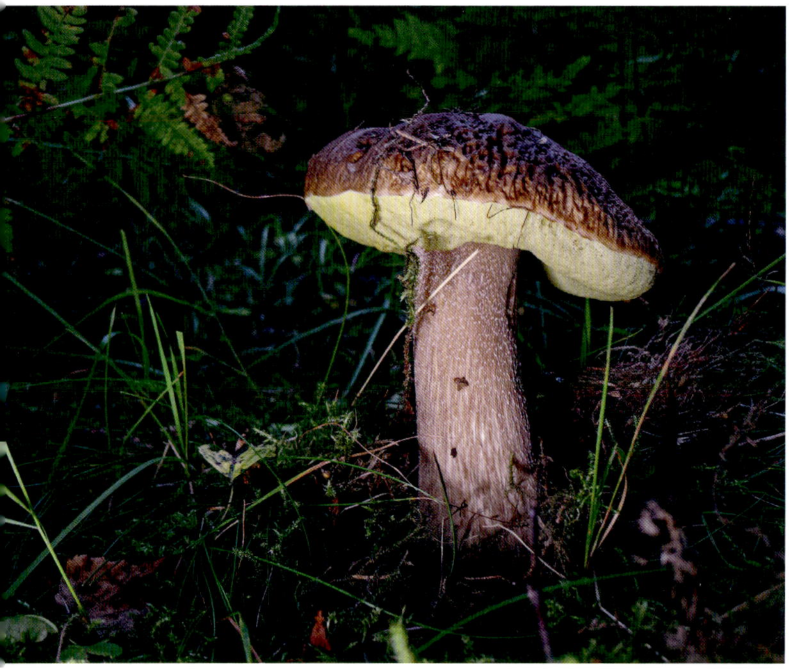

Das Spiel mit dem Licht bringt spannende Aufnahmen hervor. Mit der richtigen Belichtungskorrektur und dem Licht eines zweiten Smartphones kommt selbst ein kleiner Pilz ganz groß raus.

11.5 Landschaft im Detail

Liefert Ihnen die Sonne mal kein perfektes Bühnenlicht, ist es Zeit für die Details. Vielleicht sitzen Sie genau dann zur Brotzeit auf einer Bank oder im grünen Gras. Sie haben Ihr Etappenziel erreicht und können in Ruhe die Natur genießen. Im Kapitel 7, »Motiven auf die Pelle rücken«, ab Seite 65 zeige ich Ihnen, wie nah Sie an die kleinen Motive herangehen und wie Sie – ohne aufwendige Ausrüstung – ins Detail gehen können. Nur eine ruhige Hand oder ein kleines Stativ bzw. ein Selfiestick ist notwendig, um die kleinen Dinge im Leben scharf und ohne Verwacklung abbilden zu können.

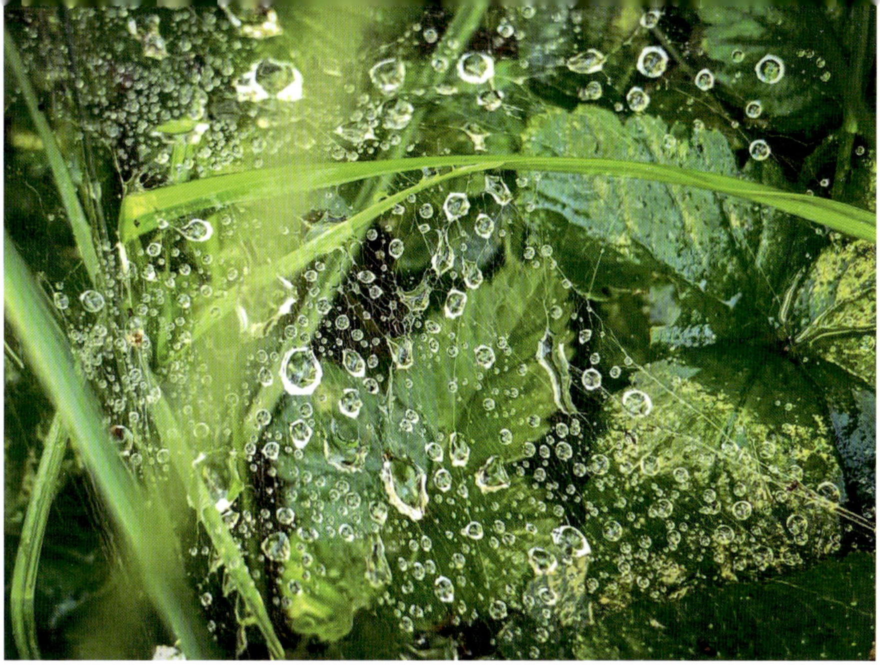

Keine besondere App, kein Makroobjektiv. Diese Wassertropfen im Spinnennetz wurden mit dem iPhone aufgenommen. Ich bin so nah wie möglich herangegangen und habe zusätzlich über die Schaltfläche *3x* das Teleobjektiv aktiviert.

Checkliste für die Landschaftsfotografie

- Ist auf Ihrem Smartphone ausreichend Speicherplatz verfügbar?
- Ist das Smartphone-Kamera-Objektiv sauber?
- Was sagt der Wetterbericht?
- Optional: Externe Smartphone-Objektive (z. B. Makro)
- Optional: Powerbank für längere Ausflüge
- Aktivieren Sie den RAW-Modus (falls verfügbar) für mehr Spielraum in der Nachbearbeitung oder nutzen Sie eine RAW-fähige Kamera-App (siehe Seite 34).
- Schalten Sie das Raster ein für eine bessere Bildgestaltung (Drittelregel, siehe Seite 81 und 200).
- Probieren Sie verschiedene Perspektiven aus (z. B. die Froschperspektive).
- Testen Sie, welchen Effekt verschiedene Belichtungen haben.
- Richten Sie den Horizont gerade aus.
- Suchen und platzieren Sie spannende Elemente im Vordergrund, um Tiefe zu erzeugen.
- Vermeiden Sie ablenkende Elemente (z. B. Müll, unerwünschte Objekte).
- Bearbeiten Sie die Fotos in einer App nach (z. B. Lightroom oder Snapseed):
  - Passen Sie Helligkeit, Kontrast und Farben an.
  - Reduzieren Sie Bildrauschen.
  - Erhöhen Sie Schärfe und Klarheit.

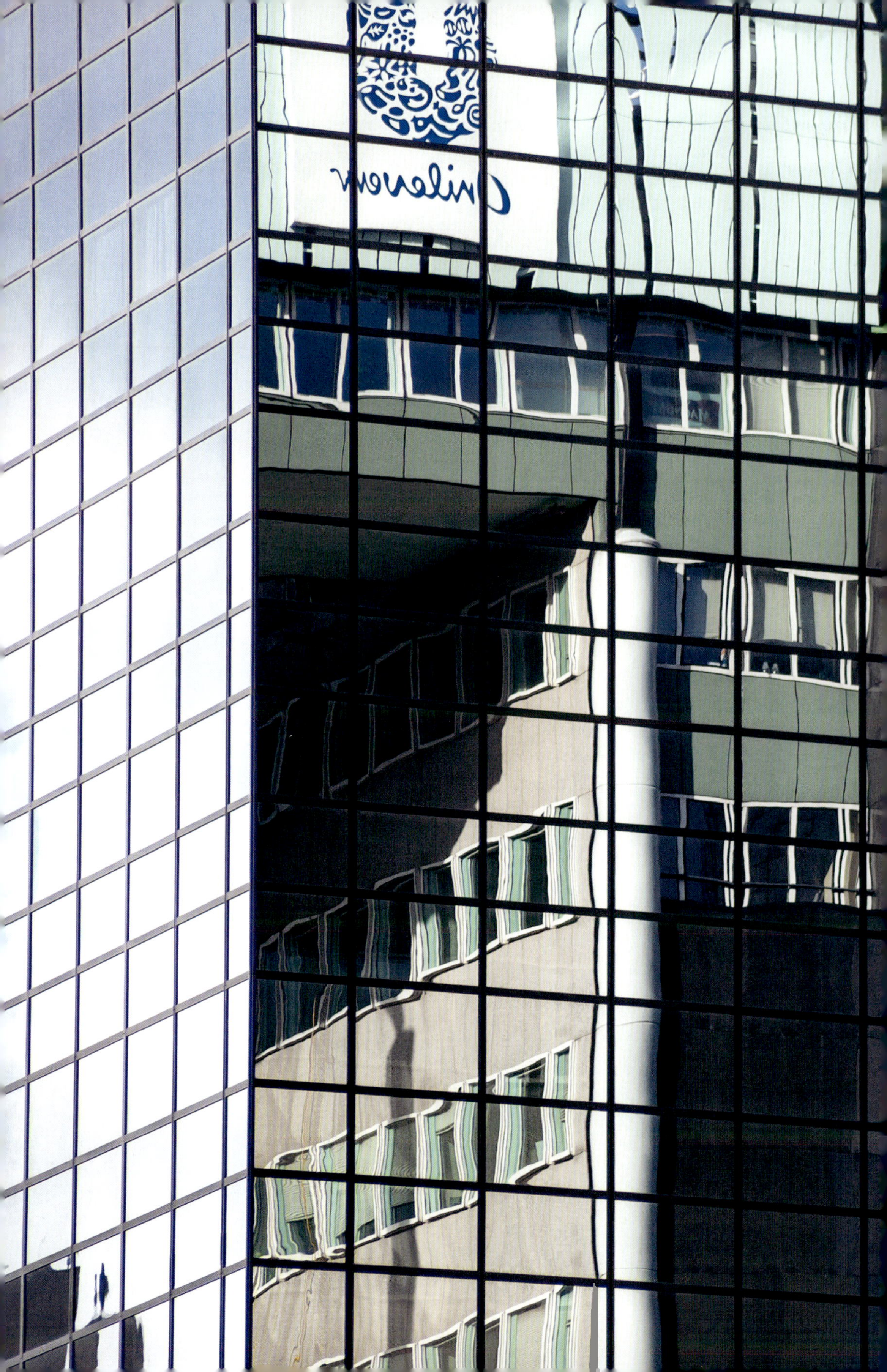

12 ARCHITEKTURFOTOGRAFIE

Architektur lässt sich besonders gut in der kälteren Jahreszeit fotografieren, wenn kahle Bäume eine unverstellte Sicht auf die Gebäude ermöglichen. Architektur bietet wunderbare Möglichkeiten, sich mit geometrischen Motiven zu beschäftigen: Linien, Flächen, Details, Spiegelungen oder besondere Lichtsituationen, um nur einige zu nennen. So lassen sich tolle Bilder komponieren, die auch als Ausdruck an der Wand eine gute Figur machen.

Für diese Zwecke spielt die Fototechnik eine kleinere Rolle, ein gutes Auge dagegen ist noch wichtiger als sonst. Unsere Hosentaschenkamera ist ein ideales Werkzeug, um unseren Blick auf großartige Architektur zu üben und diese im Bild festzuhalten.

Leere Plätze, die den Blick frei machen, findet man immer seltener. Die besten Chancen haben Sie hier früh am Tag, wenn noch wenige Leute unterwegs sind.

Obwohl die Großzügigkeit von öffentlich zugänglichen Bauwerken (wie etwa Bahnhöfen) immer zum Fotografieren einlädt, ist trotzdem Vorsicht geboten. Oft handelt es sich um Privatgrund und nicht überall ist das Fotografieren erlaubt. Haben Sie vor, eine Ihrer gelungenen Aufnahmen zu veröffentlichen (etwa auf Social Media), erkundigen Sie sich immer vorher bei den zuständigen Stellen und holen Sie sich die notwendigen Genehmigungen.

Allerdings: Die sogenannte »Panoramafreiheit« erlaubt es Ihnen, grundsätzlich Bilder von allem zu veröffentlichen, was von »öffentlichem Grund« – also etwa der Straße – aus sichtbar ist. Die Regeln der Panoramafreiheit sind jedoch von Land zu Land unterschiedlich. In Italien und Frankreich zum Beispiel gilt keine Panoramafreiheit.

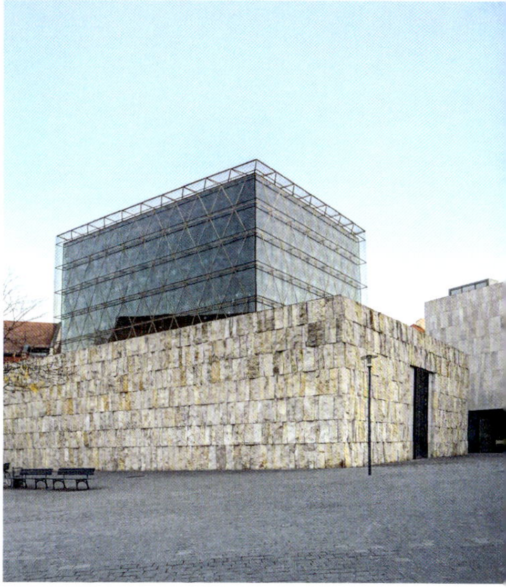

Die Hauptsynagoge am Münchener Jakobsplatz im Morgenlicht

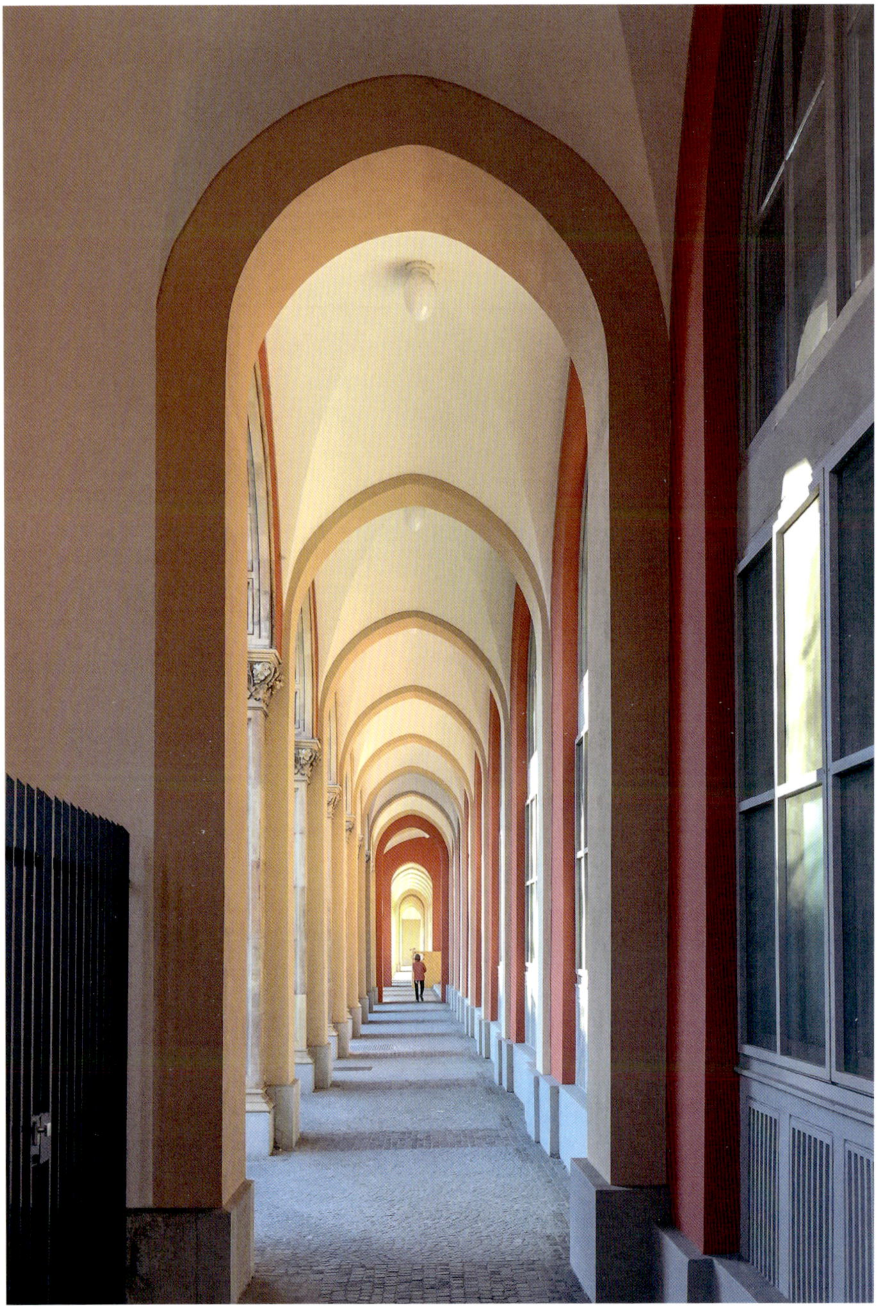

Lange Gänge: Linien und Licht sind ein Blickfang für das Auge.

Und: Kunstwerke an Gebäuden wie auch Gebäude selbst unterliegen dem Urheberrecht. Hier sollten Sie im Zweifelsfall eine Genehmigung einholen.

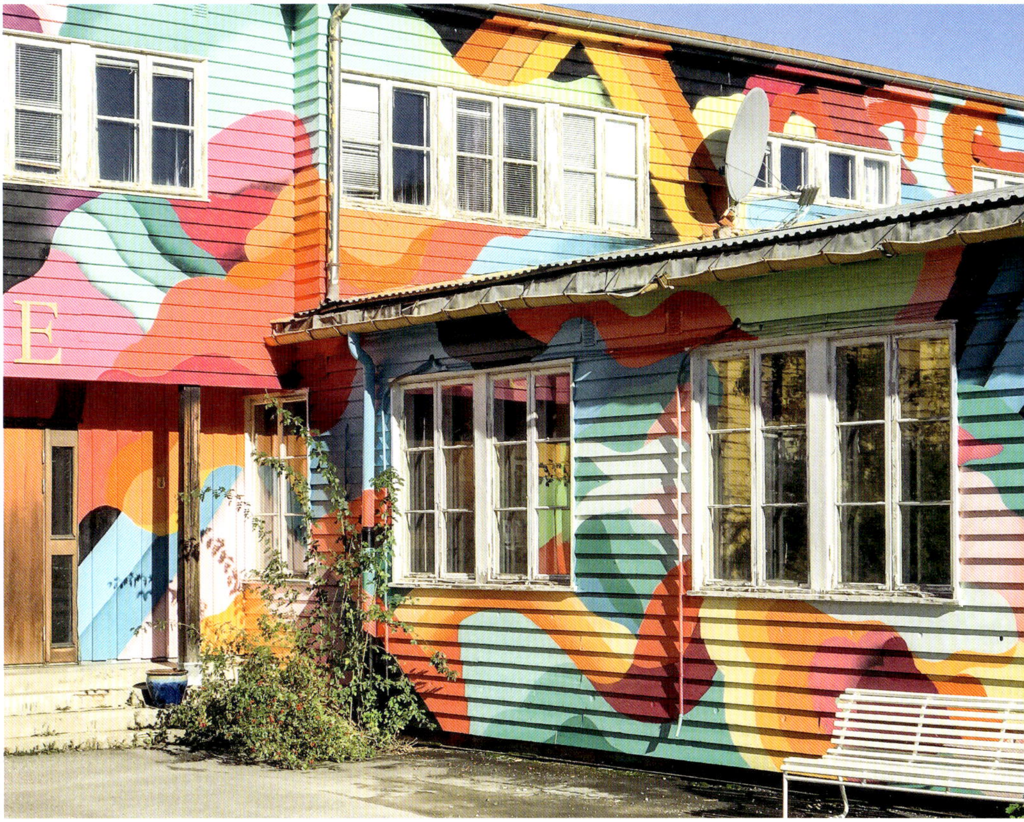

12.1 Gegen schiefe Bilder

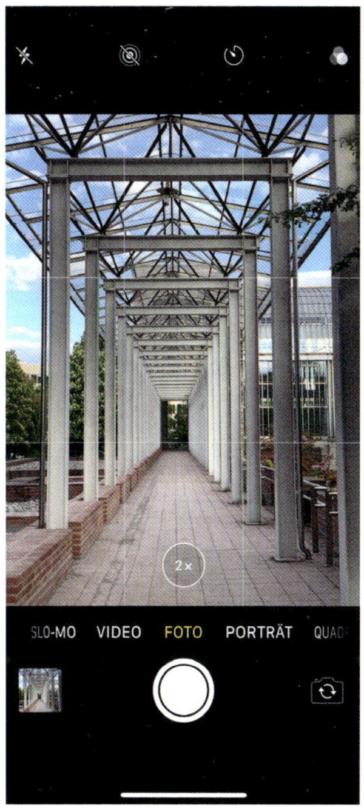

Haben Sie das Smartphone gerade gehalten? Das ist manchmal sehr schwierig zu beurteilen auf dem doch recht kleinen Display eines Smartphones. Und die Hoffnung, dass es schon irgendwie passt, löst sich in Frust auf, wenn Sie das Bild am Desktop-Display betrachten.

Das einblendbare Raster (siehe Seite 200) hilft nicht nur bei der Ausrichtung der Linien im Bild, sondern auch bei der Bildgestaltung. Sie können das Raster über die *Einstellungen* der Standard-Kamera-App einblenden. Auf dem iPhone gibt es seit iOS 17.1 eine Art Wasserwaage, die automatisch eingeblendet wird – sie zeigt eine unterbrochene Linie, die Sie durch Kippen des iPhones schließen und so ein gerade ausgerichtetes Bild machen können.

12.2 Stürzende Linien

Nicht immer klappt das Ausrichten der Linien vor der Aufnahme. Ganz besonders dann nicht, wenn das Gebäude sehr hoch ist und nur schräg von unten fotografiert werden kann - dann entstehen oft sogenannte »stürzende Linien«. Zusätzlich liefert das in der Kamera integrierte Weitwinkelobjektiv unschöne Verzerrungen an den Bildrändern. In diesem Fall ist eine nachträgliche Bildkorrektur nötig.

In der *Adobe-Lightroom-CC*-App ist eine sehr umfangreiche Perspektivkorrektur integriert, die Funktion *Upright* (zu finden in *Geometrie*). Mit ihr können Sie Ihre Aufnahme vertikal und horizontal korrekt ausrichten (mit der Voreinstellung *Auto* habe ich sehr gute Erfahrungen gemacht). Ein Menü weiter links, unter *Zuschn.*, können zudem Seitenverhältnisse angepasst, gedreht oder skaliert werden.

Auch in *Snapseed* können Sie die Linien in alle Richtungen ausrichten. Nur Vorsicht bei der Automatik: Nach dem Ausrichten kann die App fehlende Elemente an den Bildrändern ergänzen. Nicht immer sehen dann aber die Übergänge zum Originalbild perfekt aus.

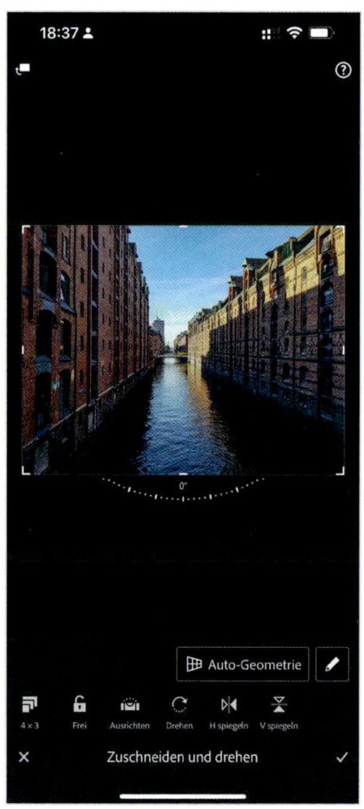

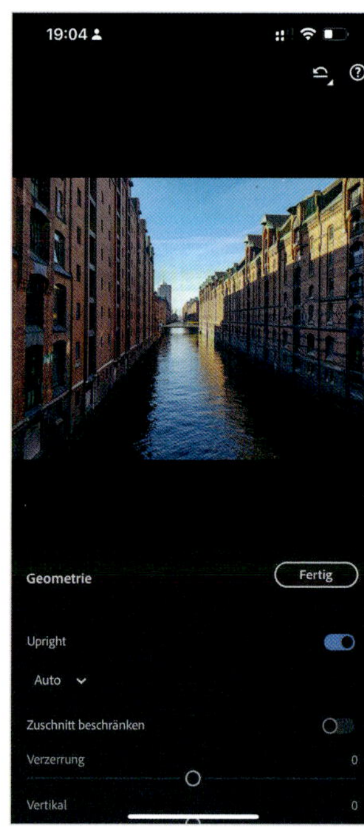

In der Lightroom-App führen Sie die Perspektivkorrektur unter »Zuschneiden und drehen« aus - tippen Sie entweder auf die Schaltfläche »Auto-Geometrie« oder auf das Stiftsymbol, um von Hand zu korrigieren.

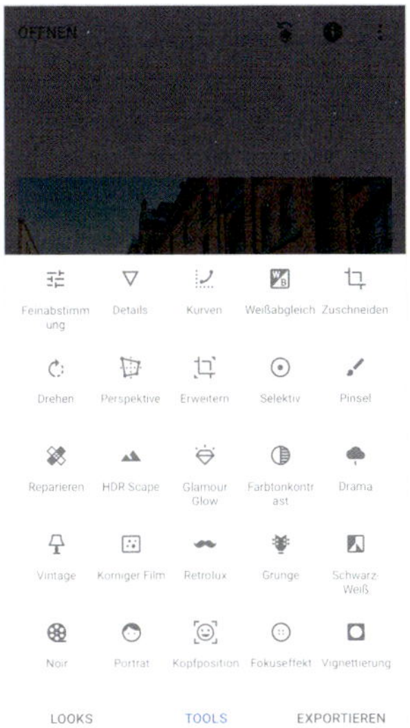

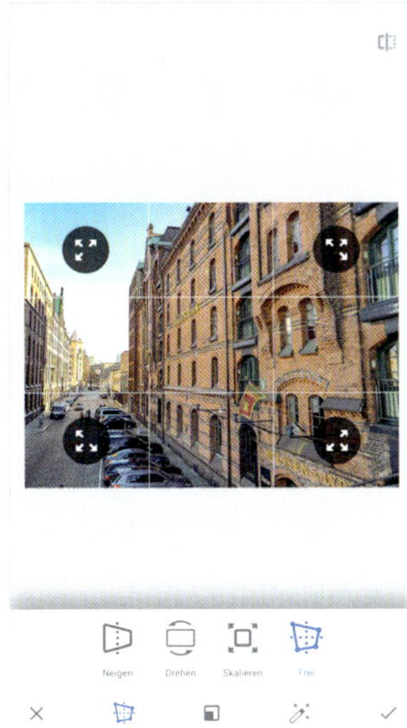

In der App Snapseed heißt dieses Tool *Perspektive*. Sie wählen eine der Bearbeitungen aus dem Menü unter dem Bild und ziehen dann per Finger auf dem Display.

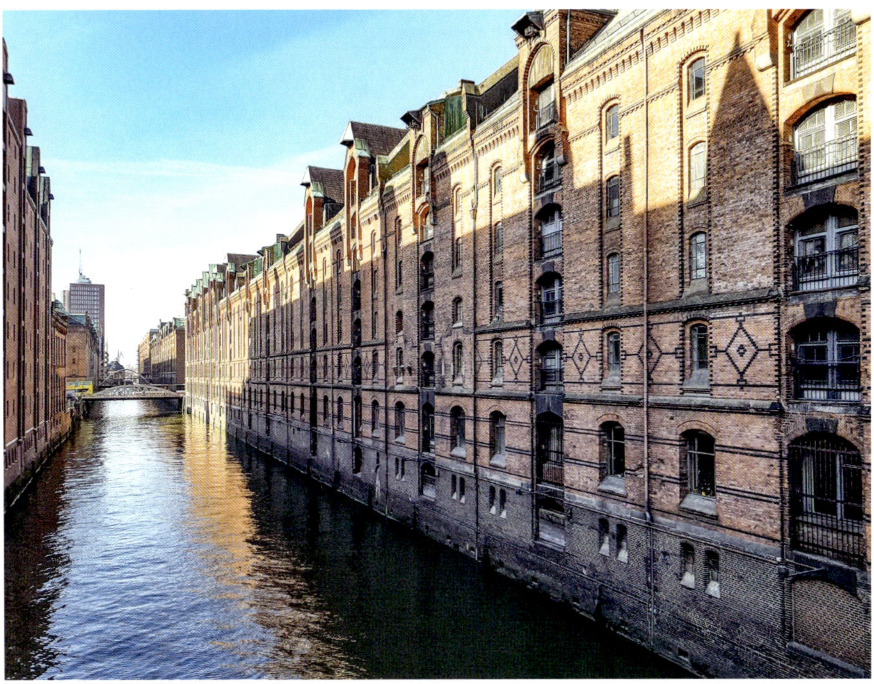

Die Speicherstadt in Hamburg. Aufgenommen mit dem Samsung Galaxy S8 und perspektivisch korrigiert mit Adobe Lightroom CC.

Wer ganz genau arbeiten will, dem empfehle ich *SKRWT*, eine sehr mächtige App für Perspektivkorrektur (für Android und iOS).

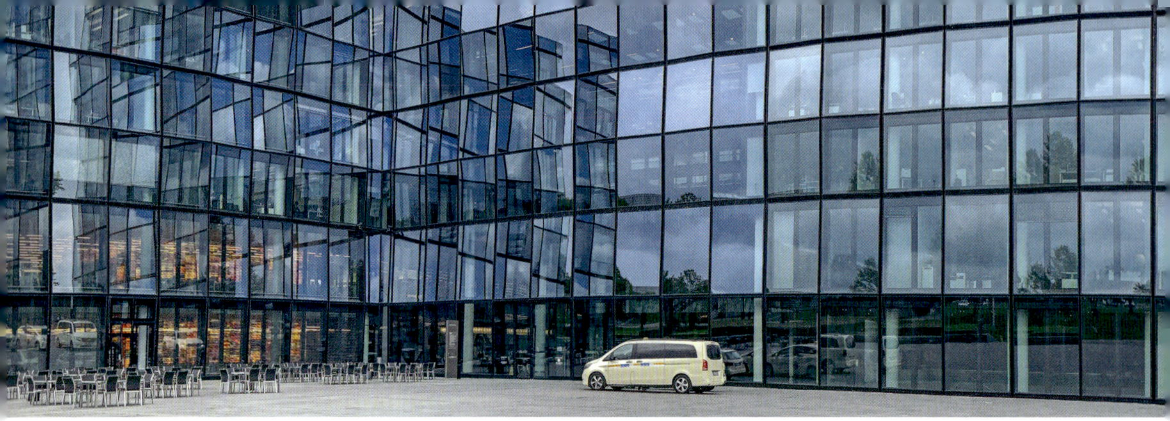

12.3 Ganz groß im Bild

Ob innen oder außen, mit der Panoramafunktion bringen Sie ganz große Fassaden und Räume mühelos auf ein Bild. Die Kamera erstellt dabei viele einzelne Aufnahmen und rechnet sich diese sofort zu einer Aufnahme zusammen. Für qualitativ gute Bilder folgen Sie unbedingt der bei der Aufnahme vorgegebenen Richtung und Geschwindigkeit. Wie Ihnen das perfekt gelingt, beschreibe ich im Kapitel 8, »Panoramafotografie«, ab Seite 71 ausführlich.

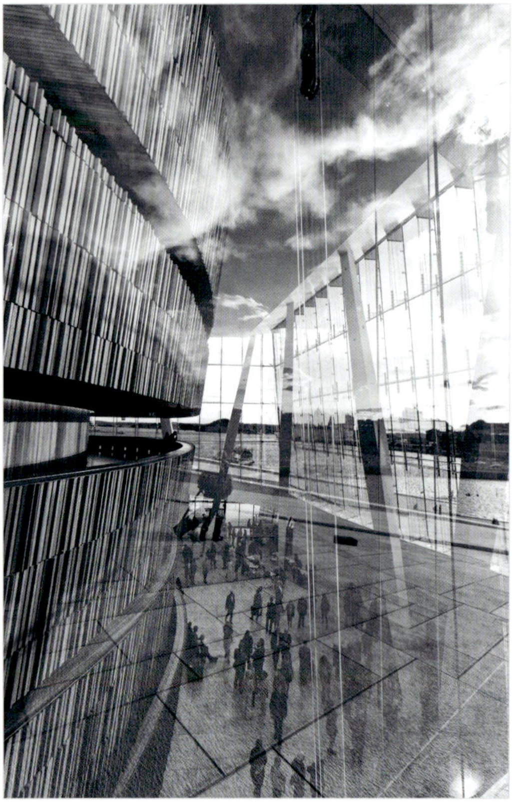

Probieren Sie auch ab und zu eine Umwandlung in Schwarzweiß. Hier zum Beispiel gibt die Farblosigkeit der Aufnahme mehr Ruhe und den Strukturen der Architektur mehr Raum.

12.4 Mensch und Architektur

Architekturfotografen nehmen gern Menschen zum Größenvergleich in ihre Aufnahmen auf. Wichtig ist auch hier, die Persönlichkeitsrechte zu beachten oder die Personen einfach unscharf abzubilden. Da Sie für diesen Effekt mit einer längeren Belichtungszeit arbeiten, sollte das Smartphone stabil und verwacklungsfrei stehen, z. B. auf einem Stativ. Solche Aufnahmen lassen sich, wie beschrieben, im Live-Modus des iPhone (auch aus der Hand) oder im Pro-Modus eines Android-Smartphones erstellen. Lesen Sie im Abschnitt »Bewegung sichtbar machen« ab Seite 57 genau nach, wie das geht.

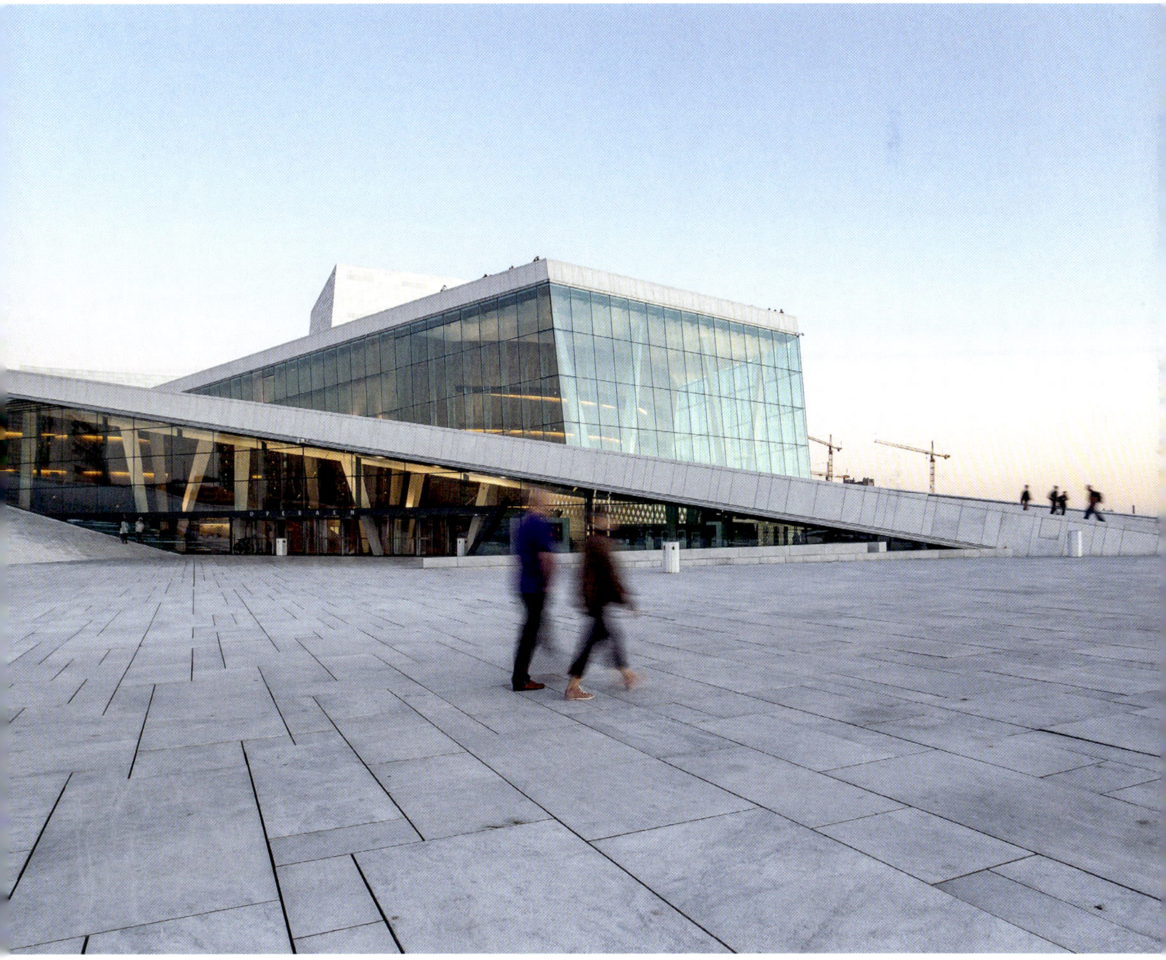

Personen zum Größenvergleich – aufgenommen mit der App *Slow Shutter*.

12.5 Schattenspiele

Große Hallen, Glasfronten und viel Sonne sind eine Einladung für Lichtspiele. Ob als Großaufnahmen oder im Detail, hier finden sich fantastische Motive für den Bilderrahmen oder die Postkarte.

Um den Kontrast schön ins Bild zu setzen, sollten Sie bei der Aufnahme etwas unterbelichten. Erinnern Sie sich noch? Tippen Sie auf das Display und ziehen Sie mit dem Finger nach oben oder unten (iPhone) bzw. rechts oder links (Android), um die Belichtung entsprechend anzupassen (oder Sie lesen nochmal nach im Abschnitt »Belichtungskorrektur« ab Seite 20).

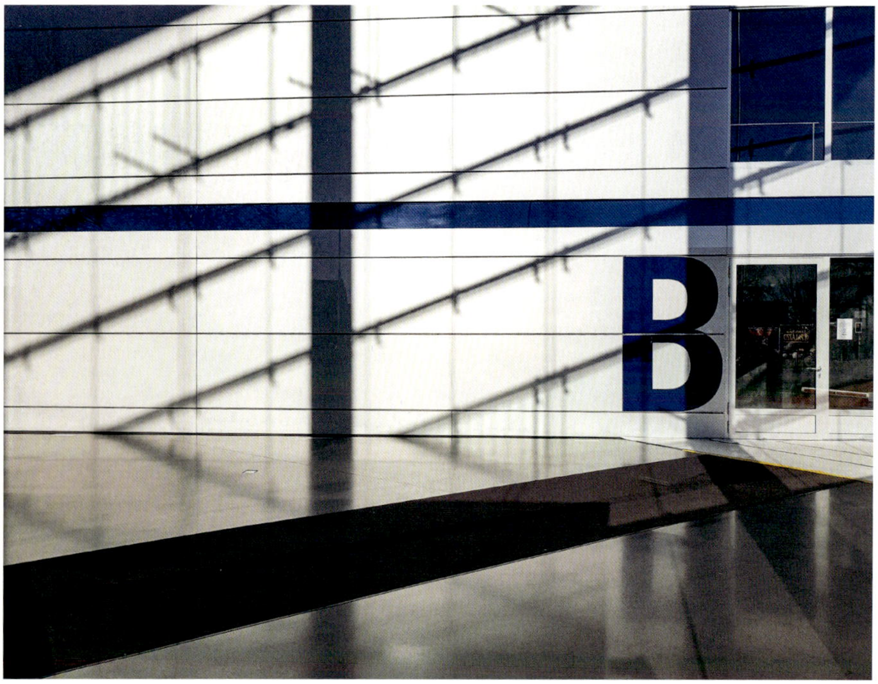

Abendsonne sorgt für Schattenspiele

12.6 Die beste Zeit für Architekturfotografie

Wählen Sie für das beste Licht den Morgen oder den frühen Nachmittag. Die Mittagszeit, wenn die Sonne direkt scheint, sollten Sie meiden, das Licht wirkt zu hart, schafft zu starke Kontraste und lässt die Fassaden eher unruhig wirken.

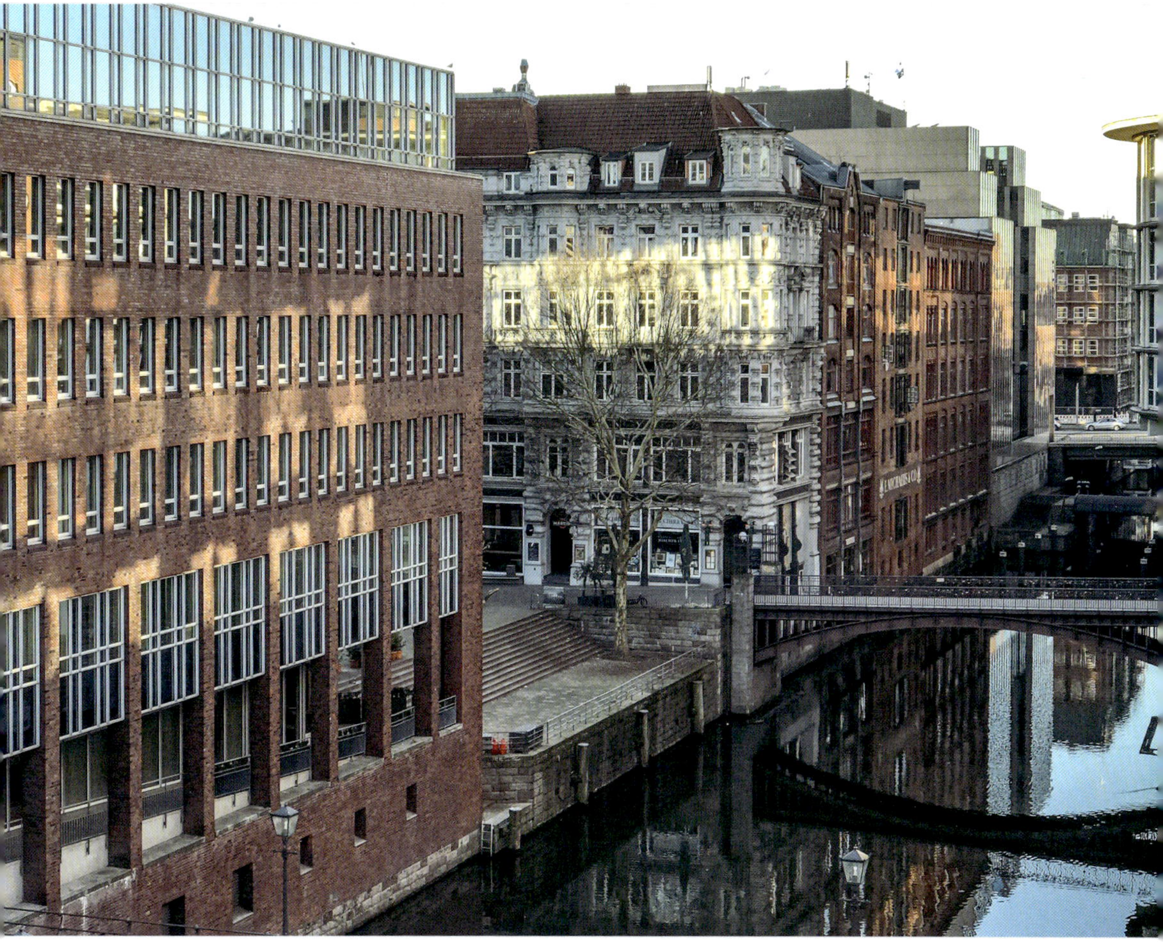

In Hamburg geht die Sonne auf. Im Winter ist der Blick auf die gegenüberliegende Fassade frei.

Checkliste für Architekturfotografie

- Nutzen Sie den Selfiestick für die besonderen Perspektiven.
- Setzen Sie die Panoramafunktion ein.
- Schalten Sie das Raster ein, um die Kamera gerade ausrichten zu können.
- Korrigieren Sie die Belichtung.
- Setzen Sie die App *Slow Shutter* ein, wenn Sie die Bewegungen von Menschen verwischen lassen möchten.
- Spielen Sie mit Licht und Schatten, nutzen Sie Spiegelung in den Fassaden.
- Korrigieren Sie verzerrte Perspektiven mithilfe von Apps wie *Snapseed*.

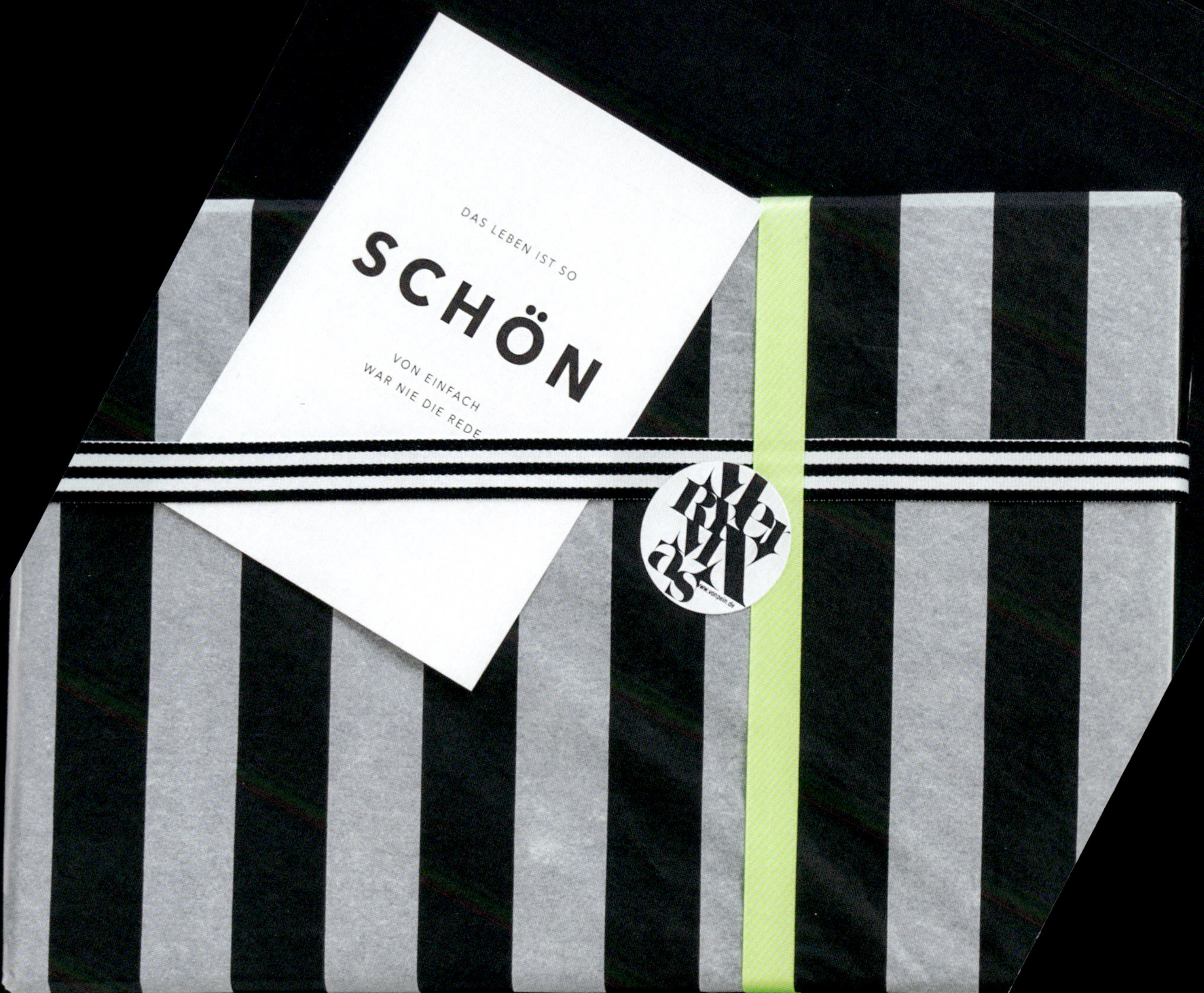
DAS LEBEN IST SO
SCHÖN
VON EINFACH
WAR NIE DIE REDE

13 OBJEKTFOTOGRAFIE

An dieser Stelle möchte ich eine Lanze brechen für das Genre der Objektfotografie. Objektfotos peppen jeden Text, jede Präsentation und jeden Blogbeitrag auf. Vor allem Stillleben haben eine erzählerische Wirkung, sofern sie ansprechend gestaltet sind. Als hilfreich erweist sich, dass Objekte sehr geduldige Models sind. Sie beschweren sich nicht, wenn Sie mehr Zeit zur Einrichtung Ihres Sets und Lichts benötigen. Alles, was Sie dazu brauchen, ist Ihre Kamera, geeignetes Licht und ein kleines Stativ bzw. einen Selfiestick und einen Fernauslöser.

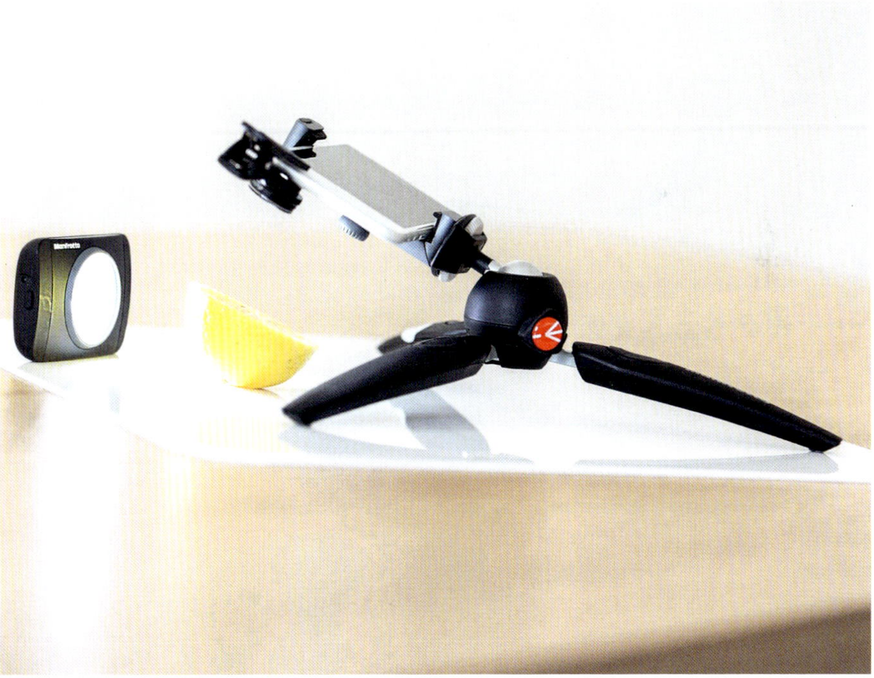

Wenn Sie zu Hause ein kleines Fotostudio aufbauen, ist ein Stativ ein unverzichtbares Werkzeug, denn mit ihm haben Sie beide Hände frei. So können Sie Ihre Szenerie und die Beleuchtung in aller Ruhe anpassen, ohne jedes Mal die Kamera neu positionieren zu müssen.

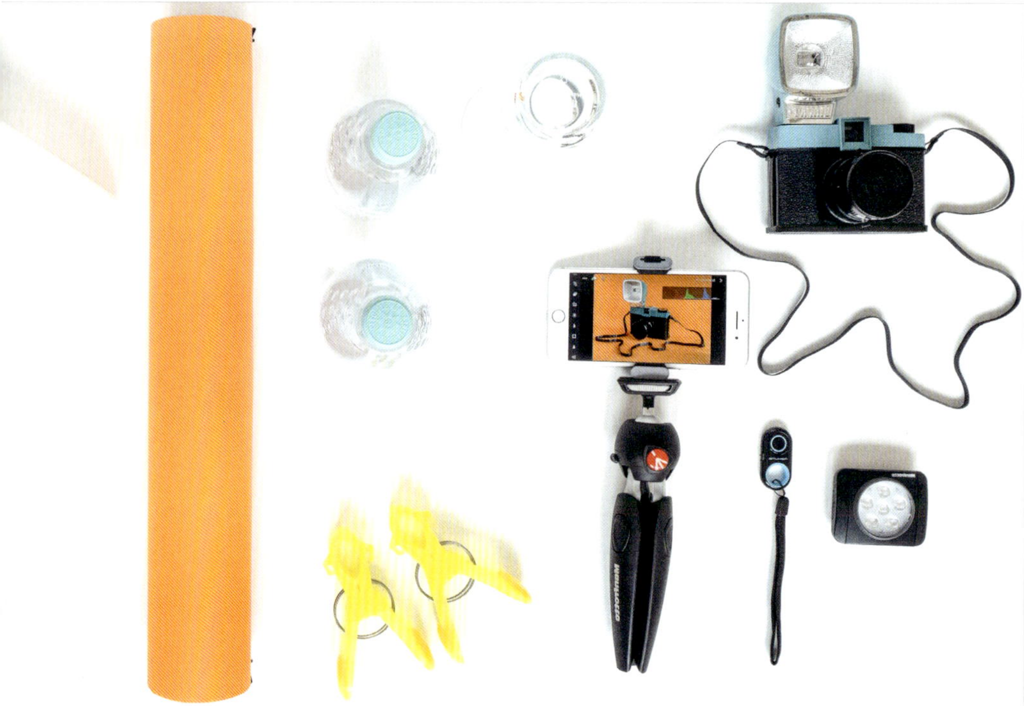

Dieses wenige Zubehör reicht schon aus, um ein Smartphone-Homestudio einzurichten. Als Hauptlichtquelle nutzen wir das durch ein Fenster fallende Tageslicht. Um die Schatten aufzuhellen, setzen wir eine Styroporplatte aus dem Baumarkt als Reflektor ein. Mit der orangenen Papierrolle, den Wasserflaschen und den gelben Klemmen bzw. den Gläsern zum Fixieren des Papiers bauen wir eine sogenannte »Hohlkehle« (ein nahtloser Hintergrund, wie er oft in der Studiofotografie zum Einsatz kommt). Das Smartphone sitzt bereits auf dem Stativ, dazu kommen noch der Fernauslöser und eine kleine LED-Leuchte zum Setzen von Lichtakzenten. Die Kamera oben rechts ist das Motiv, das in Szene gesetzt werden soll.

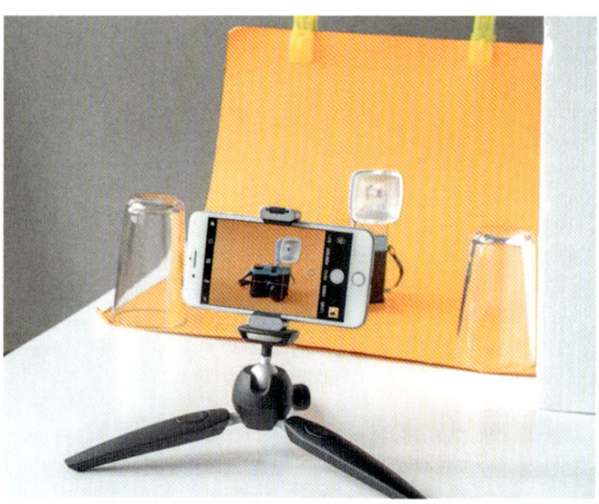

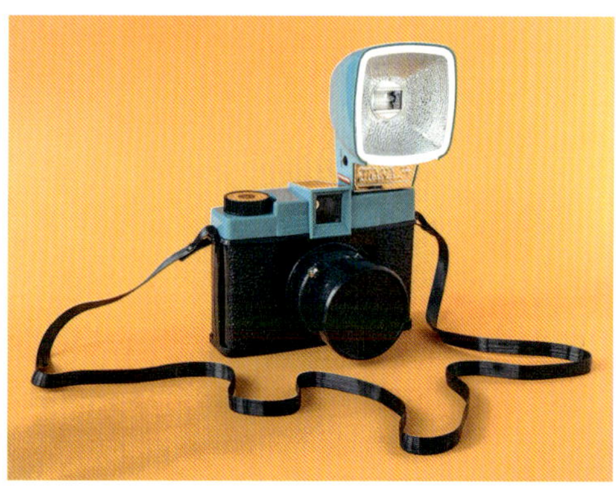

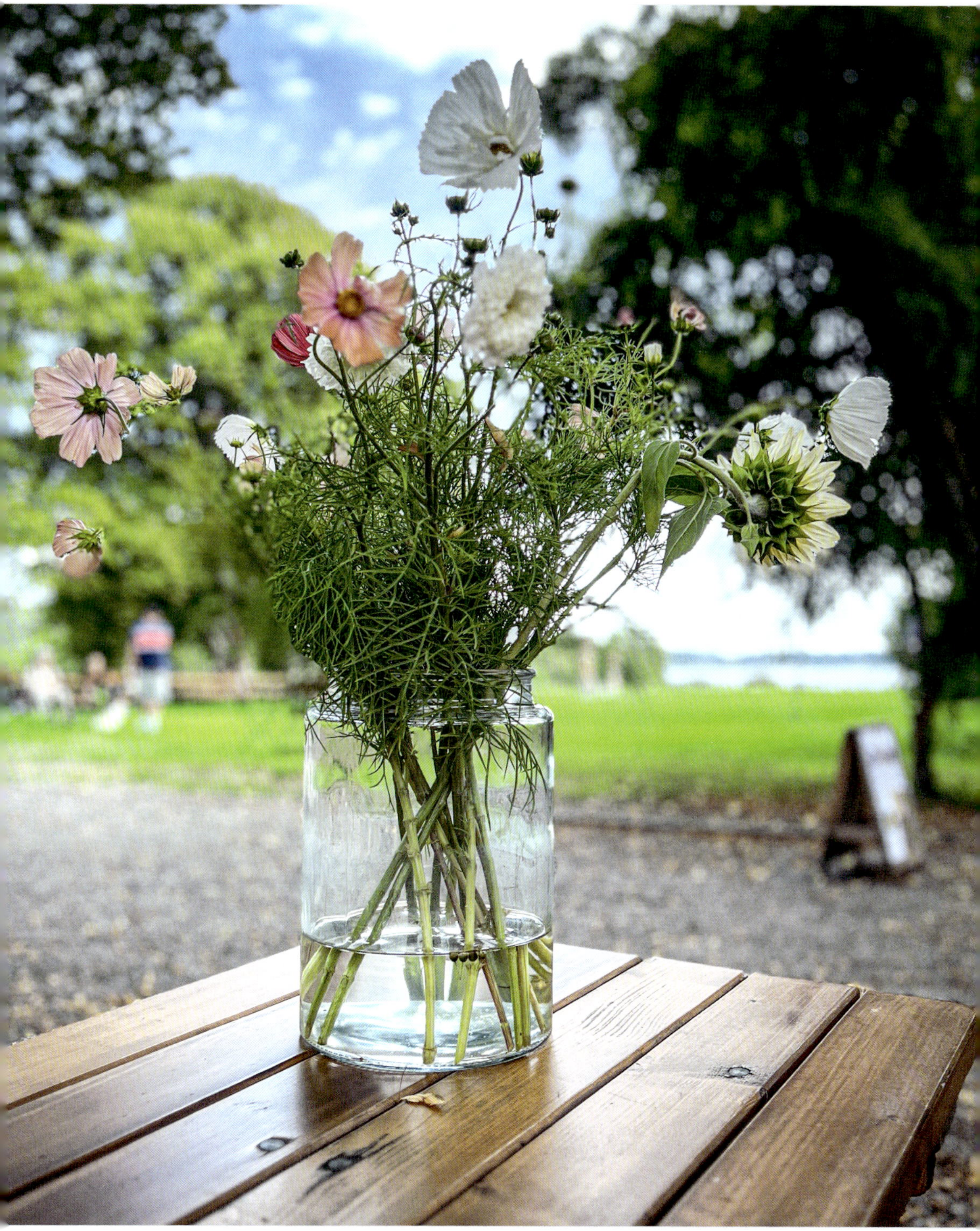

Wie im Kapitel 7, »Motiven auf die Pelle rücken«, ab Seite 65 beschrieben, können Sie bis zu 10 cm oder gar 7 cm nah an Ihr Motiv herangehen. Nutzen Sie für Detailaufnahmen den Makro-Modus oder, falls Ihr Smartphone über keinen verfügt, ein aufsteckbares Makroobjektiv.

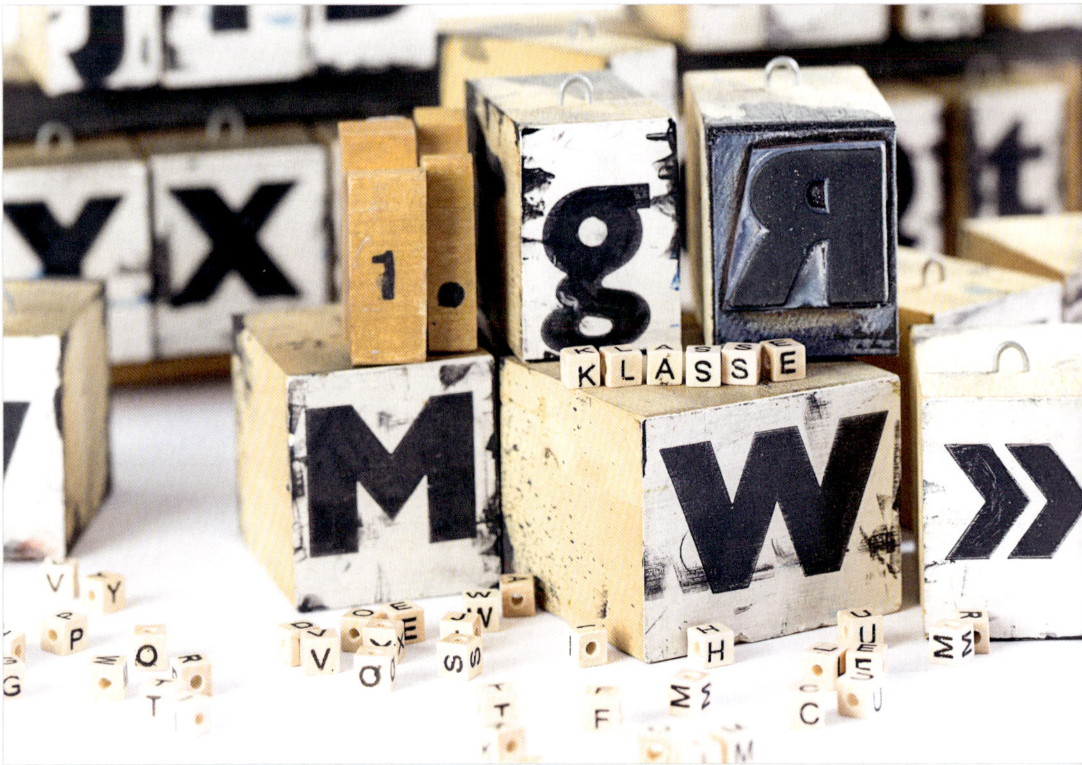

Gehen Sie nah an die Motive heran und probieren Sie dabei den »Porträt-Modus« (iPhone) oder den »Selektiven Fokus« (Android) aus.

Spielen Sie mit der Schärfentiefe, um das Hauptmotiv in den Vordergrund zu rücken. Nutzen Sie, wenn vorhanden, den Porträt-Modus Ihrer Smartphone-Kamera. Ein ruhiger Hintergrund verhindert, dass der Blick zu sehr vom Motiv abgelenkt wird. Verstärkt wird im Beispielbild oben der Kontrast durch den Einsatz der Komplementärfarben Gelb/Orange und Blau.

Verschiedene farbige Pappen für kleine Motive finden Sie im Schreibwarenhandel, aber auch eine schöne Tapete aus dem Baumarkt kann ihren Zweck erfüllen.

Checkliste für Objektfotografie

Die Kamera:

- Ist das Objektiv sauber und frei von Fingerabdrücken?
- Stellen Sie das Smartphone auf »Nicht stören« (oder schalten Sie den Flugmodus ein), um Unterbrechungen zu vermeiden.
- Wählen Sie den geeigneten Fokus-Modus aus (z.B. *Makro* für Nahaufnahmen).

Das Setting:

- Säubern Sie Ihr Motiv und positionieren Sie es.
- Wählen Sie einen Hintergrund aus (einfarbig, neutral oder themenbezogen).
- Positionieren Sie Ihre Lichtquellen (natürliches Licht, LED-Leuchten).
- Verwenden Sie Reflektoren oder Diffusoren, um das Licht zu steuern.
- Nutzen Sie ein Stativ, um ein Verwackeln der Aufnahme zu verhindern.

Die Aufnahmen:

- Probieren Sie verschiedene Aufnahmewinkel aus.
- Fokussieren Sie richtig, um sicherzustellen, dass das Objekt scharf ist.
- Nutzen Sie nicht den digitalen Zoom – gehen Sie stattdessen näher heran.

Die Nachbearbeitung:

- Überprüfen Sie Ihre Bilder auf unnötige Elemente und schneiden Sie sie gegebenenfalls zu.
- Passen Sie Farben, Helligkeit und Kontrast nach Bedarf an.
- Korrigieren Sie Flecken u.Ä. mit einer Bildbearbeitungs-App.
- Fügen Sie bei Bedarf Filter oder Effekte hinzu (aber sparsam).

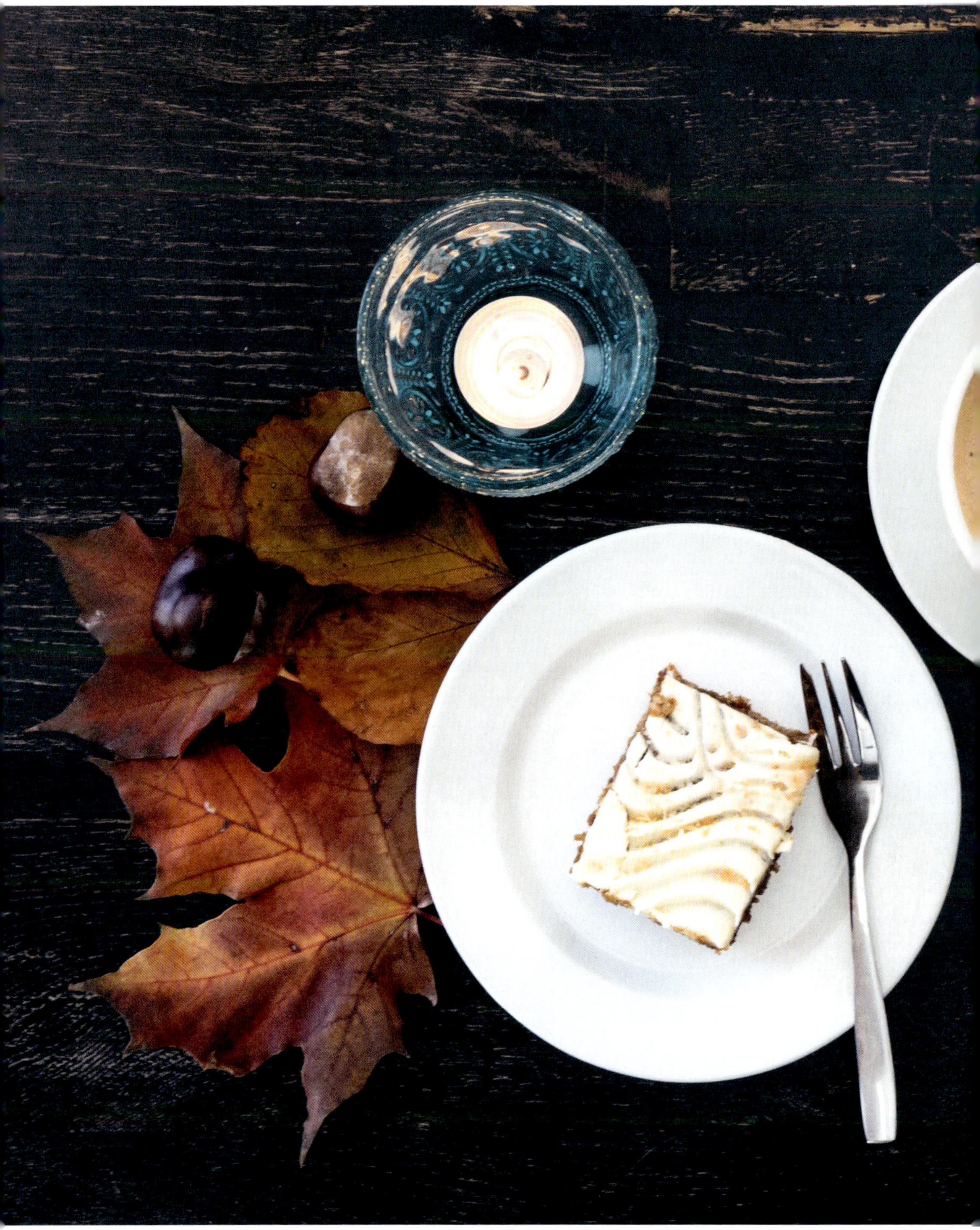

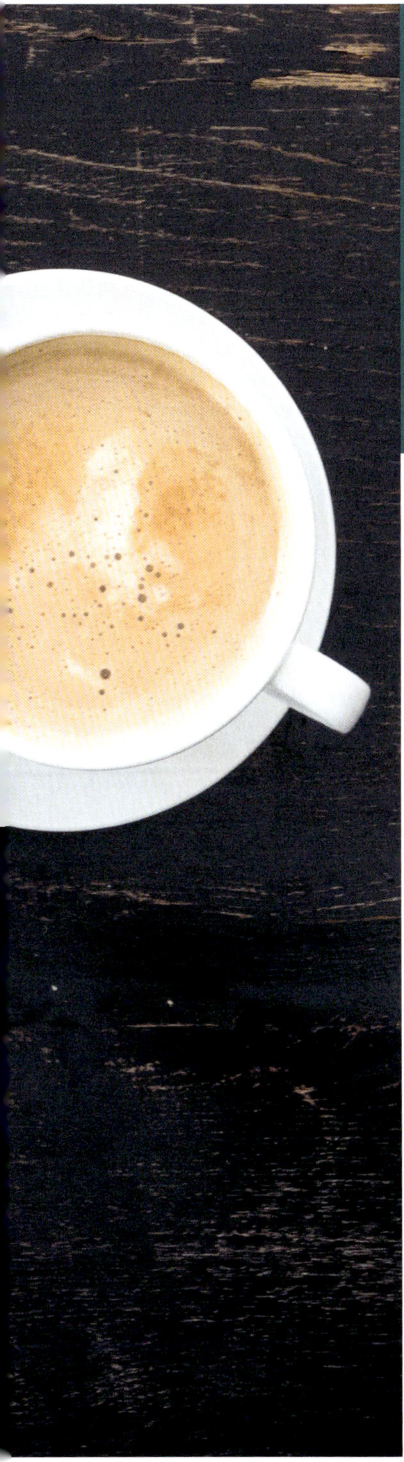

14 FLATLAYS – GESCHICHTEN ERZÄHLEN MIT SCHÖNEN OBJEKTEN

Schöne Fotos aus der Vogelperspektive - sogenannte »Flatlays« - sind bei Instagram, Facebook und Co. sehr beliebt. Oft wird dieser interessante Blickwinkel für Themen wie Food, Mode, Wohnen oder Lifestyle genutzt.

Flatlays zu fotografieren macht wirklich Spaß und ist überhaupt nicht schwer. Hier spielt weder besonderes Licht noch das Spiel mit der Schärfentiefe eine Rolle.

Die Bildgeschichte wird einzig und allein über die Objekte erzählt - über die Art, wie diese angeordnet sind, durch Farben, Formen und den Hintergrund, auf dem sie stehen oder liegen.

Planen Sie ein bestimmtes Thema, wie z.B. eine Grußkarte, wählen Sie die Objekte und den passenden Hintergrund vorab aus. Bedenken Sie dabei, dass jedes Element im Bild zu Ihrer Geschichte beitragen muss und nicht ablenken darf. Eine Kaffeetasse auf dem Schreibtisch zum Beispiel erzählt vielleicht eher, dass der Kollege gerade Pause hat, als dass an diesem Tisch gerade große Projekte entstehen.

Die Aufnahmen brauchen gar nicht viel Vorbereitung, sie sind auch schnell unterwegs geschossen. Dieses Bild entstand ganz spontan in einem Café nach einem Herbstspaziergang.

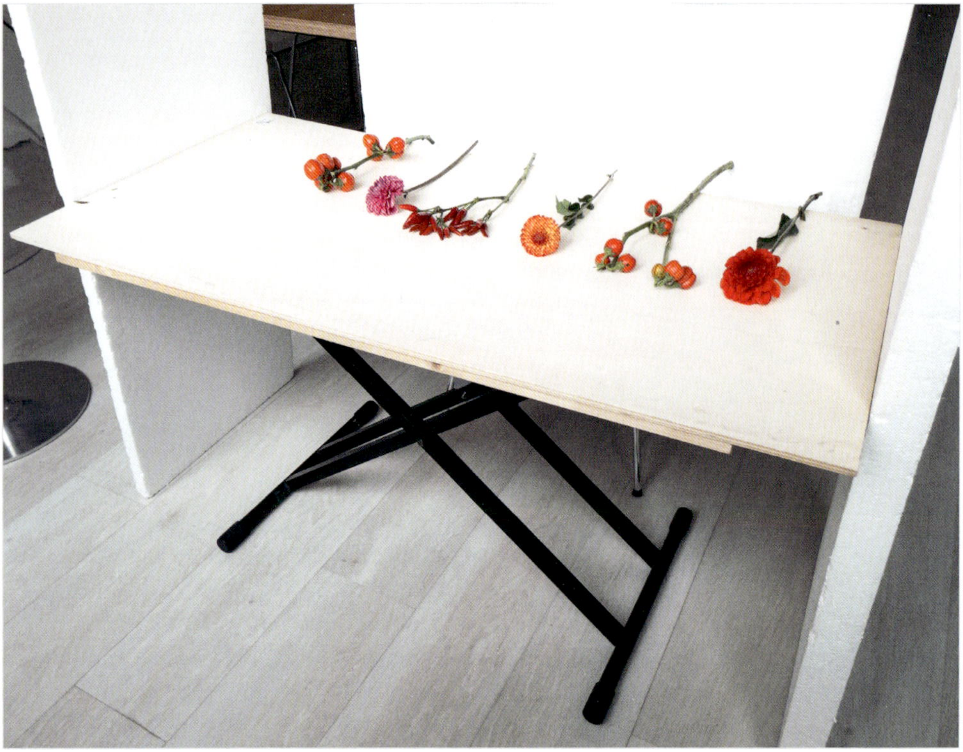

Suchen Sie sich eine Lichtquelle, zum Beispiel ein großes Fenster. Bauen Sie das Set aber so auf, dass Sie bei der Aufnahme nicht im Licht stehen. Mithilfe von Styroporplatten aus dem Baumarkt hellen Sie alle Seiten auf und reduzieren so störende Schatten.

Richten Sie das Smartphone vor der Aufnahme gerade aus. Nutzen Sie dafür das Raster, das Sie in den Einstellungen Ihrer Standard-Kamera-App aktivieren können (lesen Sie dazu nach im Abschnitt »Eine gute Bildgestaltung ist das A&O« auf Seite 81). Zusätzlich sind in unterschiedlichen Smartphone-Modellen Hilfsmittel für horizontale Aufnahmen integriert. Beim iPhone zum Beispiel können Sie sich an zwei Kreuzen in der Displaymitte orientieren. Wenn beide genau übereinanderliegen, befindet sich die Smartphone-Kamera exakt in der Waagerechten. Ähnliche Hilfsmittel gibt es auch bei Android-Kameras.

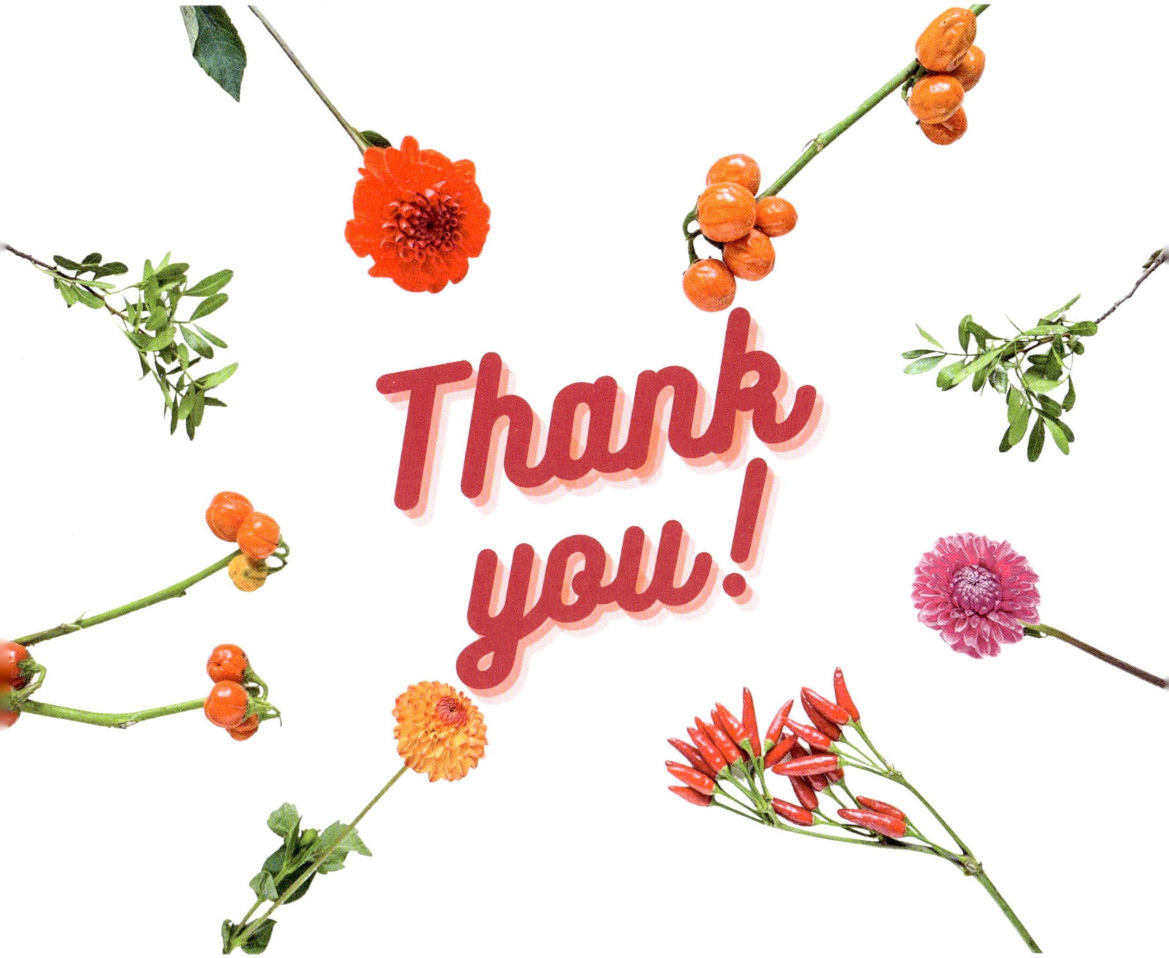

Mit der App Canva wurde der Hintergrund entfernt und die Aufnahmen als Dankeskarte gestaltet.

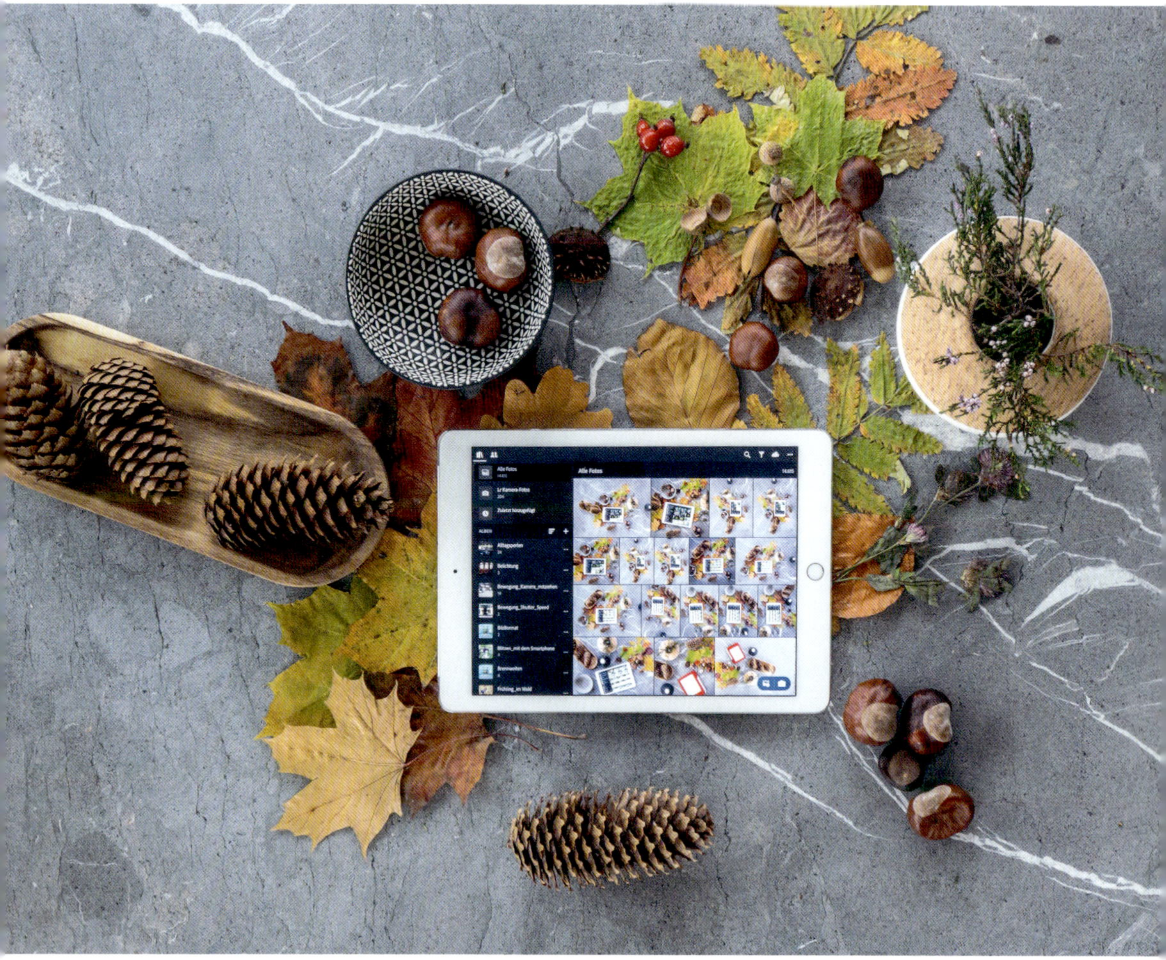

Ganz besonders bei symmetrisch komponierten Flatlays ist eine waagerechte Haltung des Smartphones zwingend notwendig, damit die Objekte nicht unterschiedlich groß dargestellt werden. Auch hierbei hilft ein Selfiestick, um die Kamera ruhig zu halten.

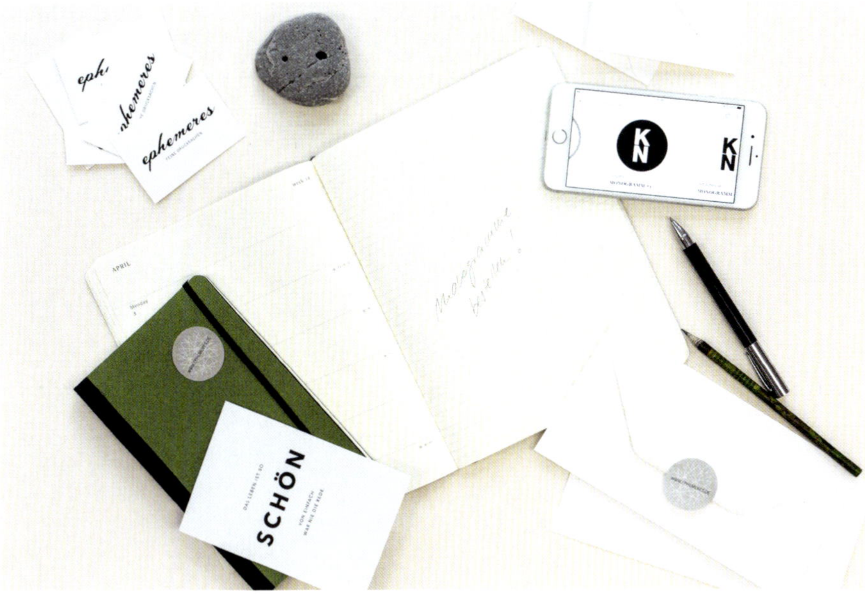

Auch für Produktpräsentationen eignen sich Flatlays hervorragend.

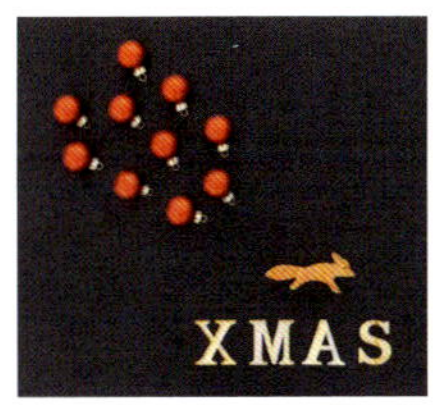

Flatlays legen ist eine wunderbare Beschäftigung mit Freunden oder der ganzen Familie. Die Möglichkeiten für die Gestaltung von Themen, Mustern und Farben sind nahezu grenzenlos, ideal für selbst gemachte Weihnachts- oder Glückwunschkarten, pfiffige Einladungen oder für einen Jahreskalender.

Checkliste für Flatlays

- Sorgen Sie für einen passenden Untergrund.
- Lassen Sie an den Rändern etwas Platz zum Zuschneiden der Aufnahmen.
- Nutzen Sie Styropor als Reflektor, um die Schatten aufzuhellen.
- Halten Sie die Smartphone-Kamera exakt in der Horizontalen.
- Bearbeiten Sie Ihre Aufnahmen mit der Lightroom- oder der Snapseed-App nach.

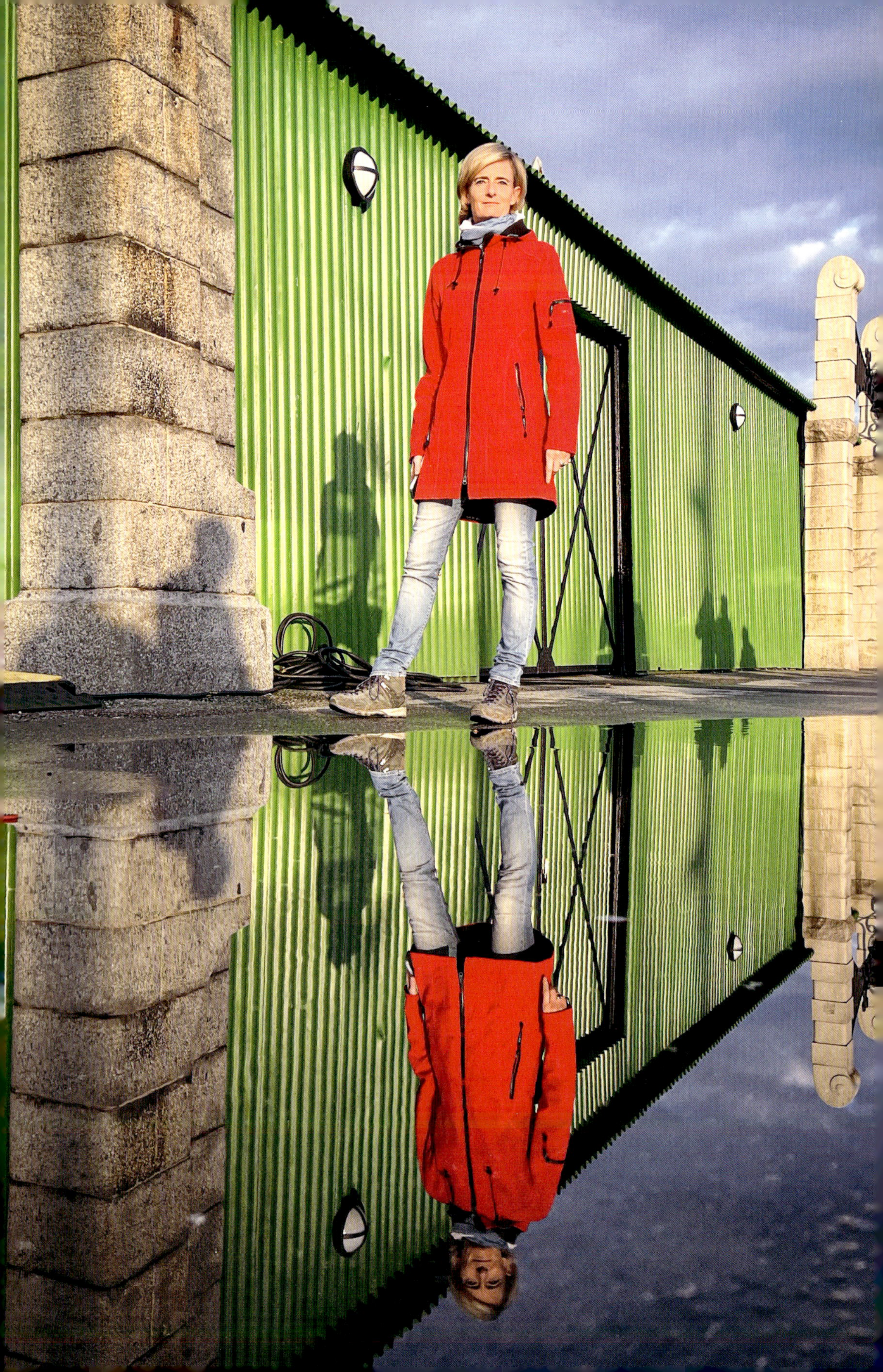

15 SPIEGELUNGEN FOTOGRAFIEREN

In der Natur »verdoppelt« Wasser die Motive und verändert unseren Blick auf die Landschaft. In der Stadt können Gebäude, Glaswände, Schaufenster oder glänzende Metalloberflächen reizvolle Spiegelungen bieten. Ob bei einem Spaziergang oder auf dem Weg zur Arbeit, schauen Sie sich um, nutzen Sie die Wartezeiten auf die nächste Tram. Testen Sie alles, was reflektiert – Schaufenster, Rückspiegel von Fahrzeugen oder auch Wasseroberflächen wie Pfützen.

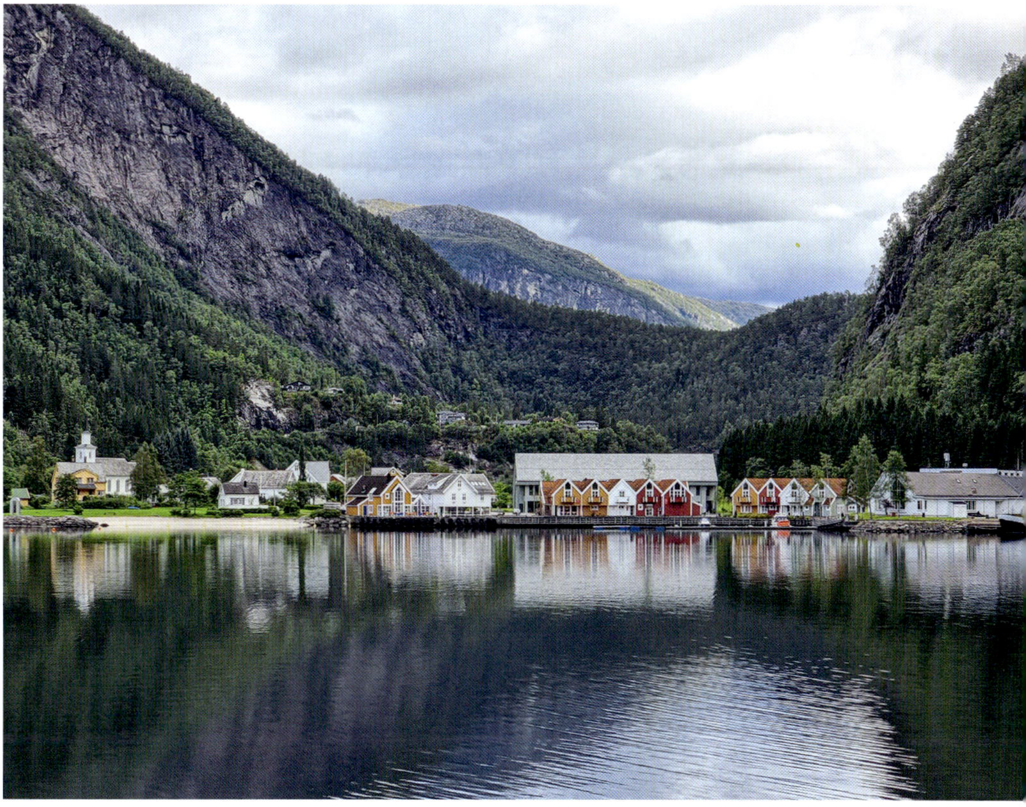

Der Klassiker: Landschaft im Wasser. Spiegelungen funktionieren am besten bei ruhiger Wasseroberfläche (oder Sie versuchen es mit einer Langzeitbelichtung).

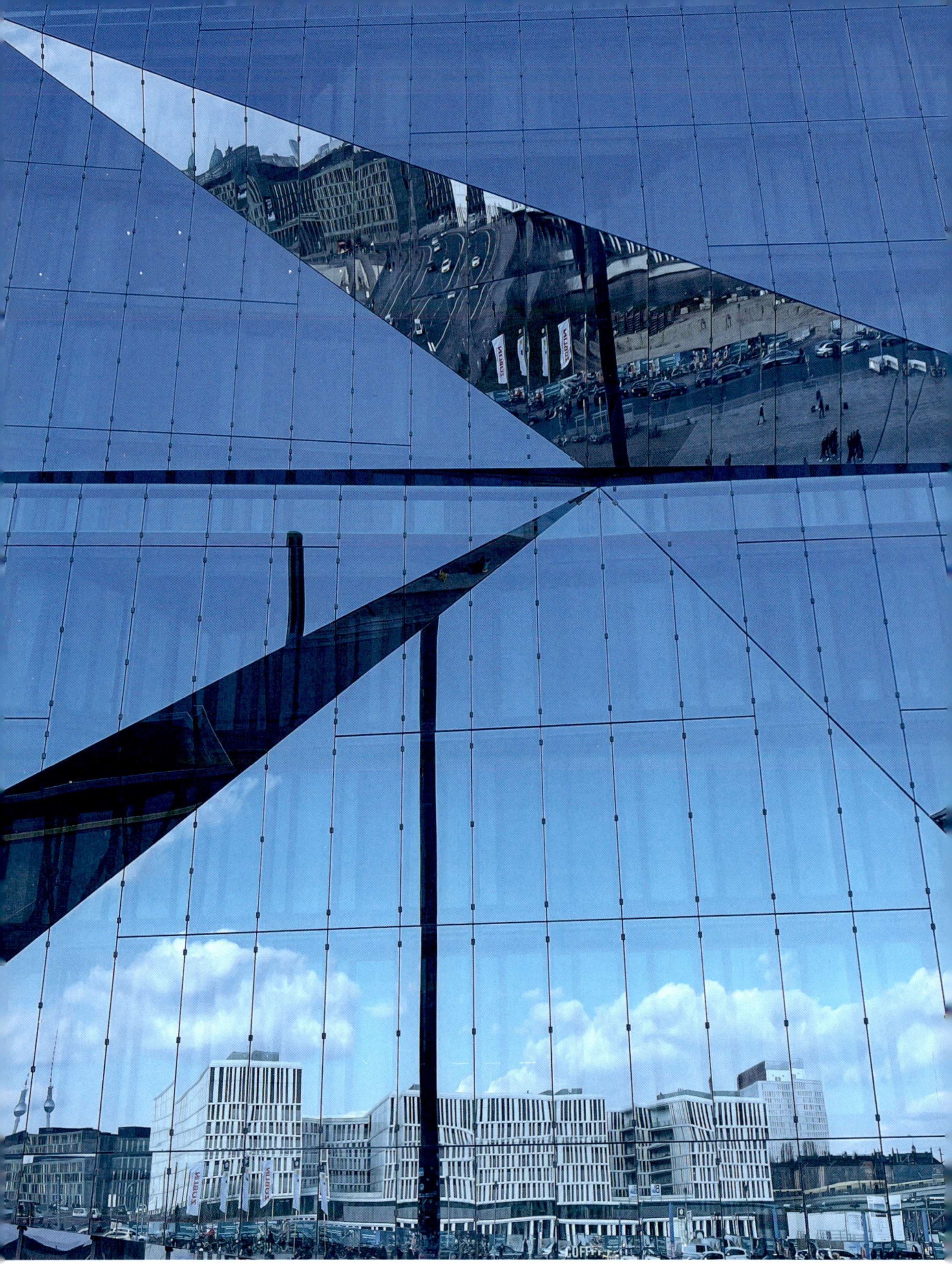

Immer wieder schön sind Spiegelungen mit Gebäuden. Dieses Gebäude erzeugt durch seine Bauweise besonders interessante Spiegelungen.

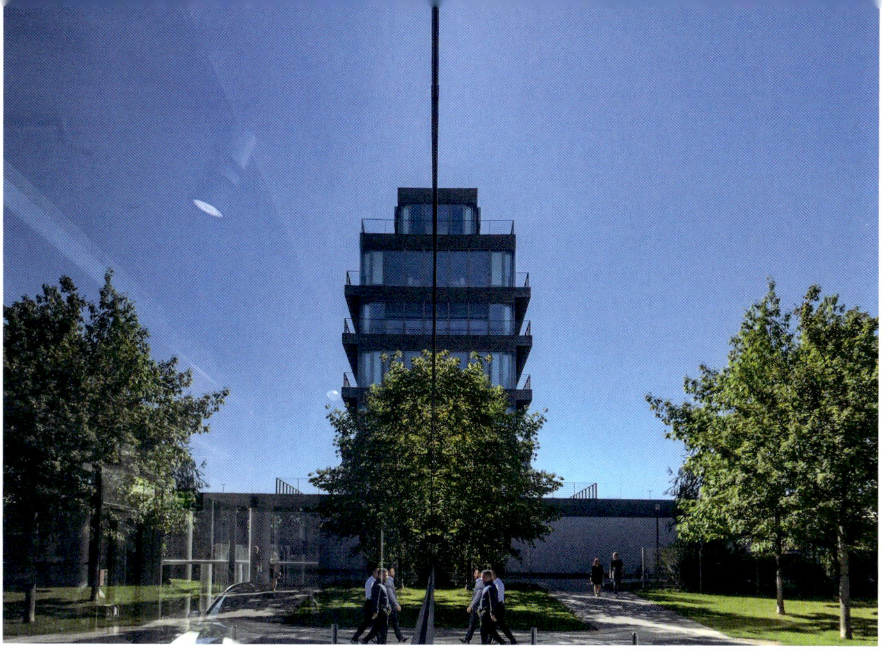

Das Smartphone ganz nah an die Fassade gelehnt ergibt eine symmetrische Bildgestaltung.

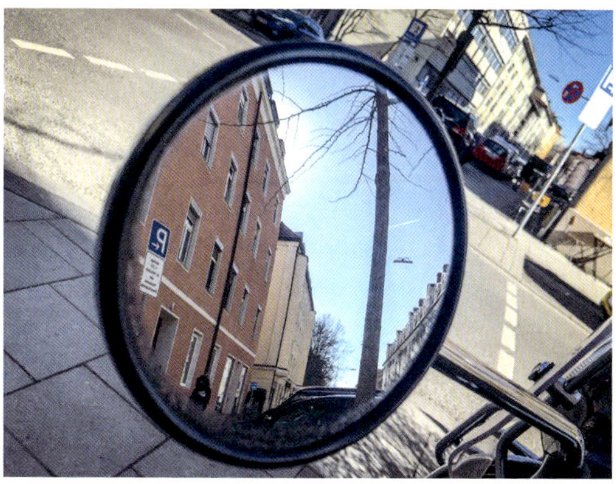

Fahrräder oder Motorroller mit Rückspiegel finden sich überall. Gehen Sie einmal um den Spiegel herum, dann werden Sie sehen, wie oft sich das gleiche Motiv verändern kann. So finden Sie nicht nur einen anderen Blickwinkel, sondern trainieren gleich noch Ihren fotografischen Blick mit.

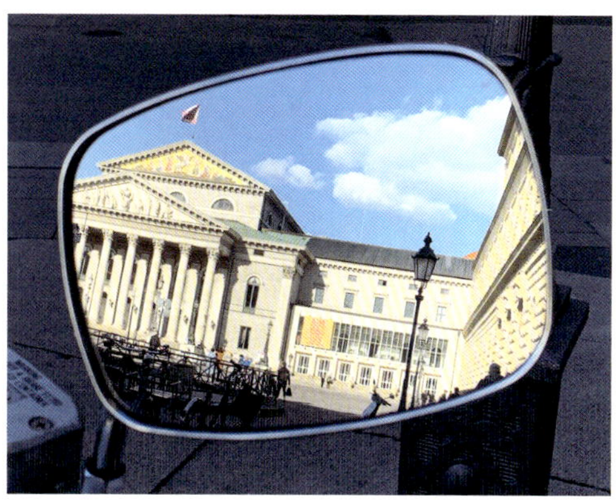

Stadtlandschaft im Spiegel – mit der richtigen Belichtung wurde der Münchner Opernplatz in einen passenden Rahmen gesetzt.

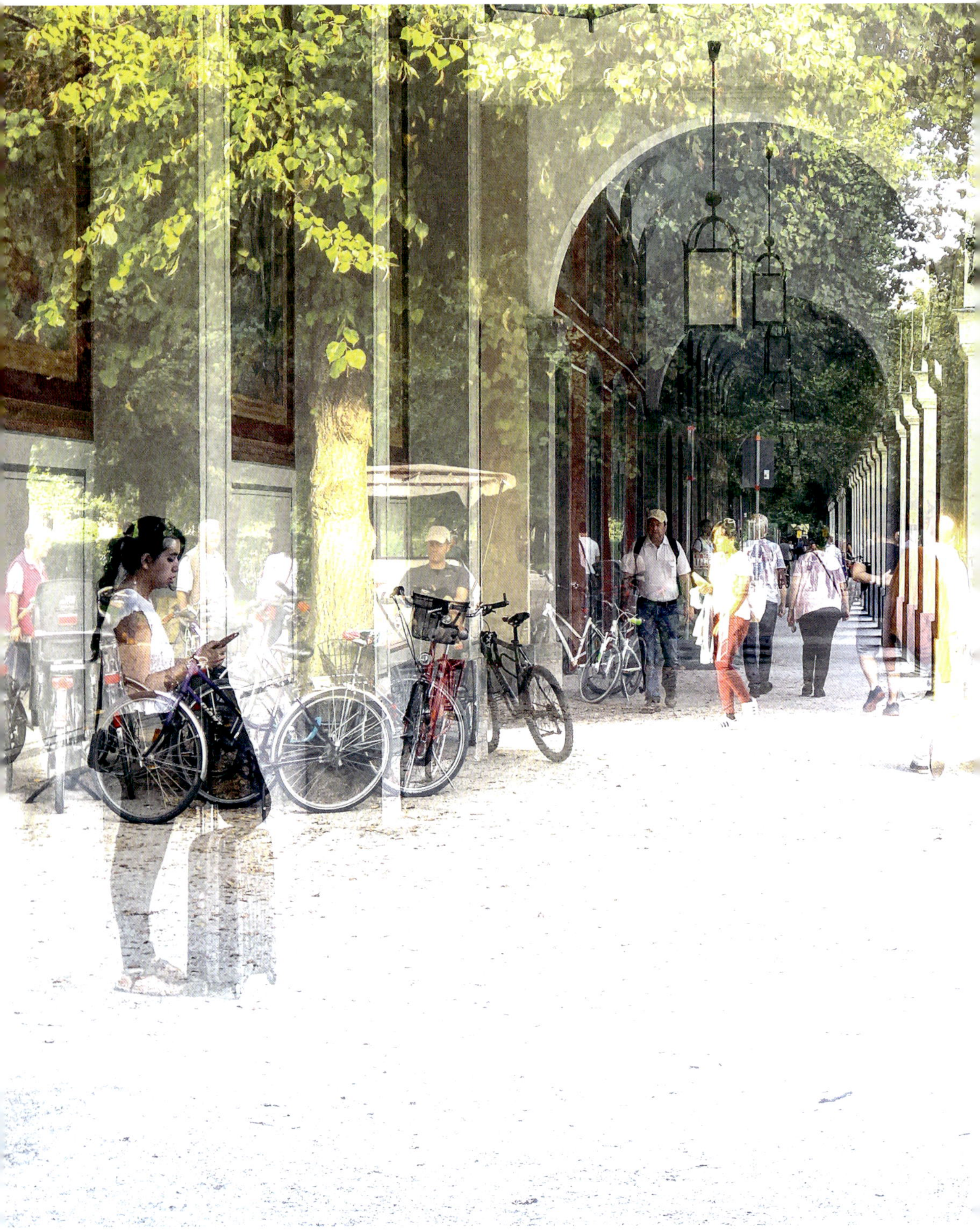

16 DOPPEL-BELICHTUNGEN

Wenn Sie zwei Bilder per Doppelbelichtung übereinanderlegen, sieht das aus wie im Bild links – als würden Sie zwei Folien übereinanderlegen. Dabei können ganz unterschiedliche Motive in einer Aufnahme zusammengefügt werden. Fahrzeuge und Gebäude, unterschiedliche Straßenzüge, Linien, werden übereinandergelegt, Pflanzen werden mit Wegen verbunden und Menschen stehen plötzlich im Wasser. Die Möglichkeiten sind grenzenlos und der Spaß am Experimentieren ist quasi vorprogrammiert.

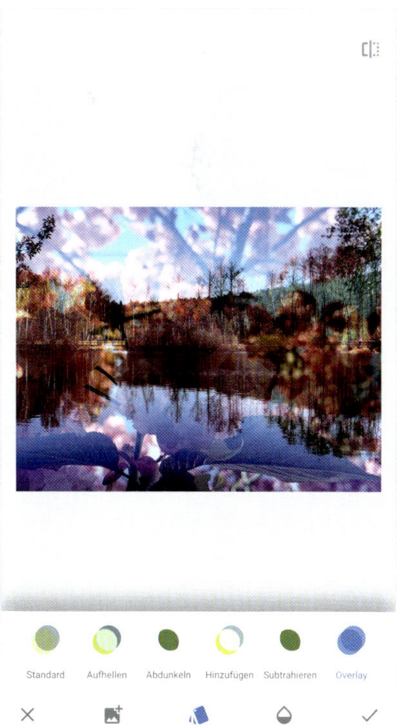

▸ Das Menü »Doppelbelichtung« in Snapseed – hier mit den Mischmodi zum Verschmelzen der Bilder.

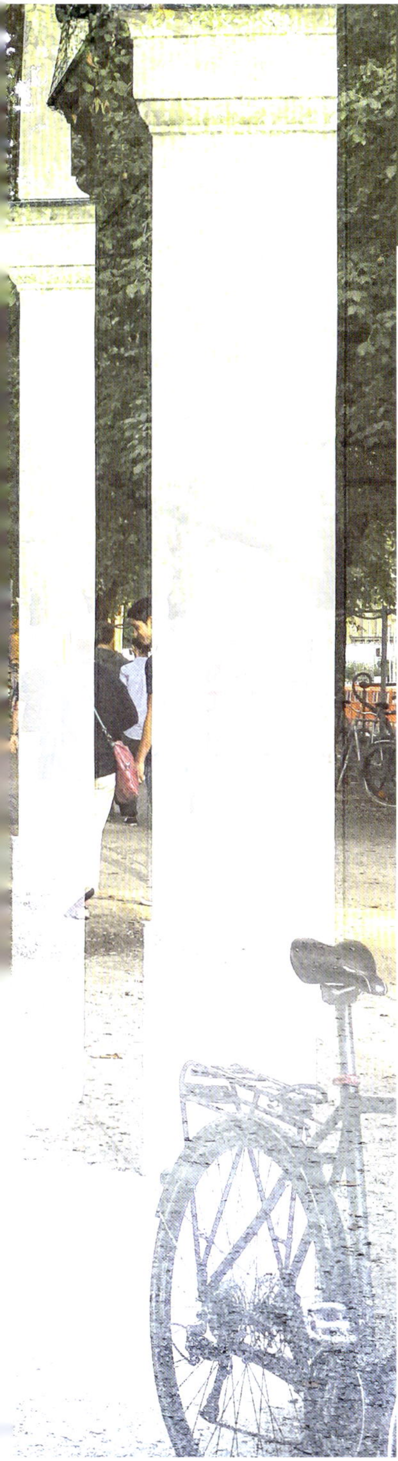

◂ Schlichte Aufnahmen werden wieder interessant, wenn sie zu Doppelbelichtungen kombiniert werden.

Für Android und iOS gibt es viele unterschiedliche Apps, mit denen Sie bereits vorhandene Aufnahmen aus Ihrer Fotosammlung übereinanderlegen und bearbeiten können – unter anderem auch mit der Bildbearbeitungs-App Snapseed (Android und iOS, mehr zu dieser App später im Abschnitt zu »Snapseed« ab Seite 164).

Die App *Doppelbelichtung* jedoch bietet uns den »echten« Effekt der Mehrfachbelichtung – und das heißt: sie entsteht bereits bei der Aufnahme. Hierzu werden zwei oder mehr Aufnahmen gemacht und sofort zusammengefügt. Belichtung, Schärfe und auch Brennweite können bei jeder Einzelaufnahme manuell angepasst werden.

In der Bildbearbeitung erhalten die Aufnahmen noch einen besonderen Glanz.

Doppelbelichtung (iOS)

Der zeitliche Abstand zwischen den einzelnen Aufnahmen ist in der App frei einstellbar. Um etwa eine Reise in einer Doppelbelichtung darzustellen, nehmen Sie ein Foto von Ihrer Abfahrt und eines von Ihrer Ankunft auf und legen diese automatisch übereinander.

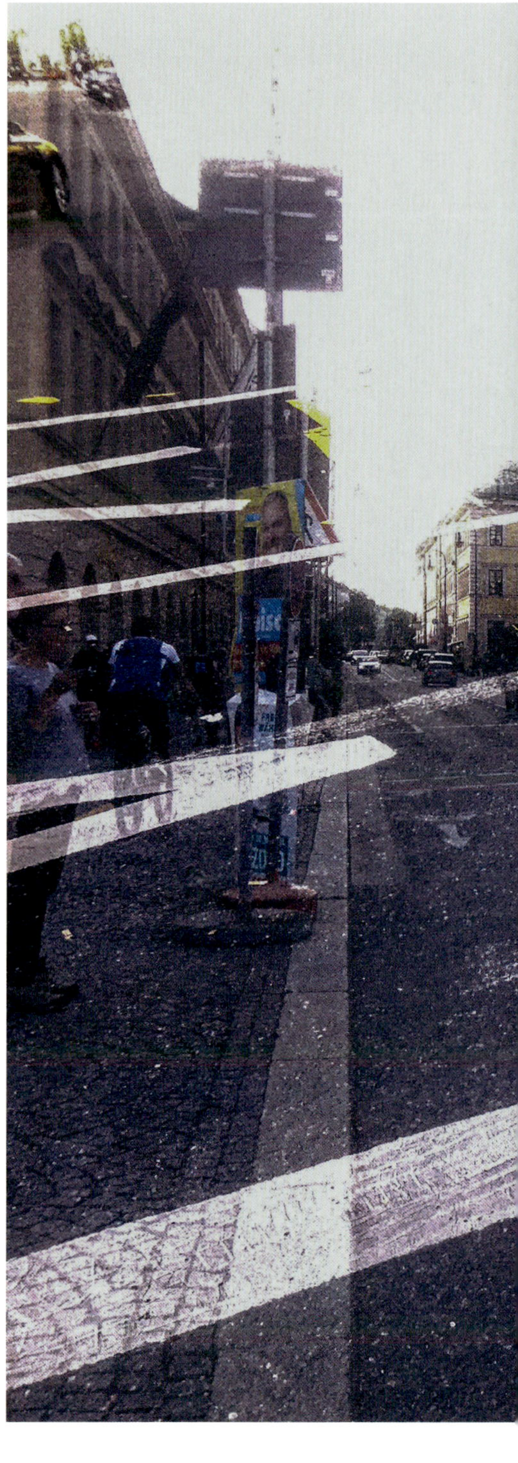

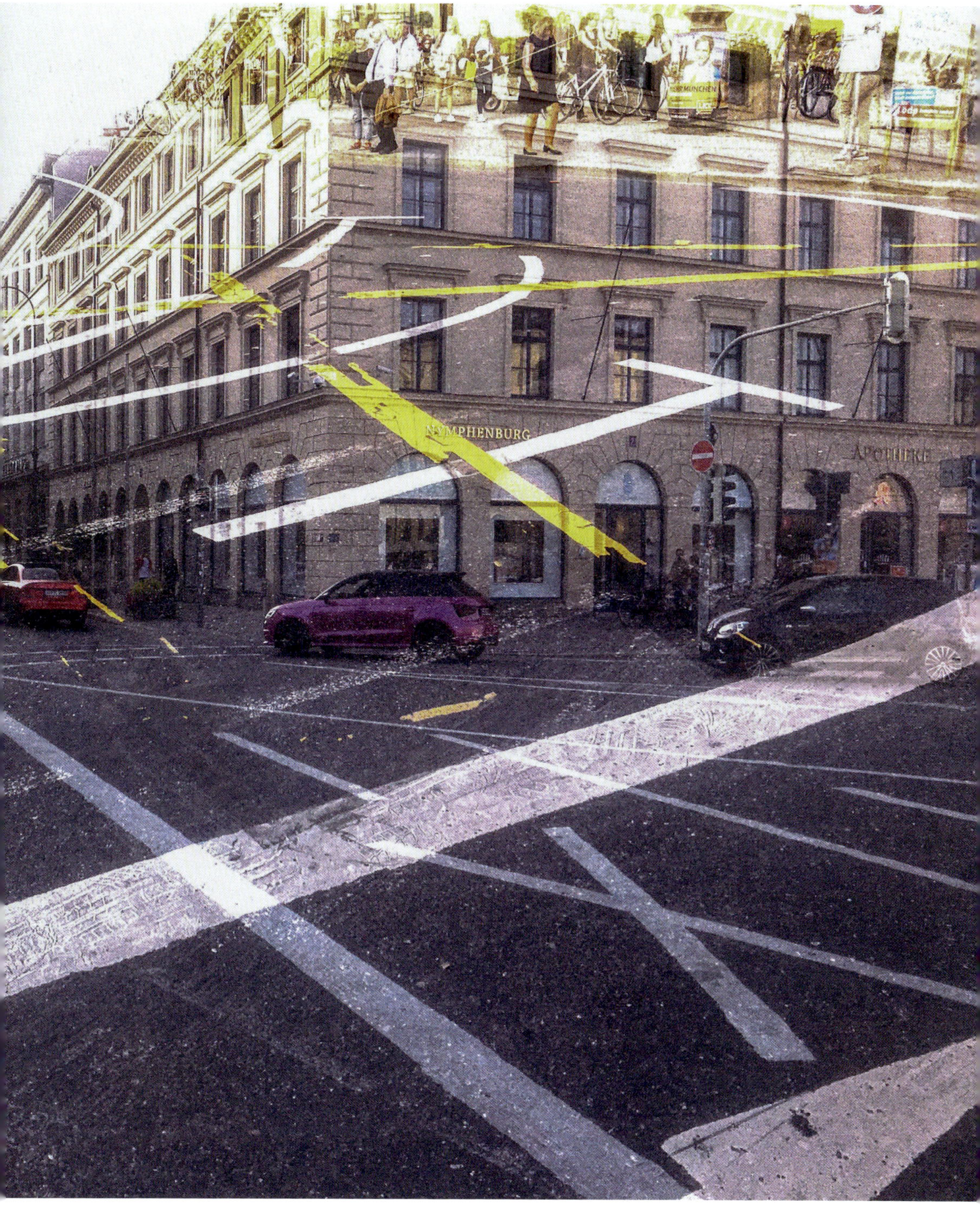
NYMPHENBURG
APOTHEKE

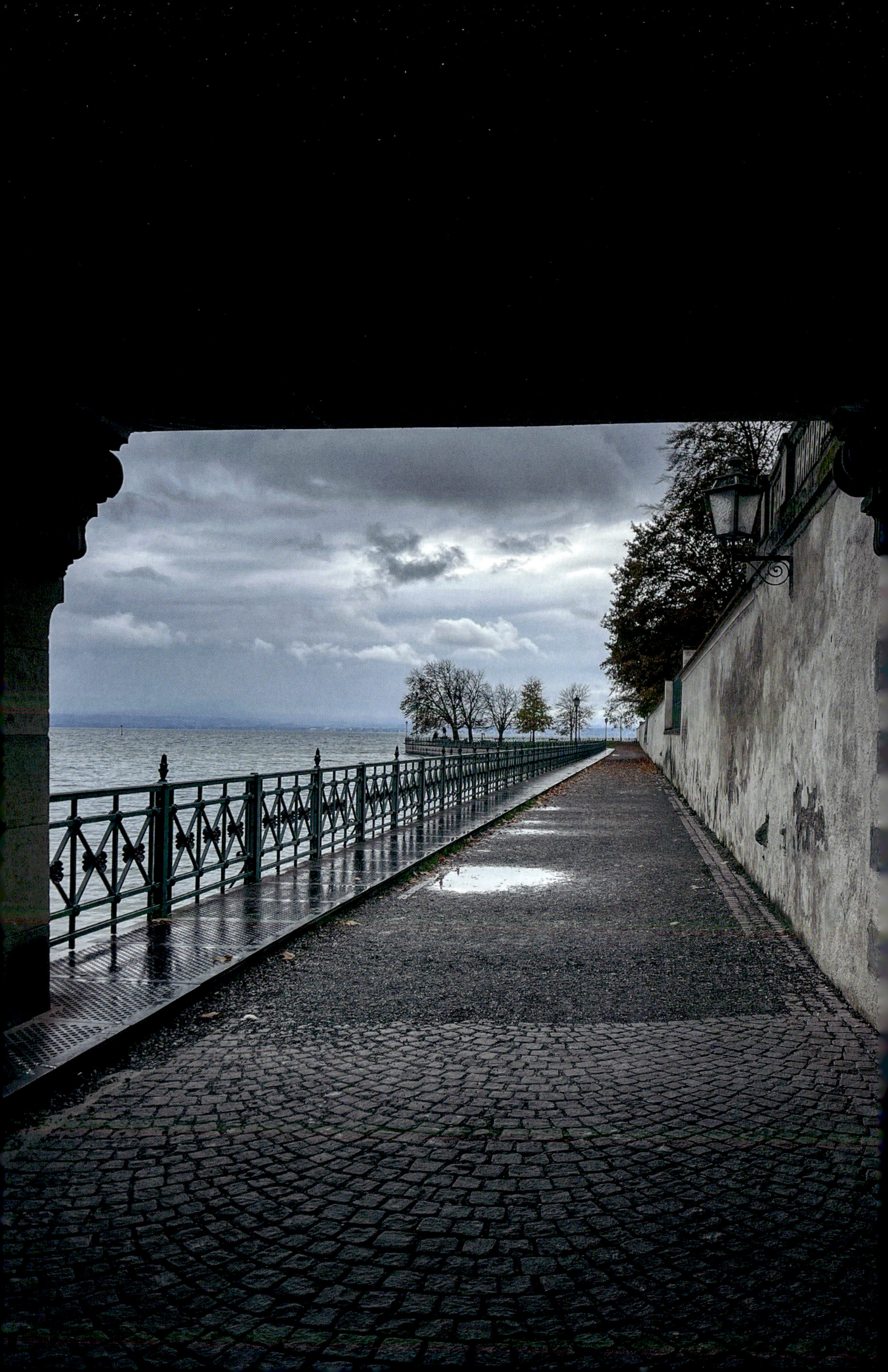

17 SCHATTEN IN DAS RICHTIGE LICHT GERÜCKT

Wo Licht ist, ist auch Schatten – und macht das Licht noch heller, strahlender. Aber: Ist der Unterschied zwischen Hell und Dunkel zu groß, wird das Bild entweder unter- oder überbelichtet – Sie müssen also die Belichtung von Hand setzen (lesen Sie dazu mehr in Abschnitt »Wenn die Automatik versagt: Belichtung messen per Fingertipp« auf Seite 18).

Motive gibt es unzählige: unsere eigenen Schatten, Schatten von Gegenständen, Schatten von Bäumen an einer Hauswand und vieles mehr. Suchen Sie die Schatten auf Spaziergängen, beim Warten auf den Bus oder ganz einfach zu Hause im Garten oder auf dem Balkon. Nutzen Sie Schatten, um etwas über Ihr Motiv zu erzählen – vielleicht sogar ganz grafisch, indem Sie nur seinen Schatten zeigen, wie im Bild unten. Oder nutzen Sie Schatten als zusätzliches Element Ihrer Bildgestaltung, wie bei den Bildern auf den nachfolgenden Seiten.

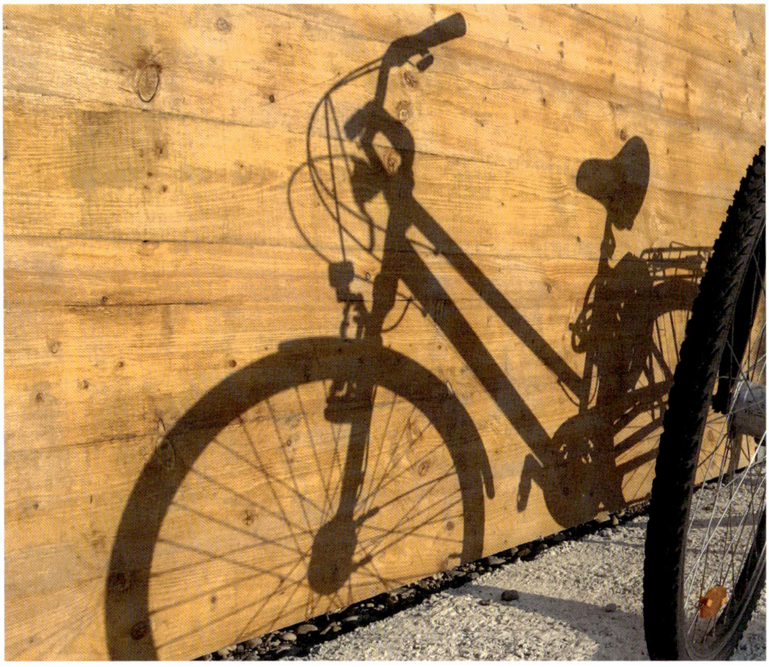

Für dieses spannende Zusammenspiel von Licht, Schatten, Flächen und Linien wurde vor der Aufnahme die Belichtung manuell nach unten korrigiert.

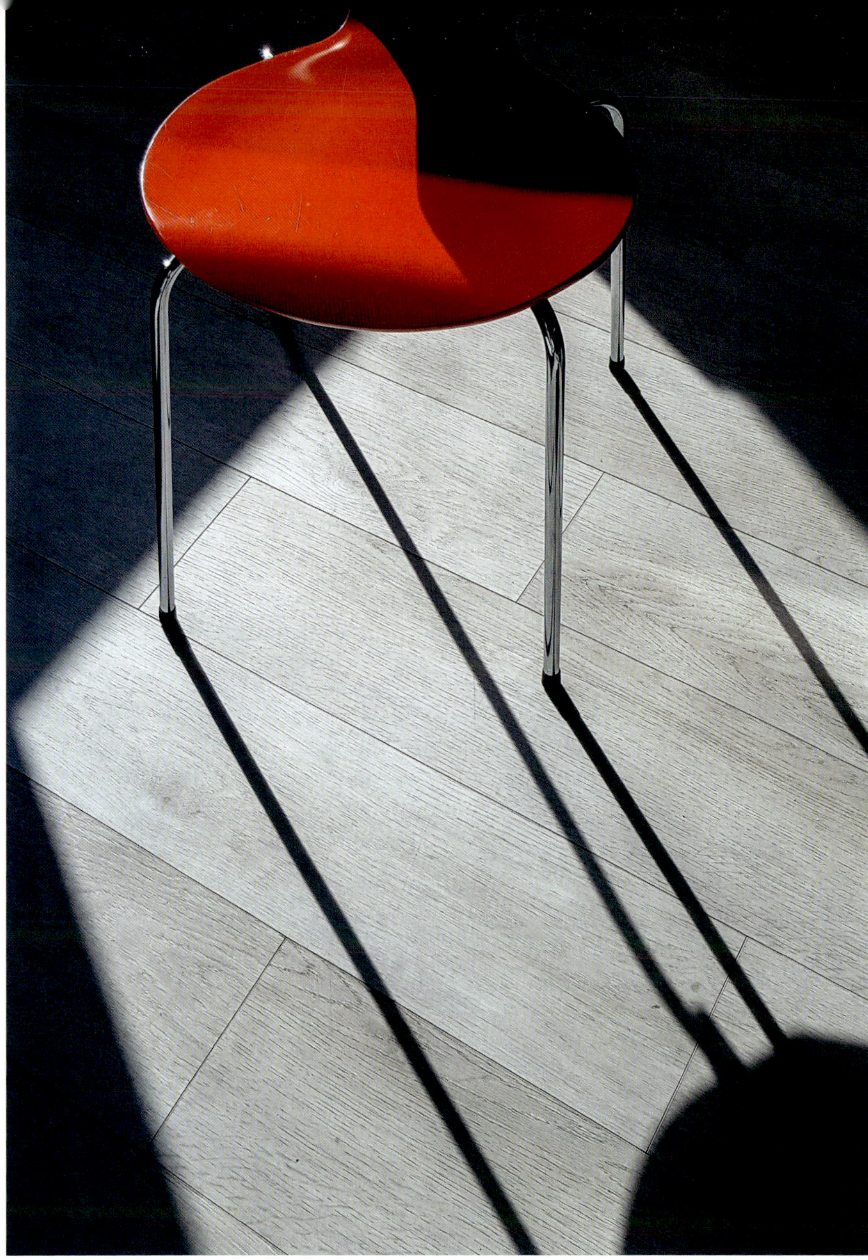

Nachmittagssonne im Büro – für den Farbkontrast wurde ganz bewusst ein roter Stuhl gewählt.

Tipp

Noch ausdrucksstärker werden die Aufnahmen, wenn Sie die Belichtung von Hand korrigieren (siehe den Abschnitt »Belichtungskorrektur« ab Seite 20) und die Bilder anschließend mit einem Schwarzweißfilter umwandeln oder manuell nachbearbeiten.

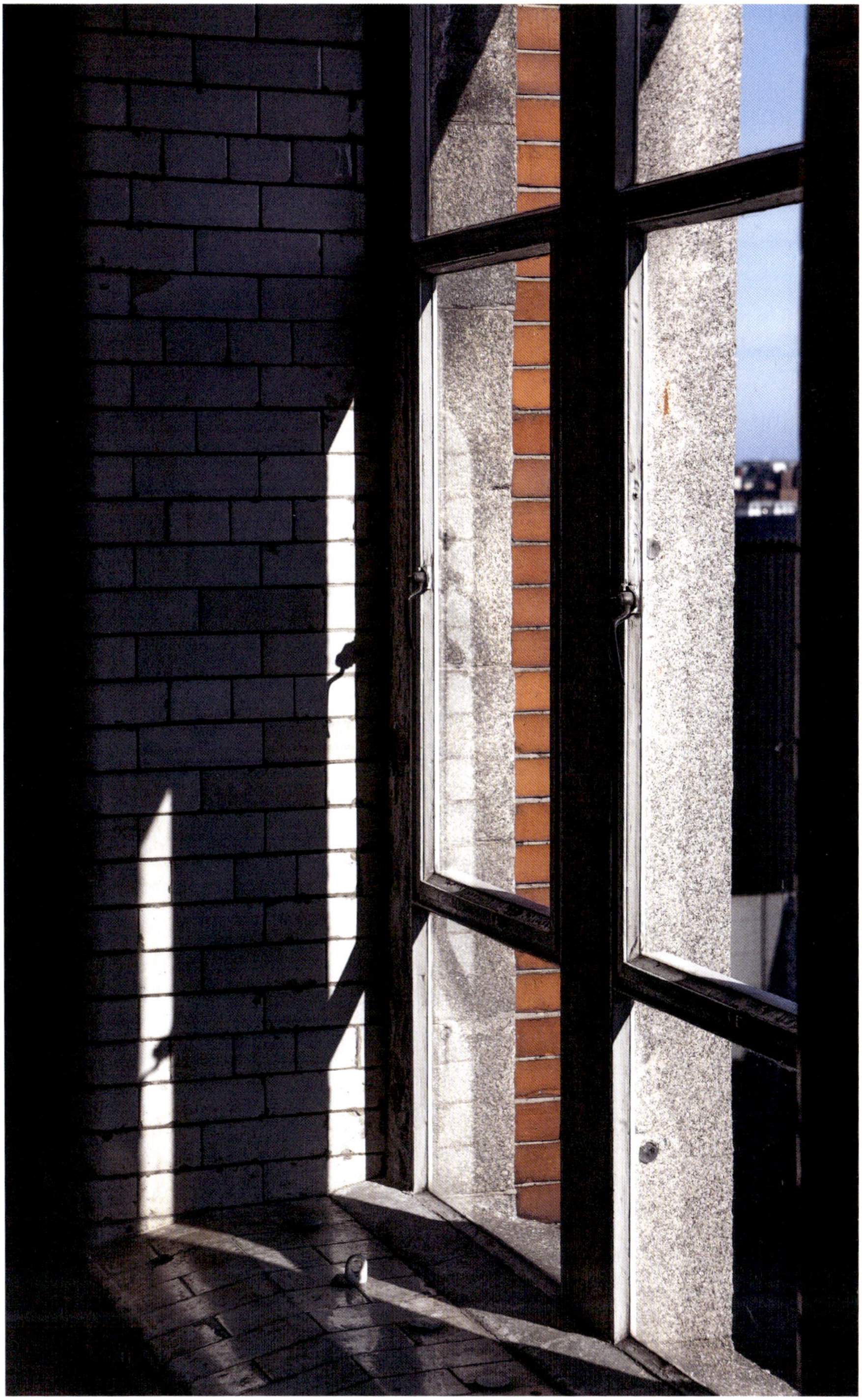

Licht und Schatten machen viele Motive noch sehenswerter.

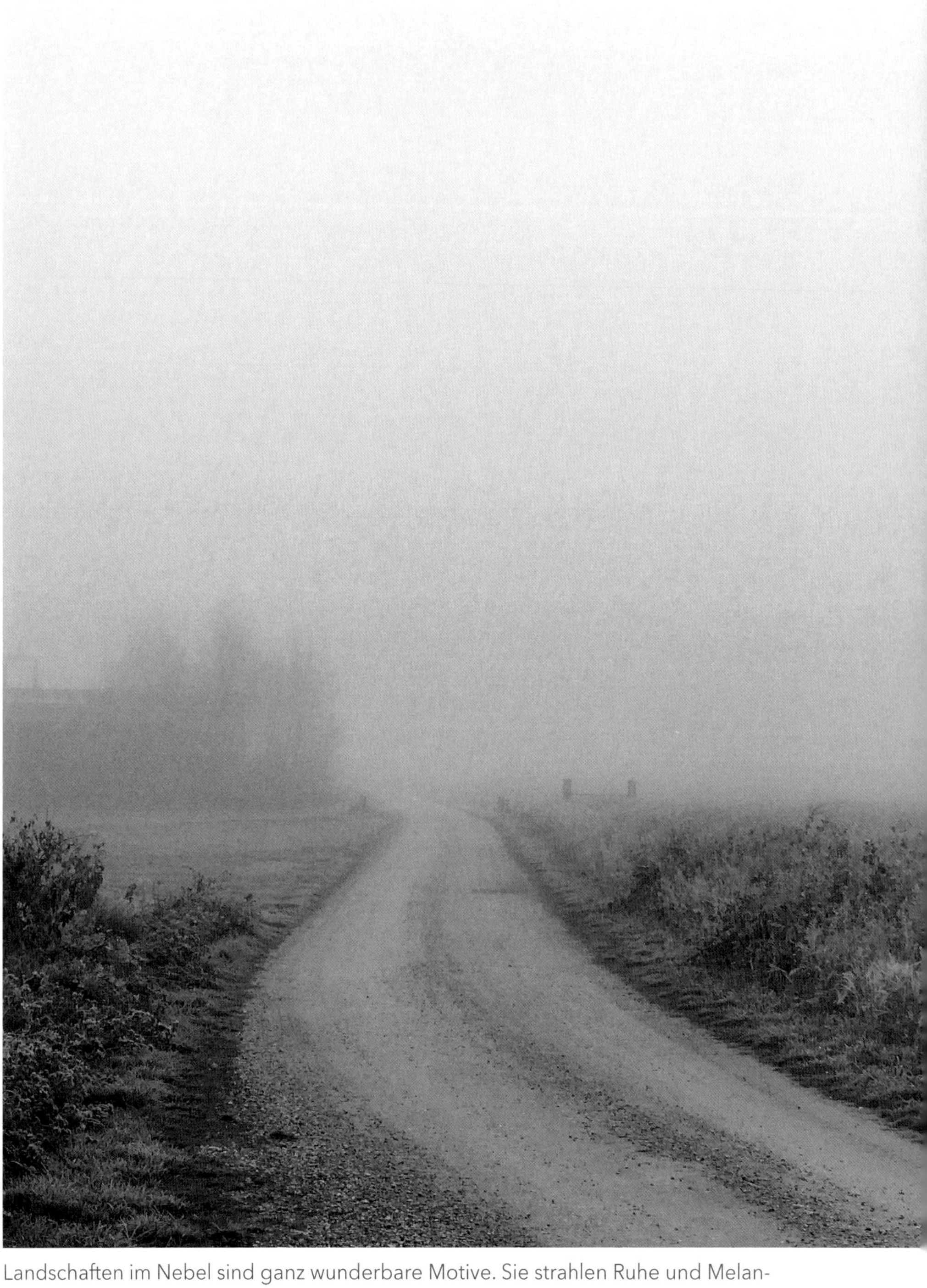

Landschaften im Nebel sind ganz wunderbare Motive. Sie strahlen Ruhe und Melancholie aus. Denken Sie an alte Filme, in denen solche Bilder von Geheimem und Verborgenem erzählten.

18 SCHLECHTES WETTER FÜR DRAMATISCHE BILDER

Von wegen Schönwetterfotograf(in) - schlechtes Wetter sorgt für viele interessante Motive! Heraufziehende Gewitter bieten dramatische Wolkenspiele, Regentage viele Regentropfen und große Pfützen hübsche Spiegelungen. Landschaften lösen sich im Nebel auf und der Herbst legt Raureif über Gräser und Blätter. Schlechtes Wetter gibt es eigentlich nicht, Motive für besondere Aufnahmen finden sich in allen Wetterlagen.

Die besondere Stimmung dieser Bilder können Sie durch eine zum Motiv passende Bildbearbeitung noch verstärken - etwa durch Verringerung der Belichtung bei Wolken oder durch Senkung des Kontrastes bei Nebel.

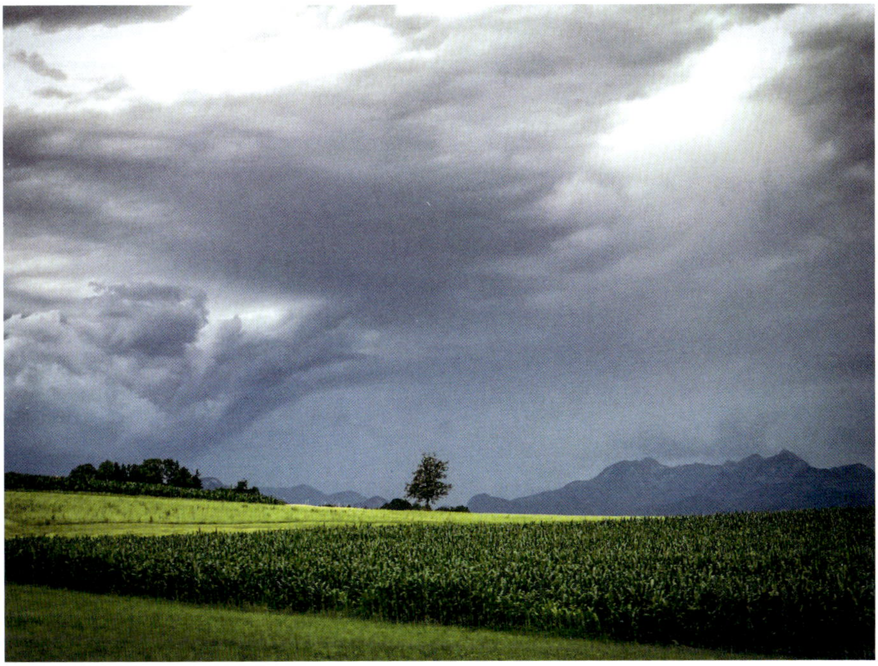

Ein Unwetter wirkt gleich noch bedrohlicher, wenn Sie in der Bildbearbeitung die Belichtung etwas absenken und die Dynamik der Farben etwas erhöhen.

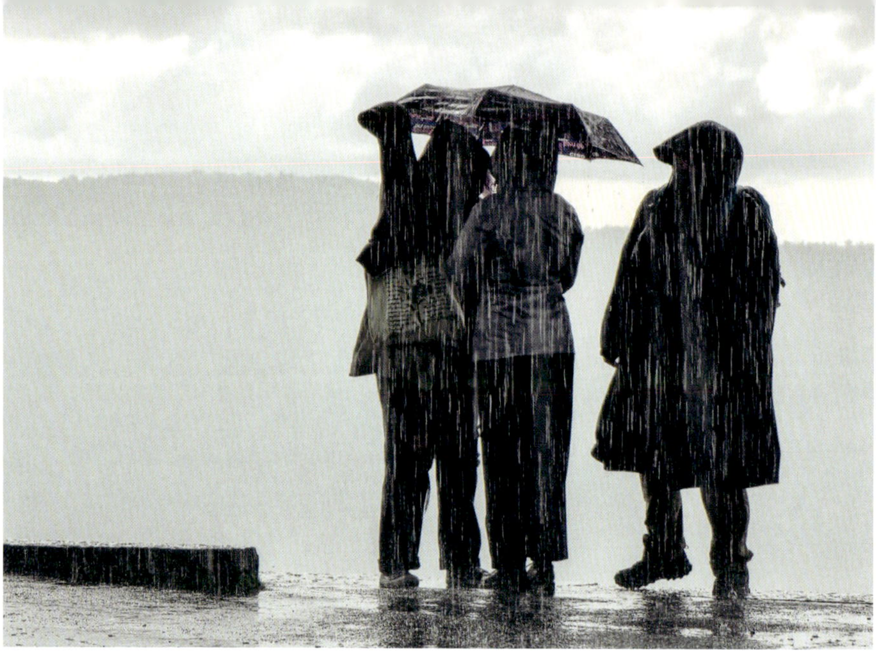

Vor den Silhouetten dieser Personen kommt der Regen sehr gut zur Geltung (ohne diese würde man ihn nur erahnen). Bei dieser Aufnahme stand ich geschützt unter einem Dach. Fotografiert habe ich mit der 10x-Vergrößerung des Samsung Galaxy S21.

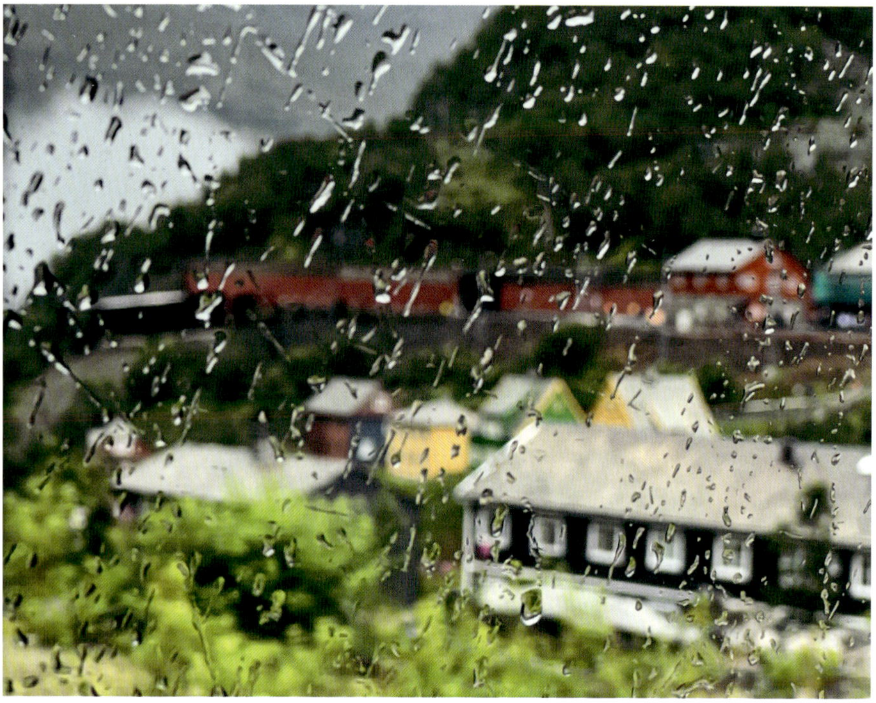

Glasscheiben oder transparente Regenschirme bieten nicht nur Durchblick, sondern auch eine völlig neue Perspektive auf Landschaften, wenn Sie wie hier auf die Regentropfen fokussieren.

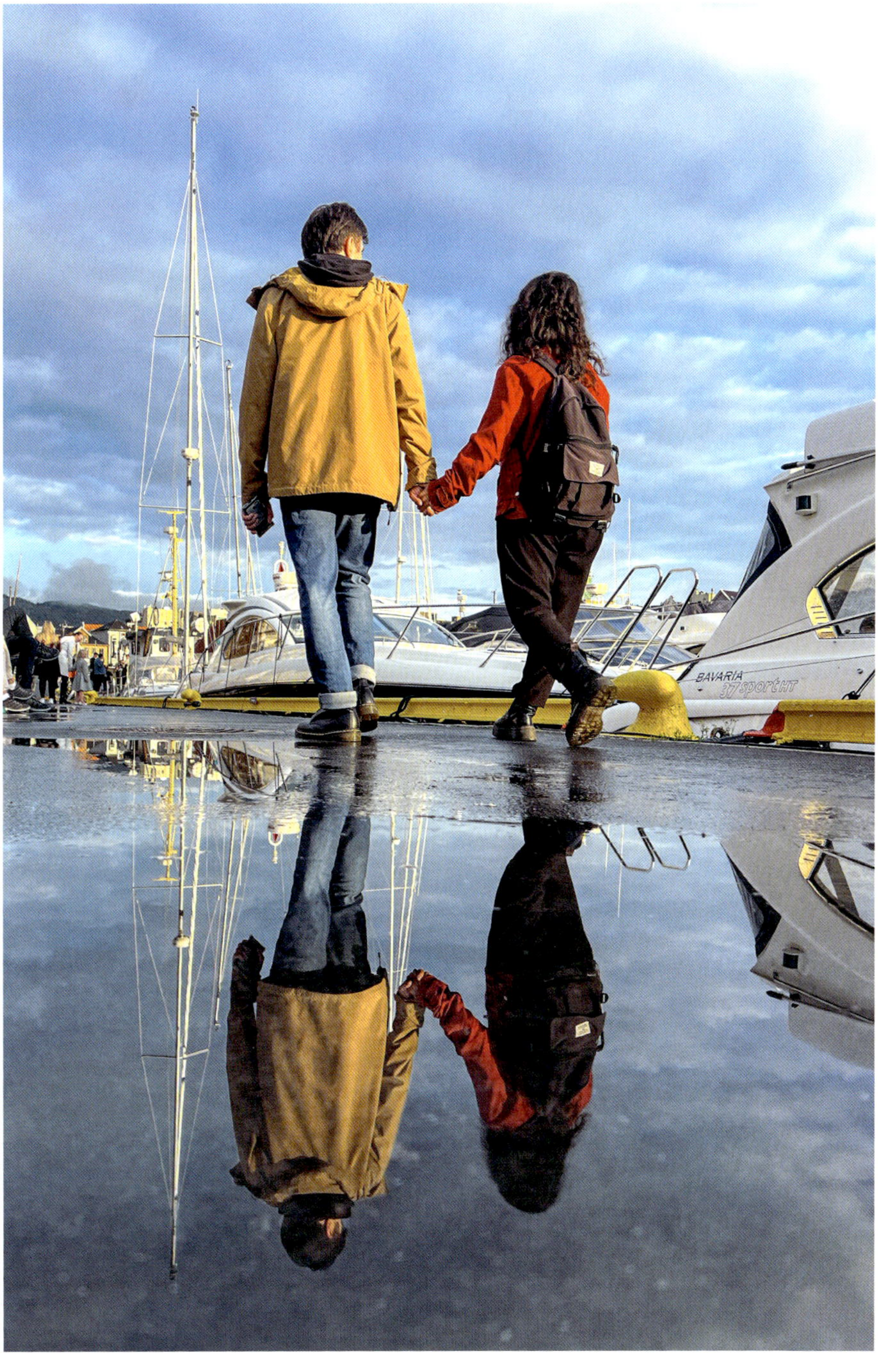

Auf Regen folgt Sonne. Spiegelungen in Pfützen ergeben interessante Motive.

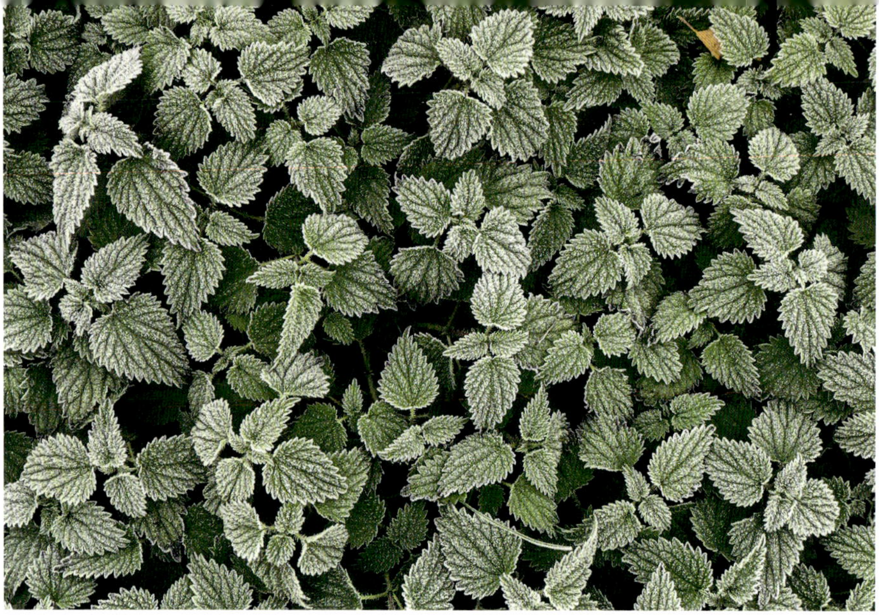

Fast wie gemalt: Mit Raureif bedeckte Pflanzen bieten einen ganz besonders schönen Kontrast.

Dichter Nebel, Raureif auf den Feldern - wenn die Temperaturen bei null Grad liegen, kann die heimische Couch schon sehr verlockend sein. Aber wenn Sie Ihre Komfortzone verlassen, werden Sie mit vielen spannenden Motiven belohnt.

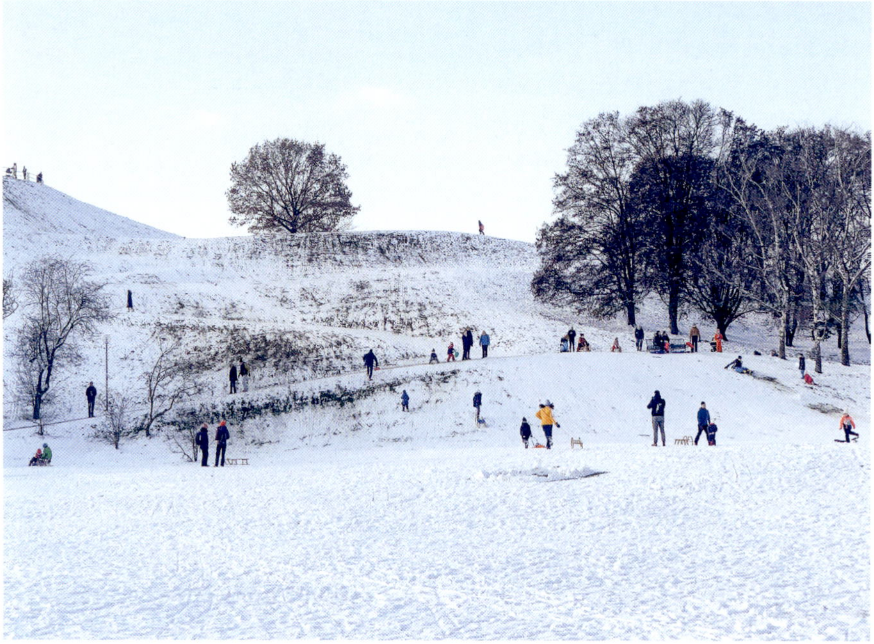

Die Menschen bilden mit ihren bunten Jacken einen Farbkontrast und kommen so trotz der Entfernung wunderbar zur Geltung.

Schützen Sie Ihren Smartphone-Akku vor Kälte

Fallen die Temperaturen unter 0 °C, bricht das Leistungsvermögen Ihres Smartphone-Akkus stark ein. Halten Sie darum den Akku warm, verstauen Sie Ihr Smartphone zum Beispiel in der Innentasche Ihrer Winterjacke. Ein frierender Akku funktioniert nur bedingt und kann im schlimmsten Fall sogar Schaden nehmen. Schutzhüllen aus Silikon oder Filz sind ebenfalls hilfreich. Und zwei gut geladene Powerbanks (externe Akkus zum Stromtanken unterwegs) geben Ihnen mehr zeitlichen Spielraum.

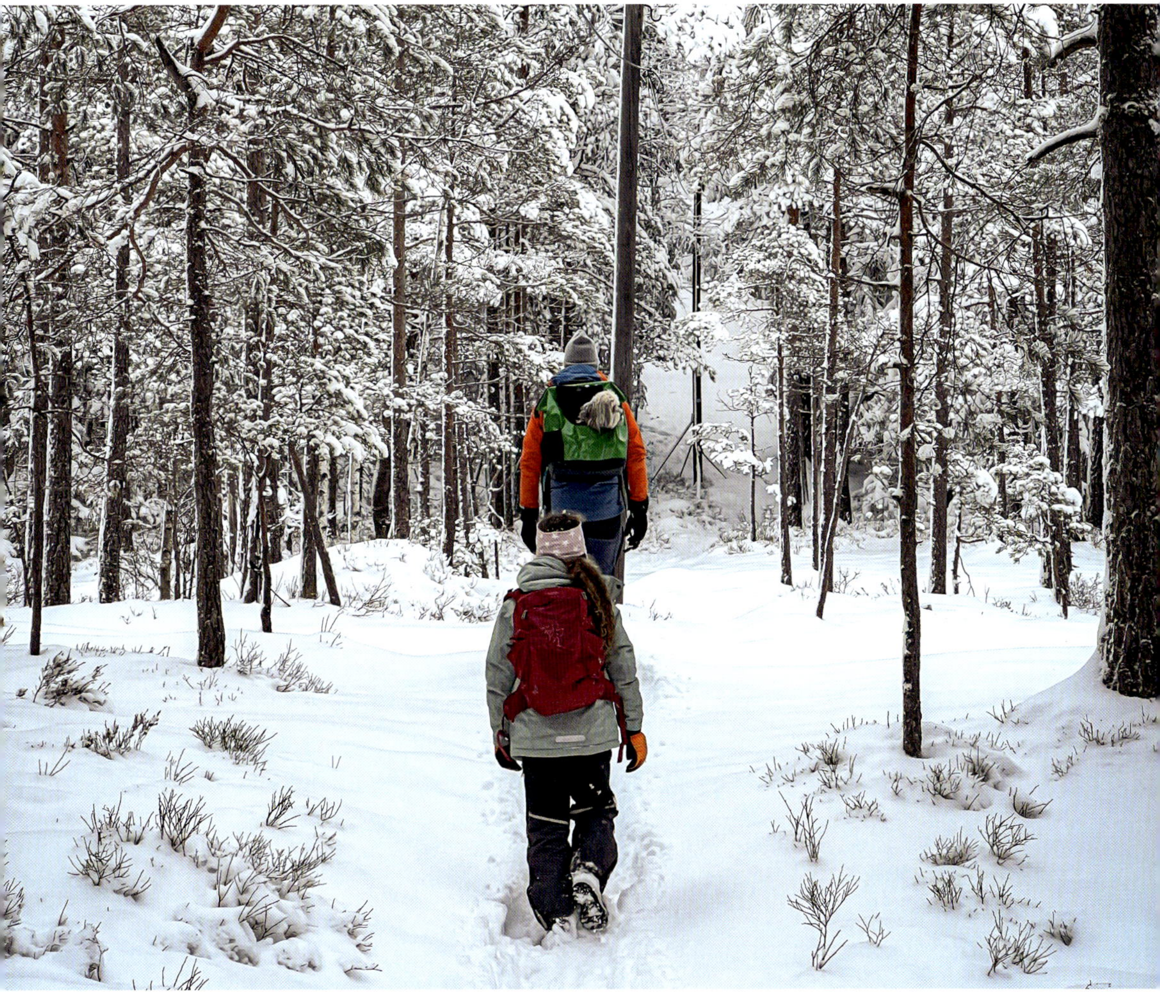

Wandern im Schnee. Mit dabei sind immer Handschuhe, der Selfiestick, die Fernbedienung und mindestens zwei Powerbanks.

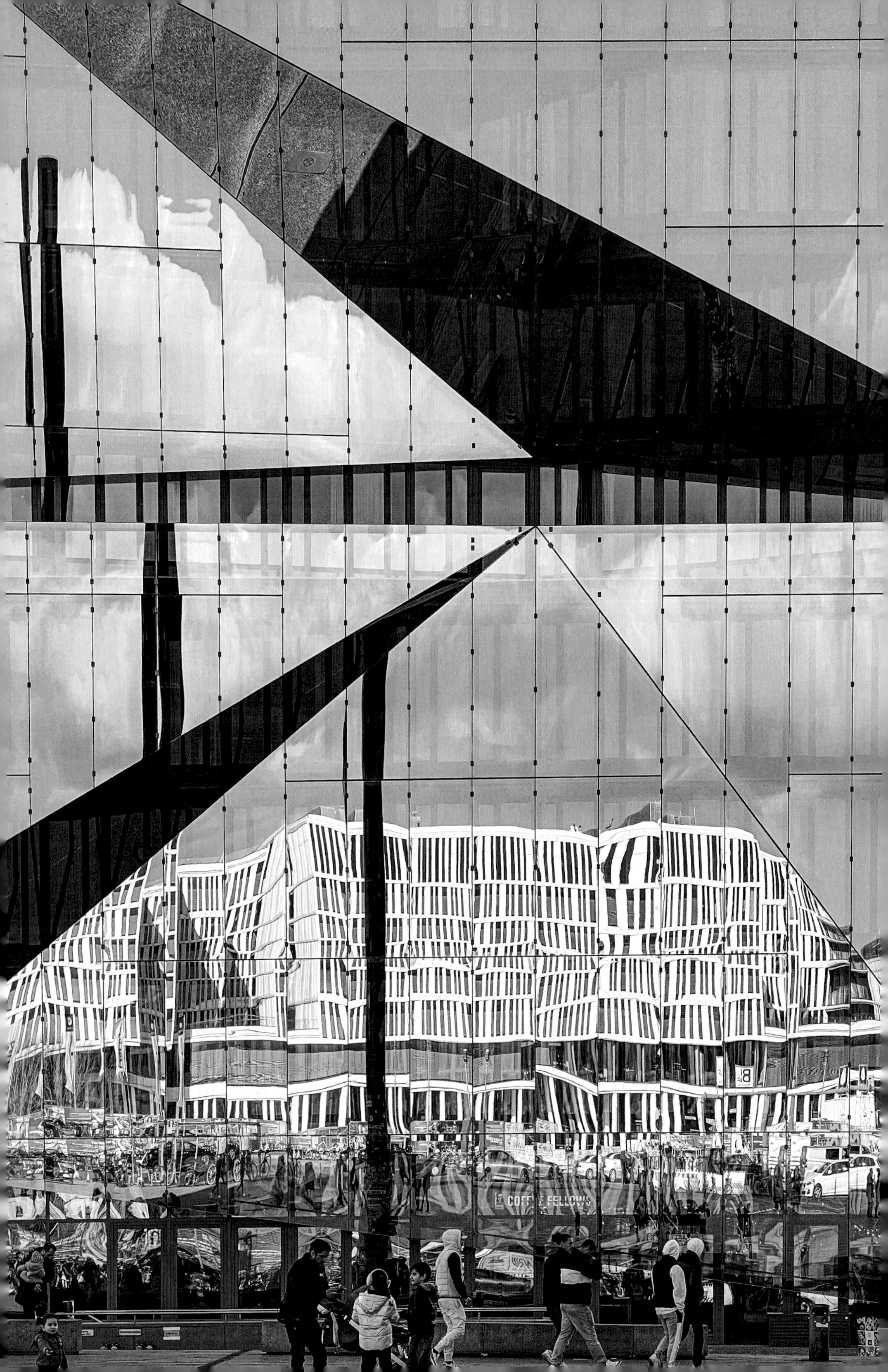
FELLOWS

19 SCHWARZWEISS, DER EDEL-LOOK

Die Schwarzweißfotografie hat ihren ganz eigenen Reiz. Mit ihr kommen Formen und Linien viel besser zur Geltung, Farben lenken nicht ab, der Fokus liegt nun auf Kontrasten, Texturen und Strukturen. Für die Umsetzung gibt es unterschiedliche Herangehensweisen. Sie können vor der Aufnahme die Schwarzweißfilter Ihrer Kamera aktivieren und gleich in Schwarzweiß fotografieren. So sehen Sie sofort, ob Ihr Motiv die gewünschte Wirkung erzielt. Der Nachteil ist, dass Sie schon bei der Aufnahme Farbigkeit ausschließen. Nehmen Sie daher Ihr Bild wie gewohnt in Farbe auf und wandeln es erst im Anschluss in der Bildbearbeitung in Schwarzweiß um.

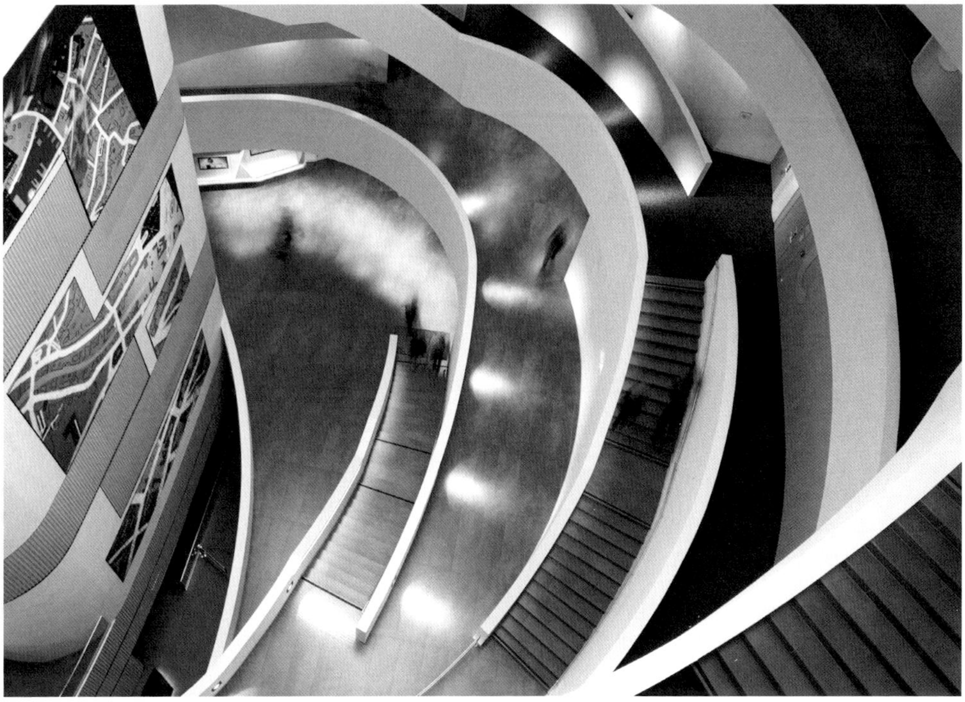

Sehr beliebt ist die Schwarzweißfotografie in der Architektur. Die Linien des Treppenhauses kommen hier viel besser zur Geltung. Diese Aufnahme wirkt ruhiger und klarer als ihr farbiges Original.

Bei der Umwandlung von Farbe in Schwarzweiß wandelt man die Farben in sogenannte »Tonwerte« um, also Graustufen von Schwarz bis Weiß. Die Bildwirkung wird damit nur noch von Hell-Dunkel-Unterschieden bestimmt, daher dominieren nun Formen, Linien und Oberflächen den Bildeindruck.

Es gibt viele Wege zur Schwarzweißkonvertierung. Der einfachste ist die sogenannte »Entsättigung«, bei der einfach die Farbe aus dem Bild gezogen wird. Das Ergebnis wirkt allerdings oft ein wenig »flach«.

Besser ist, wenn die sogenannten »Farbkanäle« erhalten bleiben und sich weiterhin verändern lassen. Ein Bild besteht aus verschiedenen Farbkanälen – Rot, Grün und Blau. Eine Verstärkung des Rotkanals führt dann etwa dazu, dass die Hauttöne heller werden. Oder eine Veränderung des Blaukanals würde zu einer Abdunklung des Himmels führen. Auf diese Weise haben Sie viel umfassendere Bearbeitungsmöglichkeiten, als wenn Sie in ein »echtes« Schwarzweißbild ohne Farbkanäle konvertiert hätten.

Ich nutze gern das Schwarzweiß-Umwandlungstool von Snapseed oder der Lightroom-App. Snapseed erlaubt dann die Bearbeitung der Farben mit Filtern, bei Lightroom verändern Sie die Helligkeit der Farbkanäle. Über die Helligkeitsanpassung der jeweiligen Farben entfaltet Ihr Schwarzweißbild unterschiedliche Wirkungen.

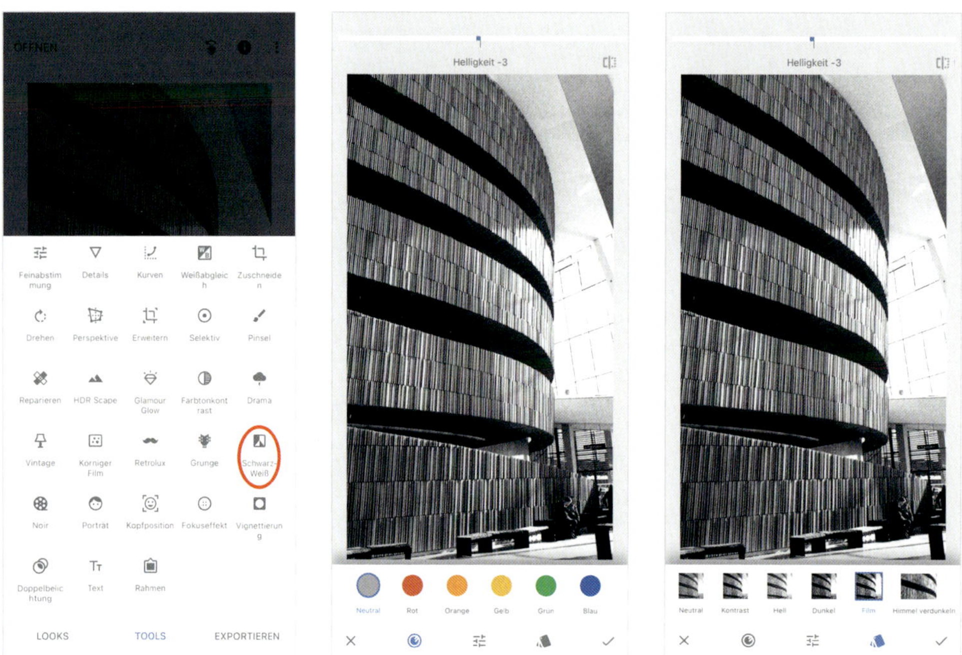

Schwarzweiß-Umwandlung mit der App Snapseed

In der Snapseed-App:

- Öffnen Sie das Bild in Snapseed und tippen Sie unter *Tools* auf *Schwarzweiß* (Sie können alternativ auch unter *Looks* ein Preset auswählen).
- Tippen Sie dann auf das kreisförmige Symbol (das zweite von links), um sich die Farbfilter anzeigen zu lassen.
- Tippen Sie auf einen Farbfilter, ziehen Sie horizontal mit dem Finger auf dem Bild, und beobachten Sie, wie sich die Veränderung der Helligkeit dieses Farbfilters auf das Bild auswirkt.

In der Lightroom-App:

- Tippen Sie im Menü *Farbe* erst links oben auf *B&W* und dann auf *Mix* rechts oben.
- Tippen Sie dann auf einen Farbkanal, bewegen Sie den Regler *Luminanz* und beobachten Sie, wie sich die Bildwirkung verändert.
- Alternativ können Sie auch erst auf das Fadenkreuz über den Farbkanälen und dann auf die gewünschte Stelle im Bild tippen, um die dort gemessenen Farbwerte zu verändern (wieder über den *Luminanz*-Regler).

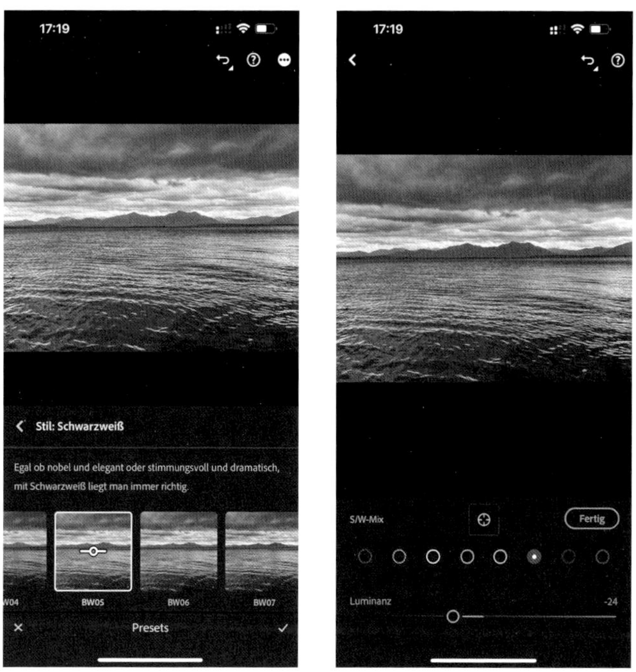

Alle Apps für die Bildbearbeitung bieten fertige Filter an. Auch die Lightroom-App hat unterschiedliche Filter für die Konvertierung in Schwarzweiß.

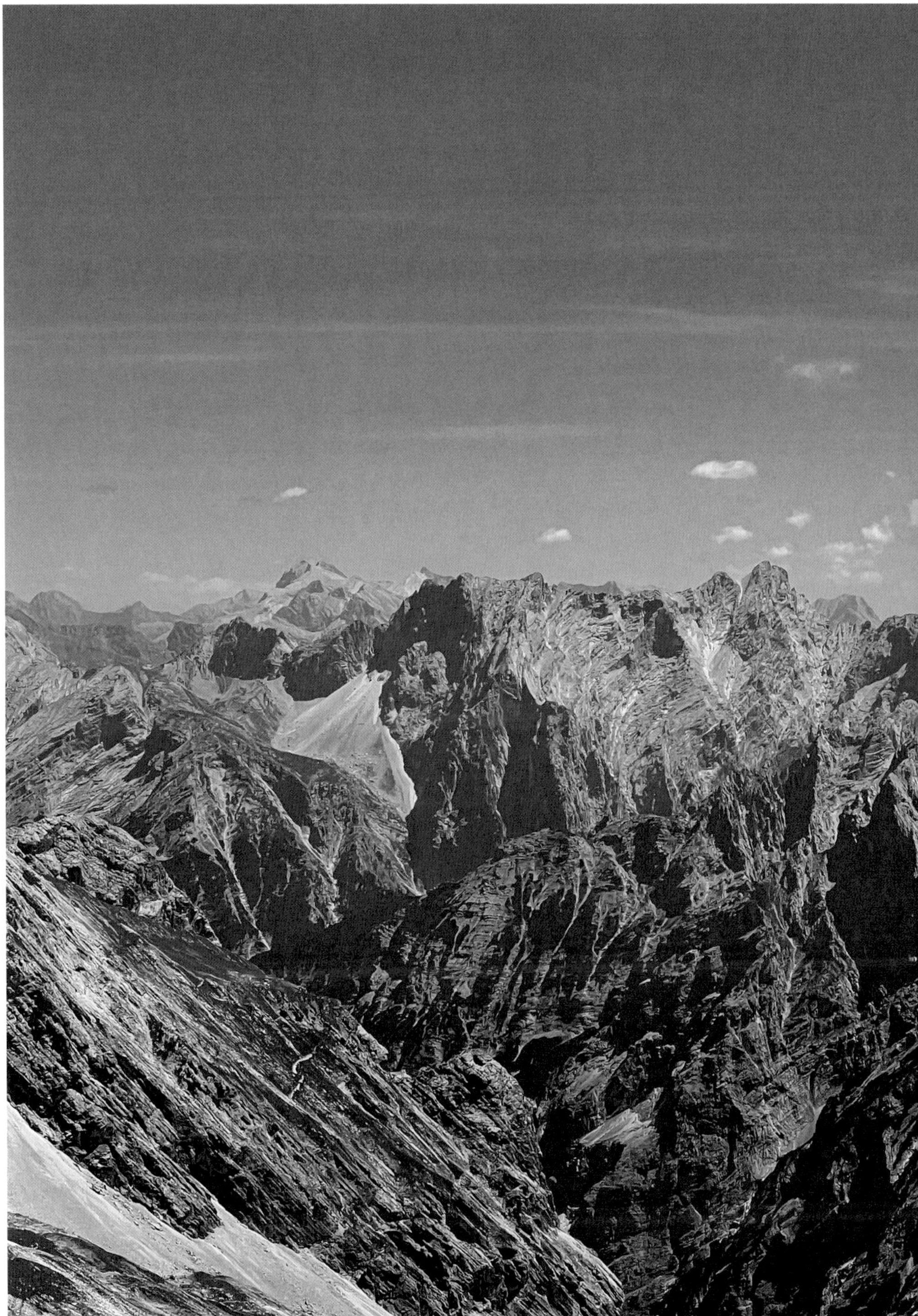

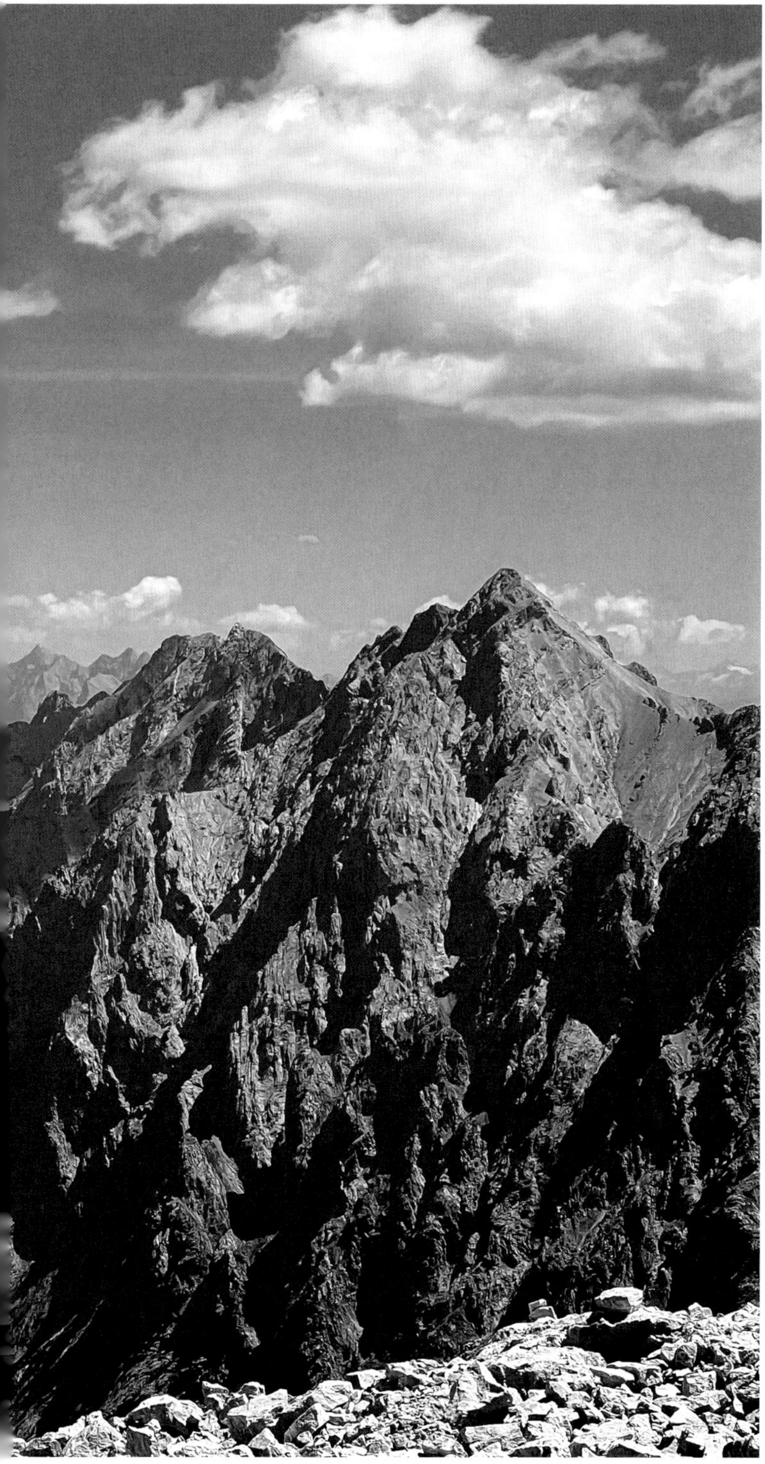

In der Landschaftsfotografie kann die Konvertierung nach Schwarzweiß dazu beitragen, bestimmte Details zu betonen. In diesem Bild werden durch den Verzicht auf Farbe die Strukturen der Berglandschaft besonders hervorgehoben.

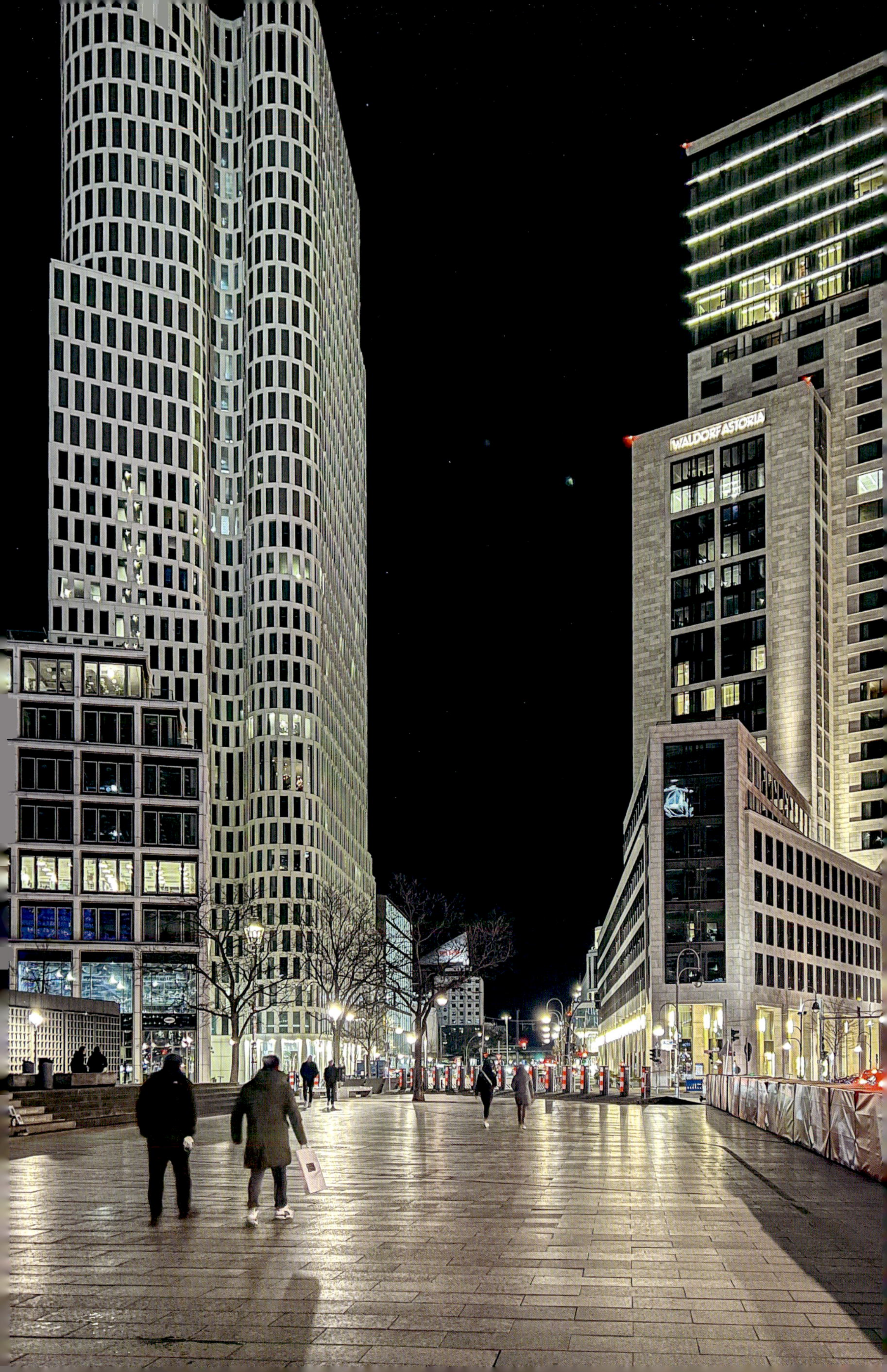
WALDORF ASTORIA

20 NACHTAKTIV MIT DER SMARTPHONE-KAMERA

Wenn die Welt in Dunkelheit versinkt und der Großteil der Menschheit zur Ruhe kommt, erwacht die Nachtfotografie zu vollem Leben. Diese besondere Art der Fotografie offenbart eine ganz andere Seite unserer Umgebung. Von der tiefen Dunkelheit bis zum schimmernden Mondschein bietet sich uns die Möglichkeit, Szenen in einem ganz anderen Licht - wortwörtlich - zu sehen und festzuhalten. In der Nachtfotografie steckt also nicht nur die Magie der Dunkelheit, sondern auch die Chance, das Vertraute in einem völlig neuen Kontext zu sehen und neu zu interpretieren. Sie lädt Fotografen ein, ihre Umgebung aus einer anderen Perspektive zu erkunden und Bilder zu schaffen, die tagsüber undenkbar wären.

Fotografie bei Nacht ist anspruchsvoll. Sie verlangt nicht nur etwas technisches Verständnis, sondern auch ein geschultes Auge für Lichtquellen und Schatten.

Aber genau diese Herausforderungen machen die Nachtfotografie so lohnend. Das Spiel aus Licht und Dunkelheit, die Ruhe und die besondere Atmosphäre der Nacht ermöglichen es beeindruckende Bilder zu schaffen.

Moderne Smartphone-Kameras haben mit Dunkelheit keine Probleme mehr und können mit ihrem Nacht-Modus beeindruckende Bilder aufnehmen, die früher nur größeren Kameras vorbehalten waren.

Modernste Technologie und künstliche Intelligenz arbeiten im Nacht-Modus Hand in Hand, um auch bei wenig Licht klare Bilder zu ermöglichen.

Ein Stativ ist nicht unbedingt notwendig, aber das Smartphone während der Aufnahmen besonders ruhig zu halten, kann hilfreich sein, ebenso ein Verständnis für Licht.

20.1 Bringen Sie Licht ins Dunkel!

Wenn man in der Fotografie von »Licht« spricht, meint man nicht nur das physikalische Phänomen, sondern auch das kreative Werkzeug, das Atmosphäre schafft und Emotionen weckt.

Selbst in scheinbar dunkelsten Umgebungen gibt es noch Licht - sei es vom Schimmer des Mondes, dem Glühen einer Straßenlaterne oder von Neonlichtern.

Das Geheimnis liegt darin, diese Lichtquellen effektiv zu nutzen. Minimalistisches Licht kann dazu genutzt werden, um Silhouetten zu schaffen, Details hervorzu-

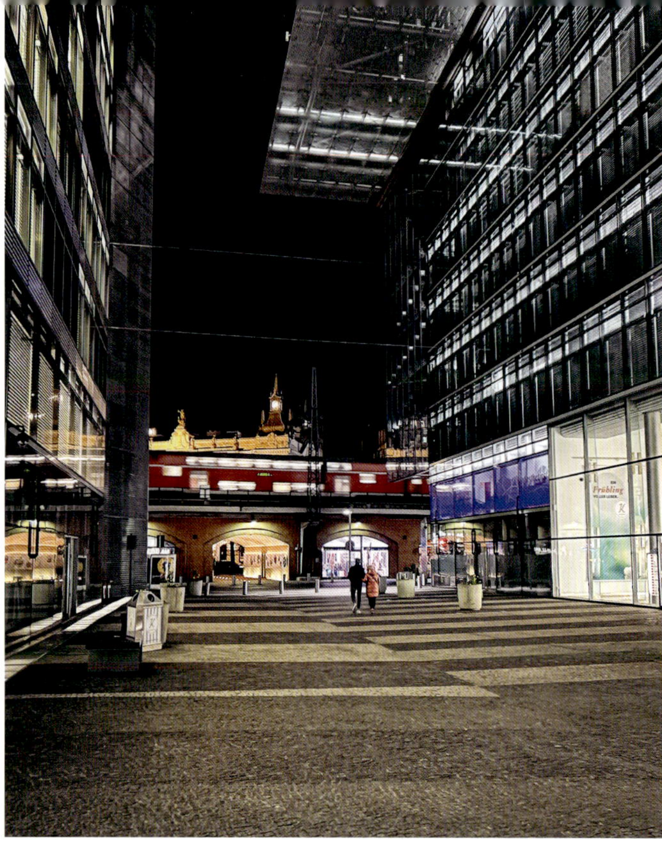

Aufgenommen mit dem iPhone 13 Pro Max in Berlin. Hier wurde auf die hellen Elemente im Bild belichtet und gleichzeitig der Live-Modus für die Langzeitbelichtung aktiviert.

heben oder eine bestimmte Stimmung zu erzeugen. Künstliche Lichtquellen können als Hauptlichtquelle dienen, Akzente setzen oder sogar als kreativer Fokus des Bildes fungieren. Es geht darum, das vorhandene Licht zu »sehen« und es so einzusetzen, dass es die Geschichte erzählt, die Sie im Kopf haben.

Es erfordert ein bisschen Geduld und Übung, aber mit der Zeit werden Sie feststellen, dass selbst die schwächsten Lichtquellen genutzt werden können, um beeindruckende Bilder zu kreieren.

20.2 Nutzen Sie den Nacht-Modus Ihrer Smartphone-Kamera

Der Nacht-Modus in modernen Smartphones hat die Spielregeln der Fotografie bei Dunkelheit neu definiert. Dank moderner Rechentechnik (»Computational Photography«) nimmt das Smartphone in ganz kurzer Zeit mehrere Bilder mit unterschiedlichen Belichtungen auf und kombiniert sie zu einem optimierten Foto. Künstliche Intelligenz analysiert die Szene, reduziert das bekannte Bildrauschen, korrigiert Farben und Licht und minimiert Bewegungsunschärfe. Dieses innovative Zusammenspiel von Technologie und Software ermöglicht es, die Dunkelheit in einer Weise einzufangen, die früher unvorstellbar war, und hebt die Smartphone-Fotografie auf ein neues Level.

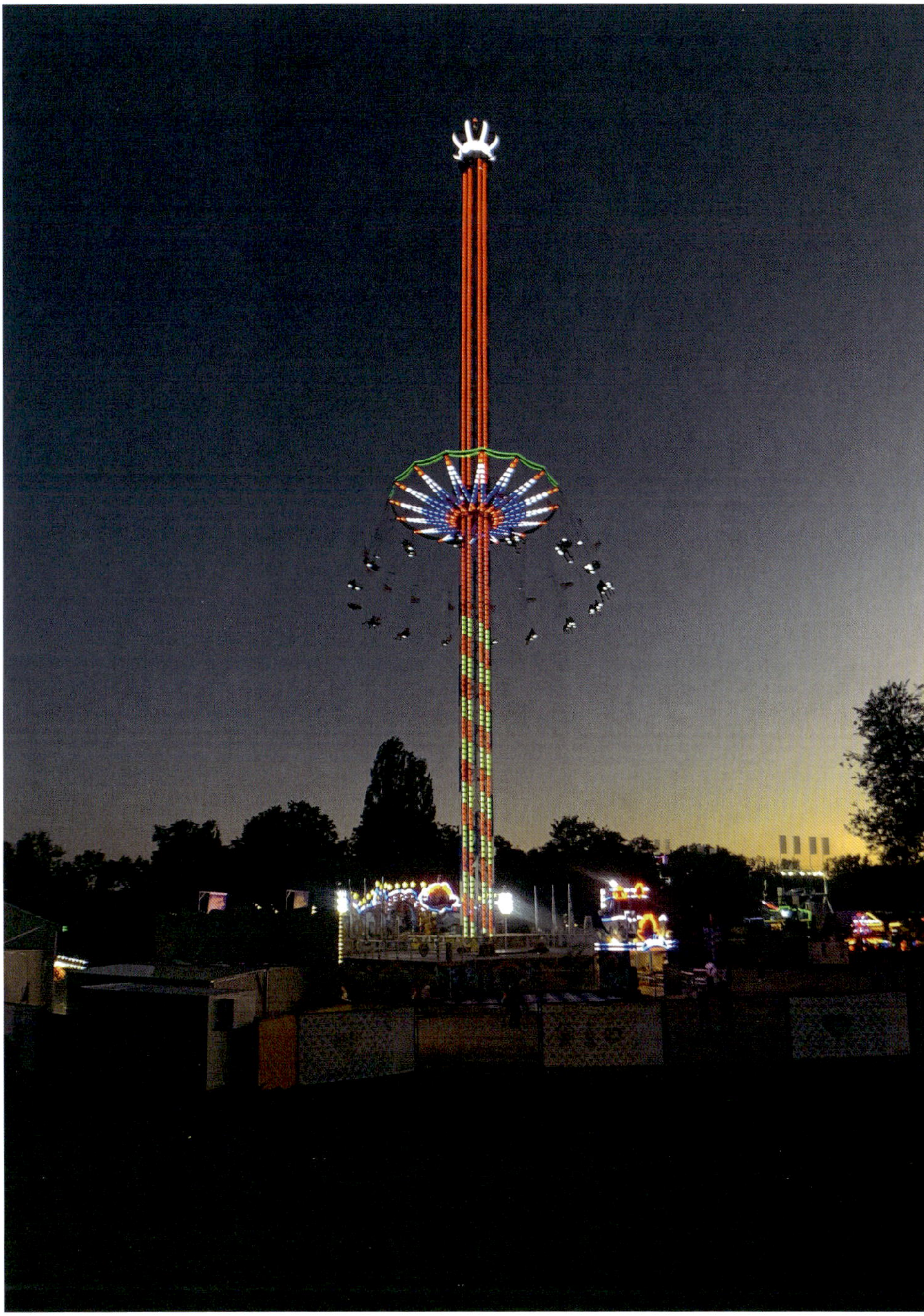

Sommerkirmes. Achten Sie bei solchen Aufnahmen darauf, dass zu helle Elemente nicht überbelichtet werden – regeln Sie die Belichtung ggf. von Hand nach (wie zur Belichtungskorrektur ab Seite 20 beschrieben).

Apple führte den Nacht-Modus erstmals mit dem iPhone 11 ein. Dabei wird die Belichtungszeit verlängert, um mehr Licht auf den Sensor zu leiten, und es werden zahlreiche Aufnahmen in kurzen Abständen gemacht. Sie werden diesen Modus jedoch nicht in den Einstellungen finden, da er sich automatisch bei schlechten Lichtverhältnissen einschaltet (und nur dann können Sie über ihn auch die Belichtungszeit einstellen oder ihn auf Automatik setzen).

So können Sie beispielsweise ein Feuerwerk, wie unten gezeigt, problemlos aus der Hand fotografieren. Die schnelle Bewegung des Feuerwerks wird quasi eingefroren und mithilfe von Algorithmen optimiert nachbelichtet.

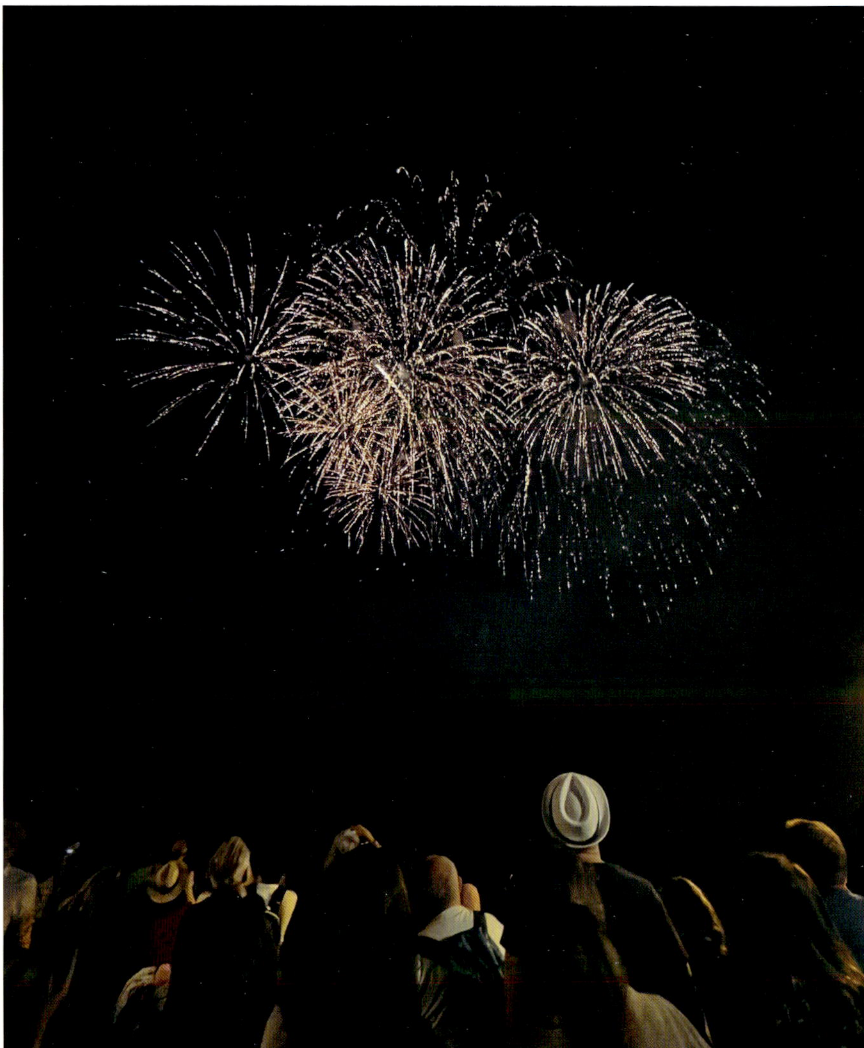

Aufgenommen mit dem iPhone 13 Pro Max im Nacht-Modus.

Die Belichtungszeit Ihrer Aufnahmen können Sie eigenständig festlegen.

Beim iPhone geht das so:

Wenn bei einem iPhone oben links über dem Live-Bild das Symbol eines Halbmonds im Kreis erscheint, arbeitet die Kamera im Nacht-Modus. Tippen Sie auf das Symbol.

Tippen Sie dann auf das kleine Häkchen in der Mitte über dem Live-Bild, um die Menüeinstellungen darunter zu öffnen, und anschließend auf das gelbe Nacht-Modus-Symbol. Daraufhin erscheint ein Regler, mit dem Sie die Belichtungszeit nach Belieben einstellen können.

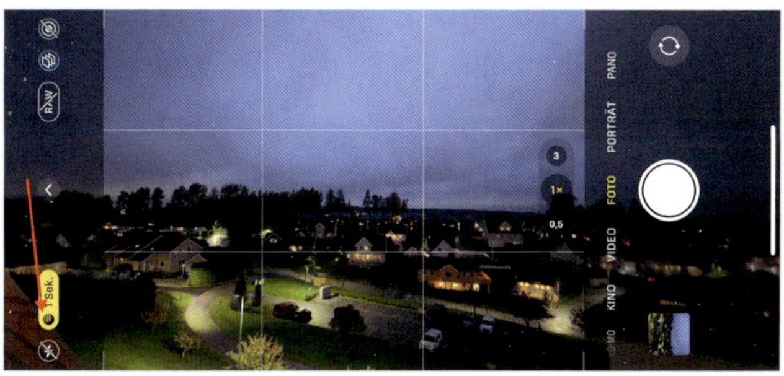

Bei Dunkelheit erscheint hier beim iPhone automatisch das Icon für den Nacht-Modus.

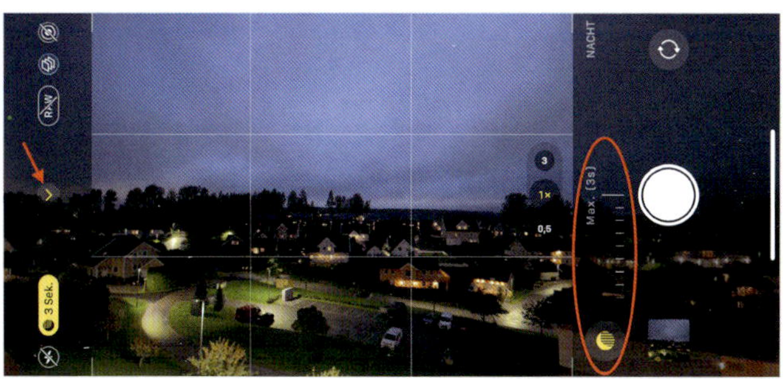

Tippen Sie links auf den kleinen Pfeil in der Mitte, um rechts die Belichtungszeit der Nachtaufnahme anzupassen.

Und so passen Sie die Belichtung auf Android-Smartphones wie etwa dem Samsung Galaxy an:

Das Vorgehen ist ähnlich wie beim iPhone. Der Nacht-Modus ist entweder direkt unter dem Live-Bild oder im Bereich *MEHR* zu finden. Indem Sie die gelb eingefärbte Anzeige antippen, können Sie die Belichtungszeit nach Ihren Wünschen anpassen.

Innerhalb des Nacht-Modus wird Ihnen zudem der Selbstauslöser angezeigt. Es ist ratsam, diesen zu aktivieren, denn ein Auslösen per Fingertipp würde Ihre Aufnahme vermutlich verwackeln.

Bei schwachen Lichtverhältnissen können Sie aber auch im Foto-Modus arbeiten. Analog zum iPhone aktivieren sich hierbei automatisch die Einstellungen für die Belichtungszeit sowie das Symbol für Nachtaufnahmen, welches durch einen Halbmond dargestellt wird.

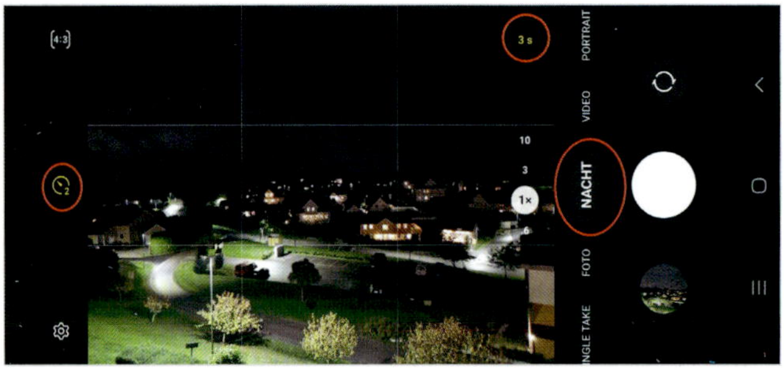

Der Einsatz des Selbstauslösers (links) hilft Ihnen, Verwacklungen während der drei Sekunden Belichtungszeit (oben rechts) zu vermeiden (ein Android-Smartphone sollten Sie dabei fixieren – auf einer festen Unterlage oder einem Stativ).

Bei der Nachtfotografie spielt die Wahl des richtigen Motivs und dessen gezielte Gestaltung eine entscheidende Rolle. Bei Stadtlandschaften erzeugen künstliche Beleuchtungen oft tiefe Kontraste und faszinierende Reflexionen. Aber auch außerhalb der Stadt und abseits des künstlichen Lichts bietet der nächtliche Himmel eine Bühne für Himmelserscheinungen wie etwa Polarlichter. Es geht immer darum, die einen wie die anderen Elemente harmonisch zu kombinieren, die Balance von Licht und Schatten zu nutzen und so Bilder zu kreieren, die nicht nur die Dunkelheit einfangen, sondern auch die Geschichten, die sie verbirgt.

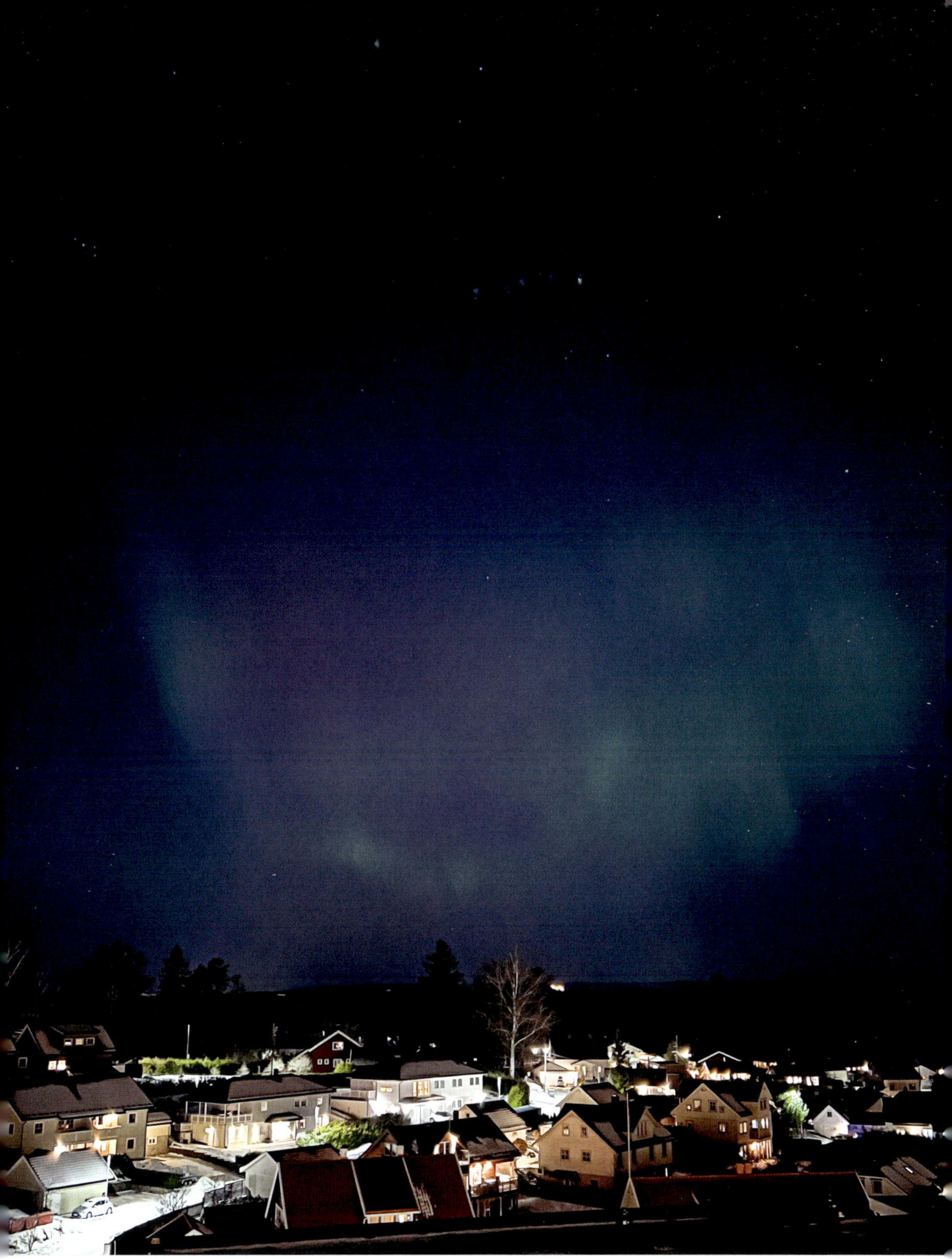

Oft sieht die Kamera nachts mehr als unsere Augen – wie hier bei einer Aufnahme von Polarlichtern.

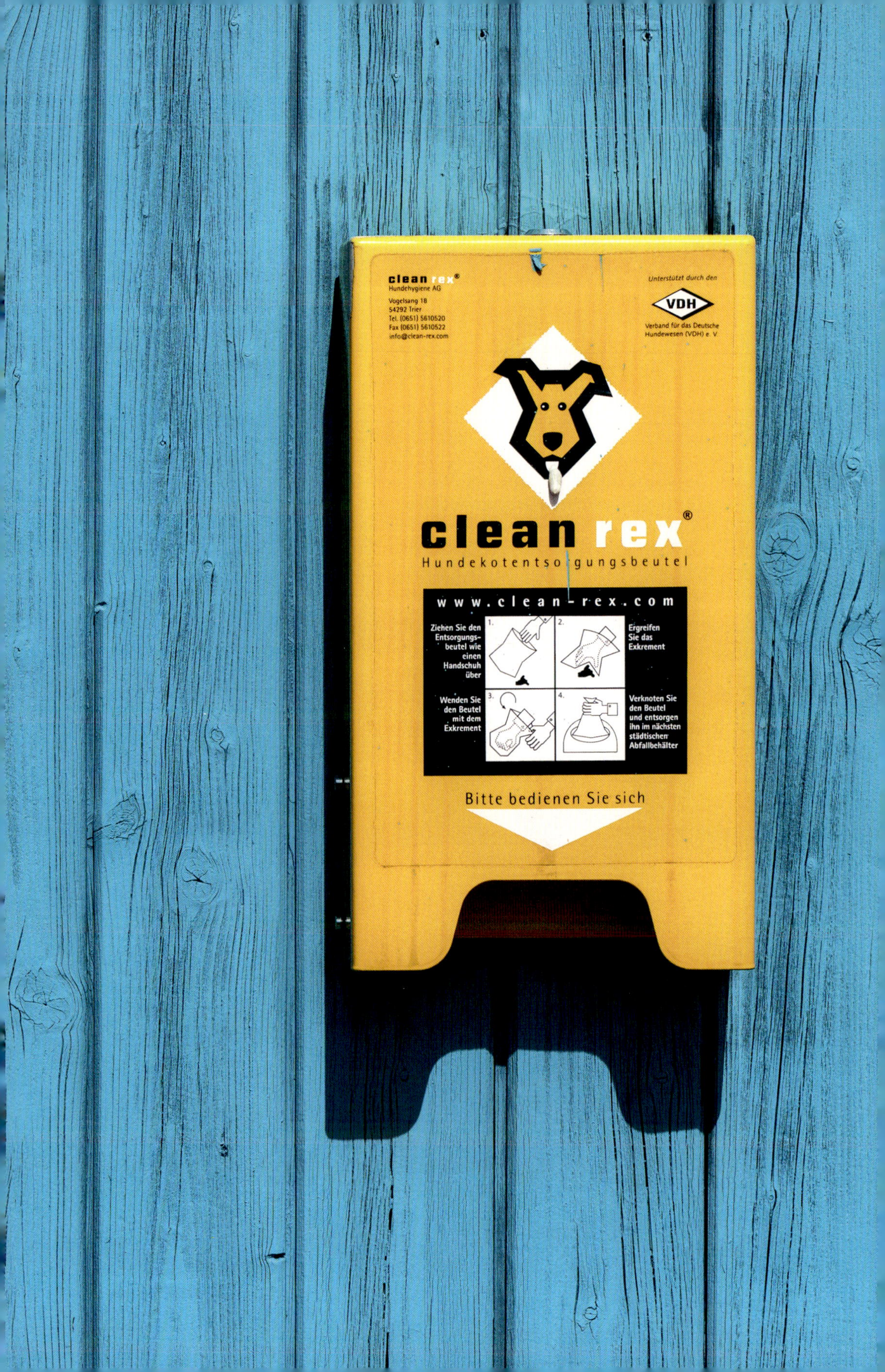
clean rex®
Hundehygiene AG
Vogelsang 18
54292 Trier
Tel. (0651) 5610520
Fax (0651) 5610522
info@clean-rex.com
Unterstützt durch den
VDH
Verband für das Deutsche Hundewesen (VDH) e. V.
clean rex®
Hundekotentsorgungsbeutel
www.clean-rex.com
1. Ziehen Sie den Entsorgungsbeutel wie einen Handschuh über
2. Ergreifen Sie das Exkrement
3. Wenden Sie den Beutel mit dem Exkrement
4. Verknoten Sie den Beutel und entsorgen ihn im nächsten städtischen Abfallbehälter
Bitte bedienen Sie sich

21 NACH DEM FOTOGRAFIEREN IST VOR DER BILDBEARBEITUNG

Schlechte Bildqualität ist in der Smartphone-Fotografie bei allen neueren Modellen kein Thema mehr. Farben, Licht und Schärfe werden hier mit so großer Brillanz dargestellt, dass eine Bildnachbearbeitung bei vielen Motiven nicht zwingend notwendig ist. Bei bestimmten Motiven allerdings, wie zum Beispiel einem Sonnenuntergang, verhält es sich anders: Selbst die neueste Technik der Smartphones ist noch nicht in der Lage, die leuchtenden Farben und das intensive Licht der untergehenden Sonne naturgetreu einzufangen. Da muss schon ein bisschen nachgeholfen werden. Und es geht noch mehr: Stürzende Linien, verschobene Perspektiven lassen sich korrigieren und störende Elemente entfernen Sie einfach per Fingertipp aus dem Bild.

Die Auswahl an guten Apps ist groß. Snapseed, Adobe Lightroom und Adobe Photoshop Express habe ich Ihnen im Abschnitt »Apps für kreative Fotografie« ab Seite 34 bereits vorgestellt. Die Apps sind gratis nutzbar, bieten dann aber nicht den vollen Funktionsumfang – es sei denn, Sie haben im Rahmen von Adobes Creative-Cloud-Foto-Abo (Anfang 2024 ca. 12,-€/Monat) ohnehin Lightroom und Photoshop auf Ihrem Desktop-Rechner. Die App *Photoleap KI Bildbearbeitung* ist ebenfalls sehr zu empfehlen. Sie ist kostenpflichtig, entweder als Abo oder gegen eine einmalige Zahlung von derzeit stolzen 74,90€.

Im Folgenden erläutere ich Ihnen nun genauer, wie Sie mit den Apps Snapseed und Adobe Lightroom Ihre Bilder direkt auf dem Smartphone bearbeiten. Für welche der beiden Apps Sie sich entscheiden, hängt eigentlich nur davon ab, ob Sie bereits das oben erwähnte Creative-Cloud-Foto-Abo von Adobe haben – denn dann liegt die Wahl von Lightroom und Photoshop Express auf der Hand. Beide Apps werden stetig weiterentwickelt – etwa der Großteil der Entwicklungsfunktionen der Desktop-Version von Lightroom ist auch in der Mobil-App verfügbar, Sie kämen daher schnell zurecht. Außerdem können Sie Ihre Bilder zwischen Smartphone und Desktop synchronisieren, eine Bearbeitung also in der Lightroom-App beginnen und auf dem Desktop abschließen (sehr praktisch unterwegs). Snapseed hingegen verharrt in puncto Funktionsumfang seit Jahren auf dem gleichen Stand, hier geschehen nur technische Anpassungen (dafür kostet es nichts).

Noch ein wichtiger Hinweis: Sowohl in Lightroom wie auch in Snapseed müssen Sie erst ein Bild aus Ihrer Fotosammlung importieren, um es darin bearbeiten zu können. Bei Lightroom bleibt das bearbeitete Bild im Lightroom-Album (das Sie mit Ihrem Desktop-Lightroom synchronisieren können) und muss erst von hier zurück in die Fotosammlung exportiert werden, wo es als neues Bild abgelegt wird. Auch aus Snapseed müssen Sie das Bild zurück in die Fotosammlung exportieren, wo es zwar das Original überschreibt, aber die gemachten Bearbeitungen können Sie nach erneutem Laden des Bildes in Snapseed wieder rückgängig machen.

Mehr über die Synchronisierung und Sicherung Ihrer Bilder erfahren Sie im Kapitel 22, »So behalten Sie den Überblick über Ihre Bilder«, ab Seite 181.

21.1 Snapseed - der Klassiker unter den Bildbearbeitungs-Apps

Snapseed von Google gehört zu den meistgenutzten Apps für die Bildbearbeitung auf dem Smartphone. Das liegt unter anderem daran, dass die App sowohl für Android als auch für iOS gratis angeboten wird und fast alle Facetten der digitalen Bildbearbeitung für das Smartphone abdeckt.

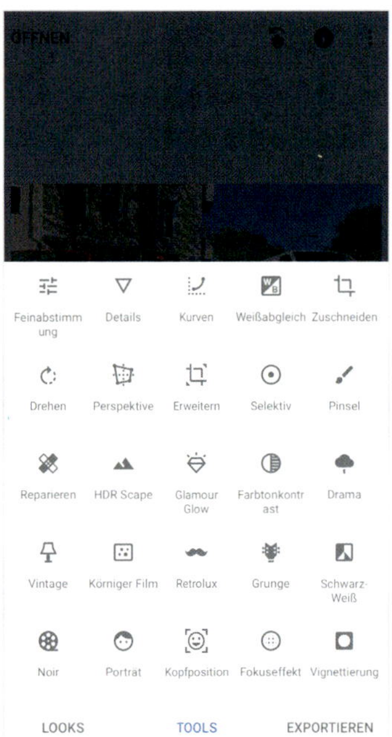

Nach dem Öffnen der App laden Sie das gewünschte Foto zum Bearbeiten aus Ihrer Bildergalerie in die App. Eine integrierte, einfache Kamera-App lässt auch ein Sofortbild zu.

Fertige Presets finden Sie unter *Looks*. Ich benutze sie gelegentlich, wenn es mal ganz schnell gehen soll oder wenn ich unterschiedliche Looks testen möchte. Verwenden Sie regelmäßig Presets, dann versuchen Sie, die Auswahl einzuschränken. Nutzen Sie immer das gleiche Preset, schaffen Sie sich im Idealfall einen Wiedererkennungswert, etwa in den sozialen Medien.

Das Menü »Tools«

Unter *Tools* verbirgt sich der eigentliche Werkzeugkasten, mit dem wir unsere Bilder bearbeiten. Die Bedienung ist einfach: Nach Wahl eines Werkzeugs (hier etwa die *Spitzlichter*) ziehen Sie mit dem Finger horizontal über das Display und legen so die Stärke der Bearbeitung fest – wie mit einem unsichtbaren Regler. Oder Sie tippen auf das Zauberstab-Icon für eine automatische Bearbeitung. Um Bearbeitungs- und Ausgangszustand zu vergleichen, können Sie jederzeit auf das Icon oben rechts tippen. Ein Tipp auf das Häkchen unten rechts speichert die Bearbeitung, ein Tipp auf das Kreuz bricht sie ab.

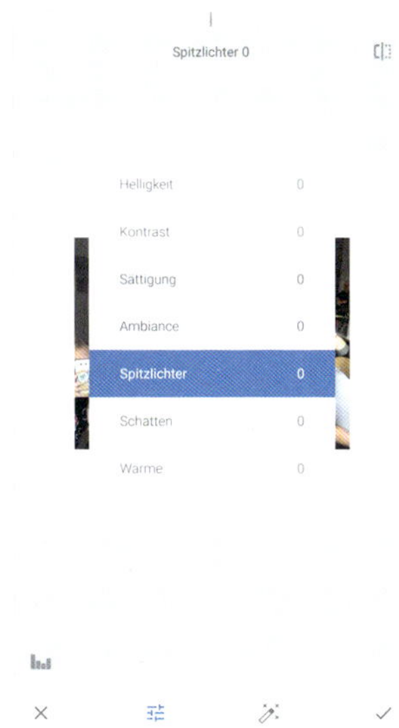

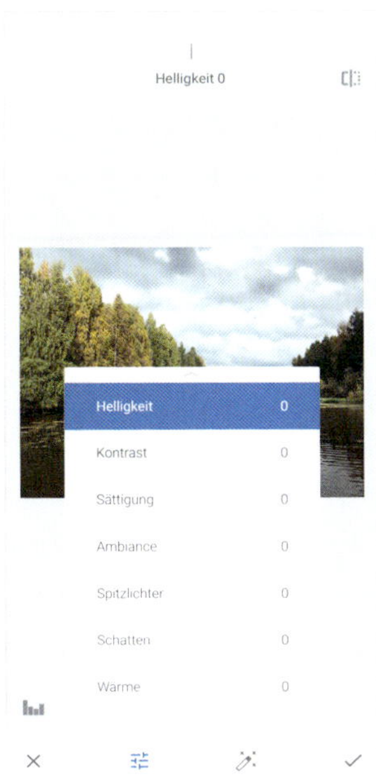

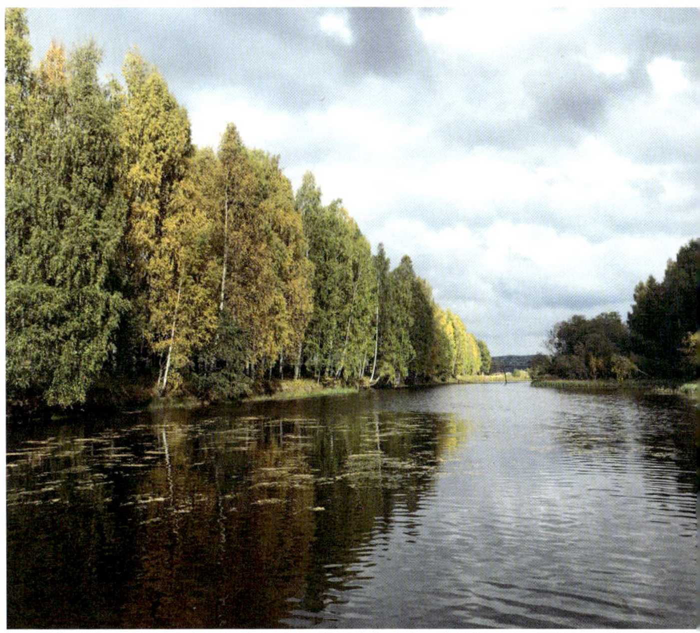

Wenn die Sonne mal nicht scheint, sieht die Natur etwas blass aus. Hier lohnt sich ein Anheben der *Helligkeit*, statt das Foto in den Papierkorb zu schicken.

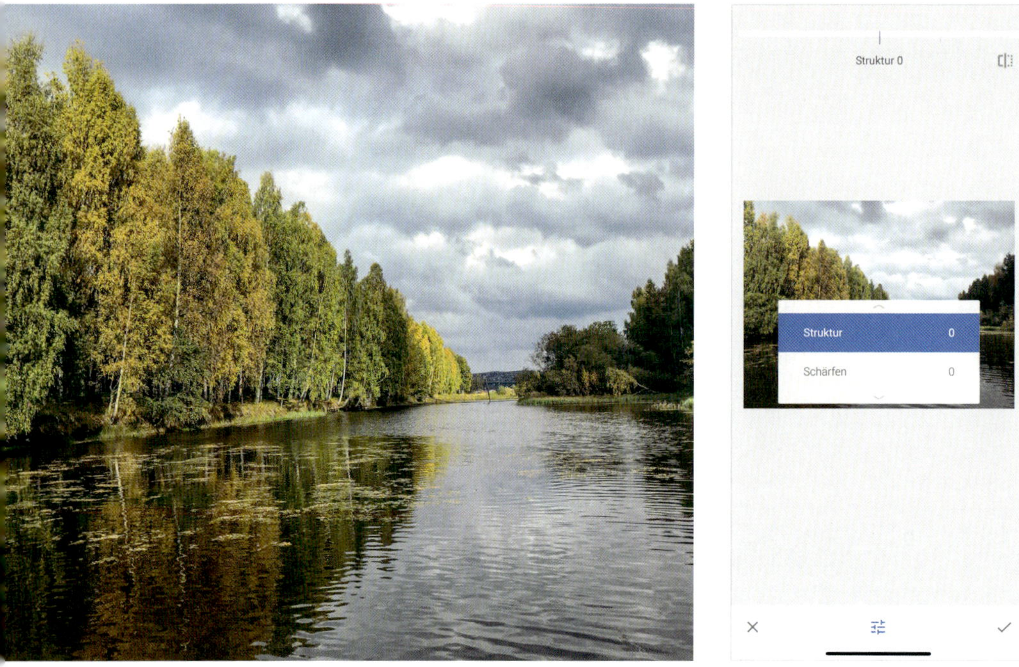

Ein Erhöhen der *Struktur* verleiht Ihrem Motiv etwas mehr Detailzeichnung und Räumlichkeit.

Das Untermenü »Feinabstimmung«

Öffnen Sie die sieben Werkzeuge mit einem Fingerwisch nach unten.

- Helligkeit
  Hellt das gesamte Bild auf oder dunkelt es ab.
- Kontrast
  Erhöht oder verringert den Kontrast des gesamten Bilds (die dunkelsten bzw. hellsten Stellen im Bild können dabei Details verlieren).
- Sättigung
  Verstärkt oder verringert die Farbintensität.
- Ambiance
  Passt die Lichtbalance des gesamten Bilds an.
- Schatten
  Holt Details in den dunkelsten Partien des Bildes zurück (sofern diese nicht völlig unterbelichtet sind).

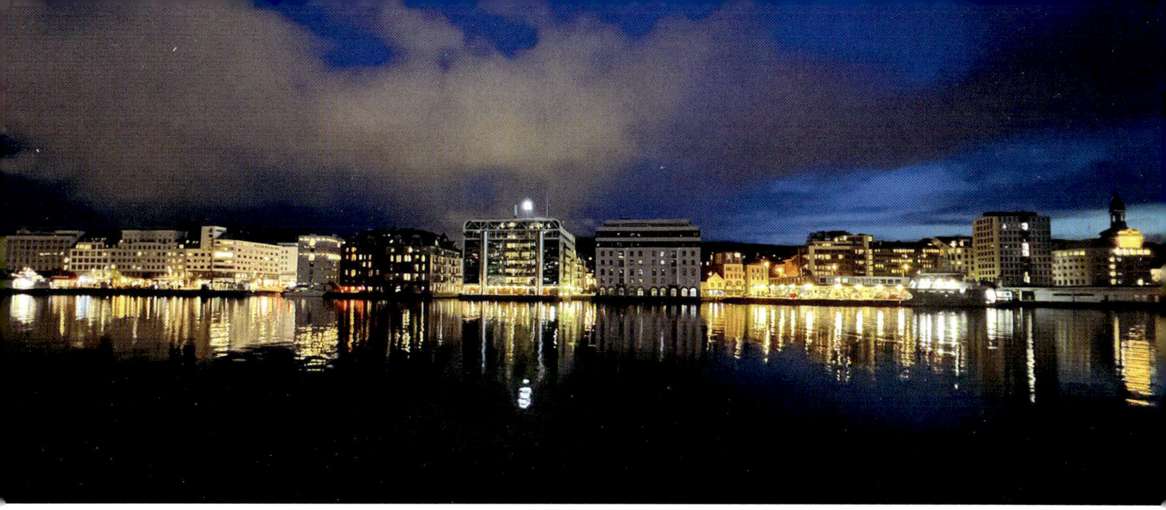

Panorama im Abendlicht – Originalaufnahme

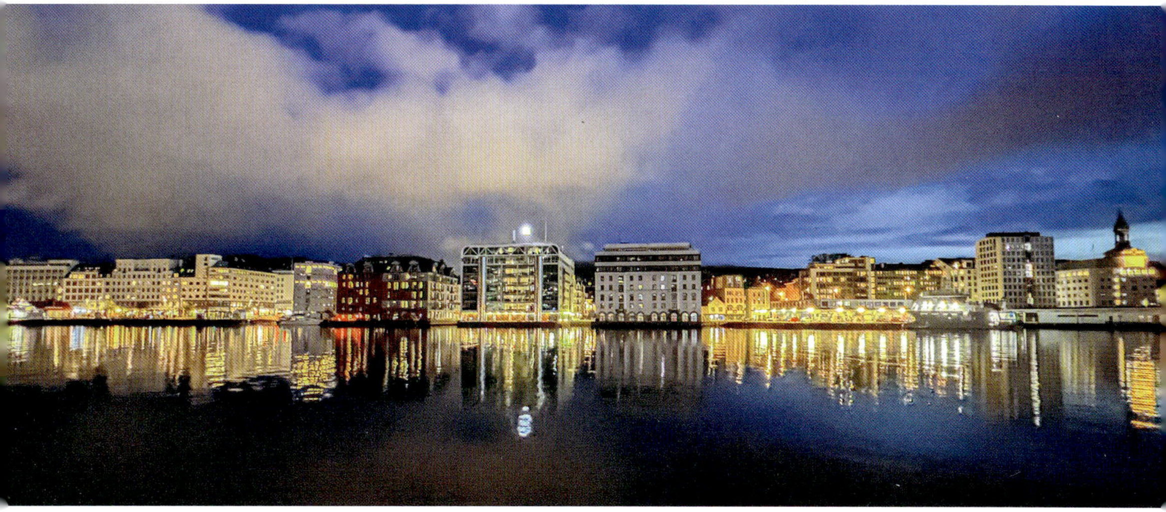

Panorama, bearbeitet mit Snapseed – ich habe die Spitzlichter etwas abgesenkt und die Schatten leicht aufgehellt.

- Spitzlichter
  Holt Details in den hellsten Partien des Bildes zurück (sofern diese nicht völlig überbelichtet sind).
- Wärme
  Ändert die Farbtemperatur und lässt so das gesamte Bild wärmer oder kühler wirken.

Testen Sie alle Einstellmöglichkeiten in Ruhe. Nehmen Sie unterschiedliche Aufnahmen und schauen Sie, was sich verbessern lässt. Dabei können Sie nichts falsch machen, denn jeder einzelne Schritt lässt sich bis zurück zum Originalzustand rückgängig machen.

Das Untermenü »Details«

- Struktur
  Arbeitet Details stärker heraus. Die Textur der einzelnen Objekte wird besser hervorgehoben, ohne die Kanten zu beschädigen.
- Schärfe
  Schärft das gesamte Bild.

Das Untermenü »Zuschneiden«

Störende Elemente an den Bildrändern schneide ich weg. Sie können durch Ziehen mit dem Finger frei zuschneiden oder eines der vorgegebenen Bildformate wählen.

Das Untermenü »Drehen«

Hier können Sie die Aufnahme drehen oder auch spiegeln (Vorsicht bei Gesichtern sowie Schrift und Zahlen).

Das Untermenü »Perspektive«

Ein praktisches Tool, um schräge Linien und Neigungen zu korrigieren. Sie können entweder automatisch mit dem Zauberstab korrigieren lassen oder von Hand arbeiten. Für die an den Rändern entstandenen Leerbereiche rechnet die App automatisch die passenden Pixel dazu (was nicht immer passt).

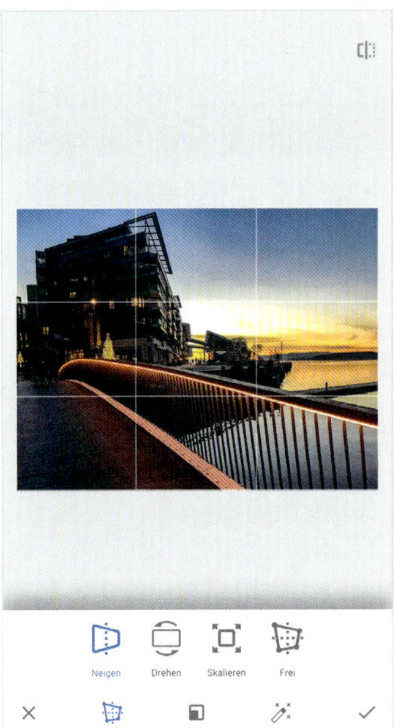

Das Untermenü »Erweitern«

Mit diesem Tool vergrößern Sie Ihr Bild oder fügen einen Rahmen hinzu.

- Intelligent
  Füllt den neu gesetzten Bildrand mit aus dem Bild errechneten Informationen. Das funktioniert in der Regel aber nur bei ruhigen Bildrändern mit Himmel oder Wasser.

- Weiß oder Schwarz
  Legt einfach einen weißen oder schwarzen Rahmen um Ihr Bild – das schaut edel aus!

Das Untermenü »Pinsel«

Mit den Pinseln lässt sich schon auf Photoshop-Niveau arbeiten. Malen Sie mit dem gewählten Pinsel einfach per Finger ins Bild. Den Wirkungsgrad können Sie über die Pfeile am unteren Bildrand einstellen. Ein Fingertipp auf das Auge-Icon zeigt Ihnen den bepinselten Bildbereich.

- Helligkeit
  Damit können Sie einzelne Elemente im Bild aufhellen oder abdunkeln.

- Belichtung
  Die Belichtung ausgewählter Bildbereiche lässt sich hier verstärken oder verringern.

- Temperatur
  Selektiv verleihen Sie der Aufnahme kühle oder warme Farbtöne.

- Sättigung
  Mit dieser Option verstärken oder reduzieren Sie selektiv die Farben im Bild. Mit den beiden Pfeilen in der unteren Menüleiste passen Sie die entsprechende Deckkraft an.

- Reparieren
  Damit verbessern Sie Ihre Aufnahmen, indem Sie störende Elemente, wie ein Stück Hundeleine, einfach mit einem Fingerwisch verschwinden lassen (siehe Screenshots auf Seite 170).

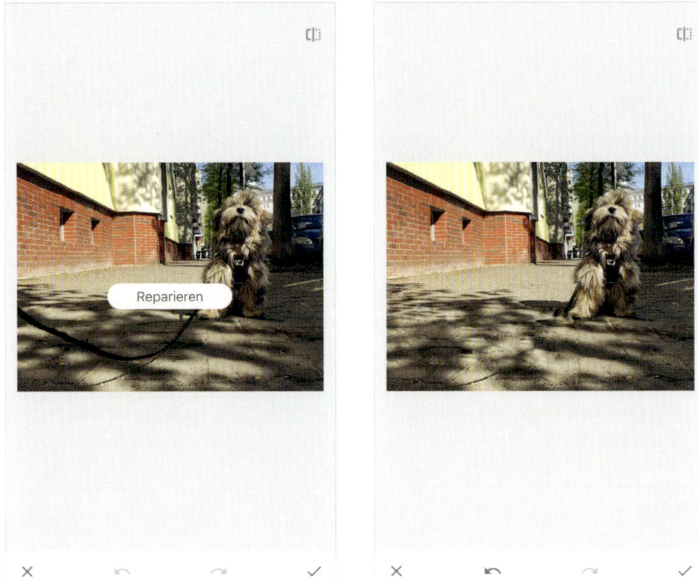

Das Untermenü »Porträt«

Hier retuschieren Sie Ihre Porträtaufnahmen. Zur Verfügung stehen unzählige fertige Presets, aber auch Werkzeuge für Augenaufhellung oder Hautglättung. Aber bitte übertreiben Sie nicht, das Model sollte noch natürliche Falten oder Gesichtsmerkmale besitzen.

Das sind die wichtigsten Tools, mit denen Sie Ihre Aufnahmen auf Photoshop-Niveau bearbeiten können. Alle anderen Tools sind nützliche Werkzeuge, mit denen Sie Ihre Aufnahmen kreativ aufpeppen können.

21.2 Die Adobe-Lightroom-CC-App – alles unter einem Dach

Fotografieren, Bilder sortieren, bearbeiten, übersichtlich archivieren und sofort veröffentlichen – all das können Sie mit der Adobe-Lightroom-CC-App.

Die App wird für Android und iOS angeboten. Mit der Gratisversion können Sie fotografieren und die Basics der Bildbearbeitung nutzen. Wollen Sie umfangreichere Bildbearbeitungswerkzeuge einsetzen und Ihre Fotos via Adobe Cloud automatisch mit der Desktopversion synchronisieren, benötigen Sie allerdings ein kostenpflichtiges Abo. Das Creative-Cloud-Foto-Abo kostet zum Zeitpunkt der Drucklegung dieses Buches (Anfang 2024) ca. 12,- € pro Monat und umfasst die Desktop-Anwendungen Adobe Lightroom CC bzw. Classic und Photoshop CC sowie die Lightroom- und die Photoshop Express-App.

Wer viel fotografiert, für einen Blog schreibt, einen Onlineshop betreibt, wer digital und visuell kommuniziert, spart sich mit diesem Allrounder viel Zeit. Fotos, die Sie unterwegs mit Ihrem Smartphone schießen und gleich bearbeiten, werden über die Adobe Cloud mit Lightroom Classic auf Ihrem Desktop synchronisiert. Meine bearbeiteten Smartphone-Bilder sind quasi schneller auf meinem Laptop, als ich nach Betreten der Wohnung am Schreibtisch sitzen kann. Umgekehrt wird alles, was Sie an Ihrem Laptop in Lightroom CC oder Classic in die Adobe Cloud laden, ebenso schnell mit Ihrer Lightroom-App auf Smartphone oder Tablet synchronisiert - Sie haben also (im Rahmen der freien, aber erweiterbaren 120 GB Speicherplatz) immer alle Ihre Bilder dabei.

Fotografieren mit der Adobe-Lightroom-CC-App

Warum sollten Sie mit der Lightroom-App fotografieren? Weil diese das RAW-Format unterstützt, während Ihre Standard-Kamera-App das vielleicht nicht tut. RAWs erlauben Ihnen mehr Spielraum in der Nachbearbeitung, allerdings *müssen* sie - anders als JPGs - auch nachbearbeitet werden, denn direkt aus der Kamera wirken sie zu »flach«.

Zum Fotografieren öffnen Sie die Adobe-Lightroom-CC-App und tippen auf das Kamerasymbol unten rechts. Standardmäßig ist das Menü der Kamera auf *Auto* eingestellt. Damit können Sie, ohne weitere Einstellungen vorzunehmen, sofort drauflos fotografieren.

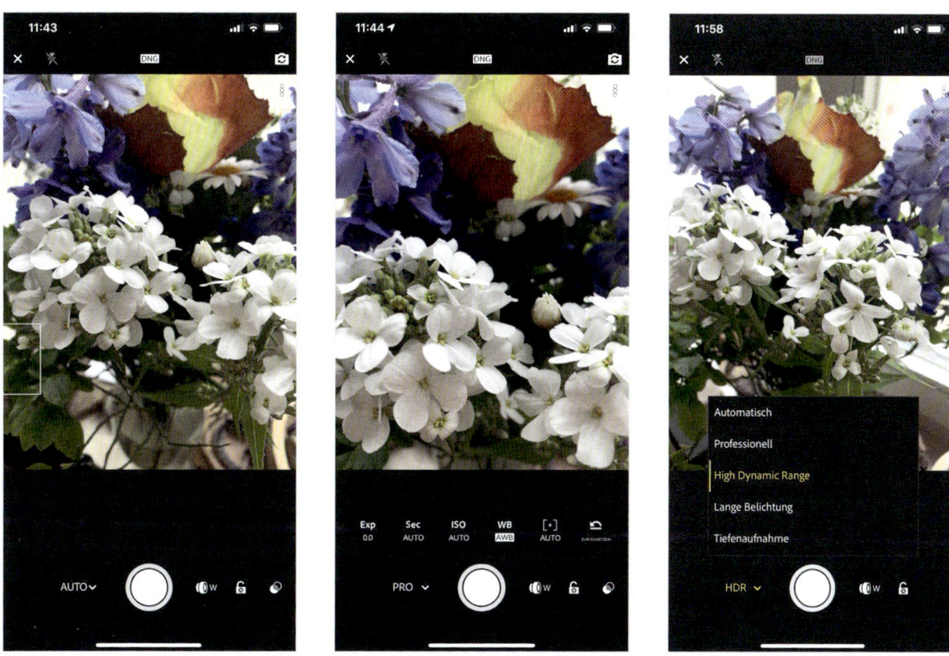

Wenn Sie den Abschnitt »So belichten Sie richtig« ab Seite 12 gelesen haben und sich schon ein bisschen mit ISO, Belichtungszeit und Belichtungskorrektur auskennen, schauen Sie sich die Einstellmöglichkeiten unter *Professionell* an. Verschlusszeiten, Weißabgleich und auch Schärfe lassen sich manuell präzise steuern.

Standardmäßig integriert ist auch High Dynamic Range (HDR), anzuwenden bei Situationen mit großen Helligkeitsunterschieden, die eine normale Kamera nicht korrigieren kann (lesen Sie hierzu nach im Abschnitt »Bei großen Kontrasten: HDR« auf Seite 23). Hier werden mehrere Aufnahmen mit unterschiedlichen Belichtungszeiten, die die Kamera selbst bestimmt, schnell hintereinander aufgenommen und zu einer Aufnahme zusammengerechnet.

Fotos bearbeiten mit der Adobe-Lightroom-CC-App

Bildbearbeitung in der Lightroom-App geht schnell. Falls Sie Creative-Cloud-Foto-Abonnent sind, stellen Sie sicher, dass Sie in der App mit Ihrem Adobe-Login angemeldet sind.

Wenn Sie ein Bild bearbeiten möchten, dass Sie mit der Kamera-Funktion der Lightroom-App (rechte Hälfte der blauen Schaltfläche unten rechts) aufgenommen haben, liegt dieses schon im aktuellen Album bereit (im RAW-Format). Ein Bild aus Ihrer Fotosammlung müssen Sie erst importieren (über die linke Hälfte der blauen Schaltfläche unten rechts). Tippen Sie dann auf das Bild, um mit der Bearbeitung zu beginnen - den größten Bearbeitungsspielraum haben Sie nur mit Bildern im RAW-Format, aber Sie können (in kleinerem Umfang) auch JPGs bearbeiten.

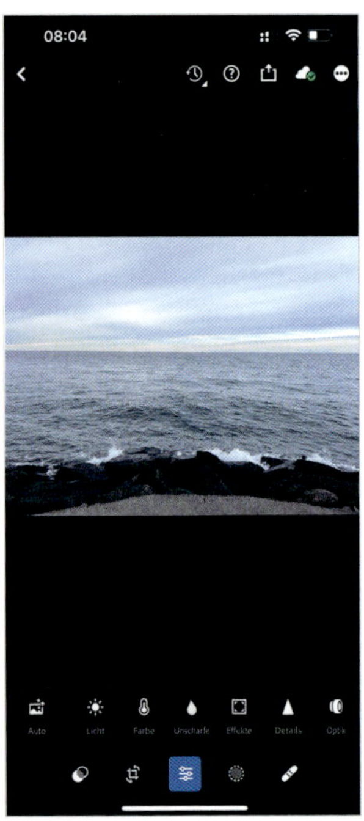

Unter dem Bild werden Ihnen nun in der ersten Zeile die Bearbeitungsmenüs und in der zweiten und kürzeren Zeile darunter die wichtigsten Bearbeitungstools angezeigt. Von links nach rechts sind das: *Presets*, *Zuschneiden und drehen* (darin seit kurzem auch *Geometrie* mit der Perspektivkorrektur), dann das blau hinterlegte (= gerade aktive) *Bearbeiten*-Menü selbst sowie *Maskieren* und *Reparatur*. Wenn Sie die Desktopversion von Lightroom kennen, werden Sie sich in der App schnell zurechtfinden - was gleich heißt, funktioniert auch gleich (auch wenn es sich nicht immer am gleichen Platz befindet).

Gehen wir zunächst die Tools in der zweiten Reihe unten durch und beginnen wir mit dem zweiten Icon von links (auf das erste kommen wir am Ende dieses Kapitels zurück).

Zuschneiden und drehen ist immer mein erster Schritt in meinem Workflow zur Bildbearbeitung. Sie können hier Ihr Bild nach vorgegebenen Seitenverhältnissen oder frei zuschneiden, es waagerecht ausrichten, drehen und spiegeln sowie mit der *Auto-Geometrie* stürzende Linien begradigen. Über das Stift-Symbol gelangen Sie zu den manuellen Einstellungen und zur *Upright*-Automatik, die auch unterschiedliche Einstellungen anbietet. Diese können im Anschluss mit den Reglern noch perfektioniert werden. Fotografieren Sie viel Architektur, werden Sie dieses Tool lieben!

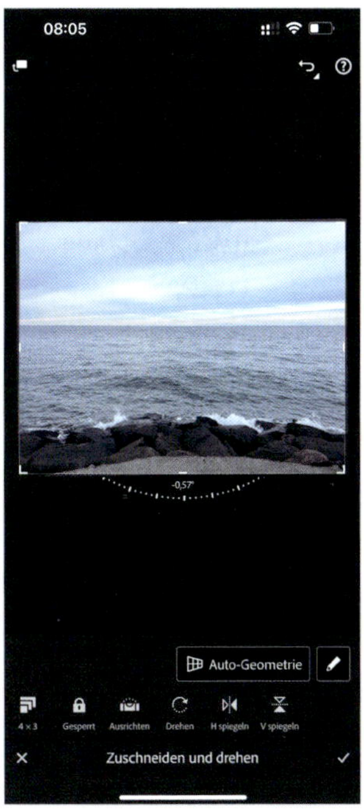

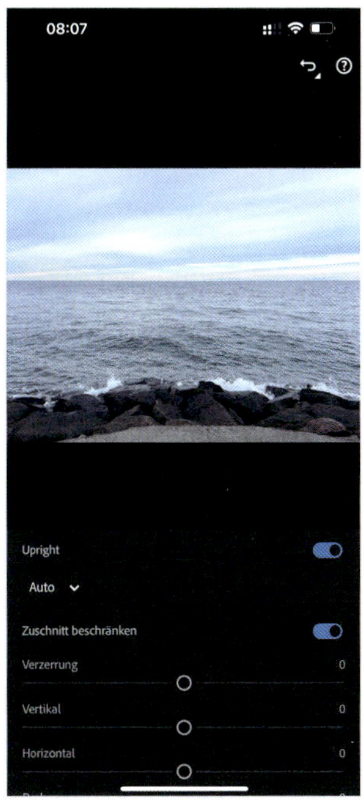

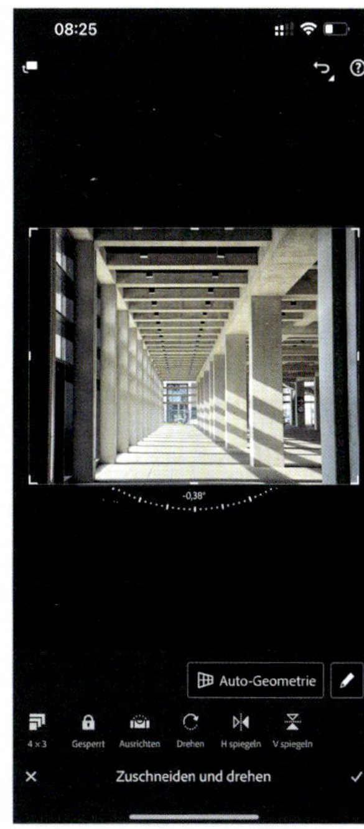

Im *Maskieren*-Tool ist es Adobe gelungen, die mächtigen Funktionen der Desktop-Version von Lightroom auch in der App umzusetzen. Das Prinzip ist immer das Gleiche: Mit einer Maske markieren Sie einen Bereich, den Sie sodann gezielt bearbeiten – und zwar mit den gleichen Tools, die Sie sonst auf das ganze Bild anwenden. Sie nehmen also keine globalen, sondern lokale Korrekturen vor.

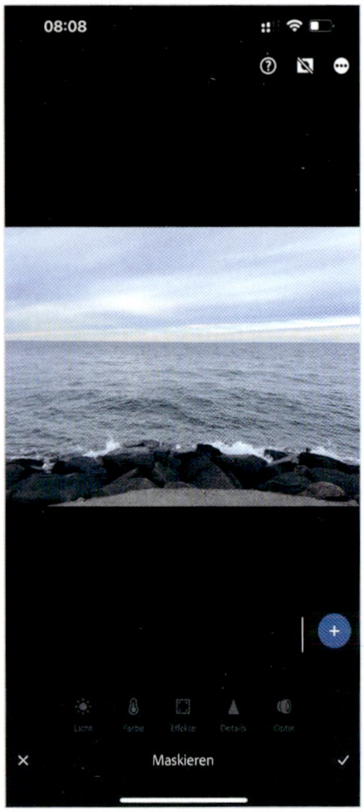

Tippen Sie auf das Plus-Zeichen, wählen Sie, ob die App KI-basiert Ihr *Motiv* oder den *Himmel* markieren soll, ob Sie lieber mit einem *Pinsel* markieren, einen *Verlauf* setzen oder die Markierung auf Bereiche gleicher Farbe (*Farbbereich*) oder gleicher Helligkeit (*Luminanzbereich*) beschränken wollen. Haben Sie die Markierung gesetzt, ins Bild gemalt oder gezogen, können Sie die maskierten Bereiche über die angezeigten Menüs *Licht*, *Farbe*, *Effekte*, *Details* und *Optik* bearbeiten. Es würde zu weit führen, hier alle Funktionen zu besprechen – erwähnt sei nur noch, dass Sie die Charakteristiken einiger Maskierungswerkzeuge anpassen und Masken auch kombinieren (z.B. mit dem Pinsel nachbessern) sowie invertieren können – so dass nicht mehr Ihr Motiv, sondern der Hintergrund markiert ist.

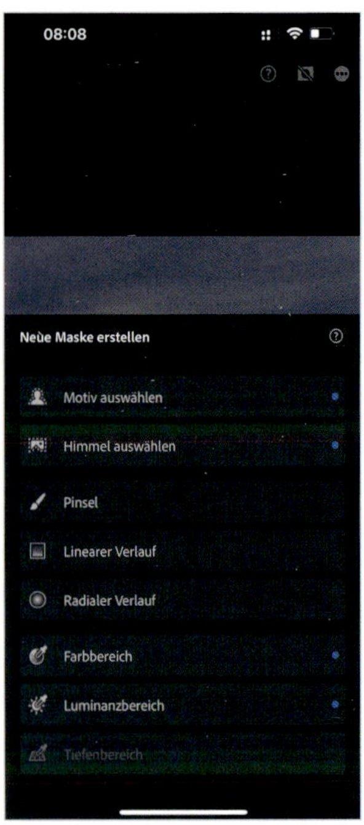

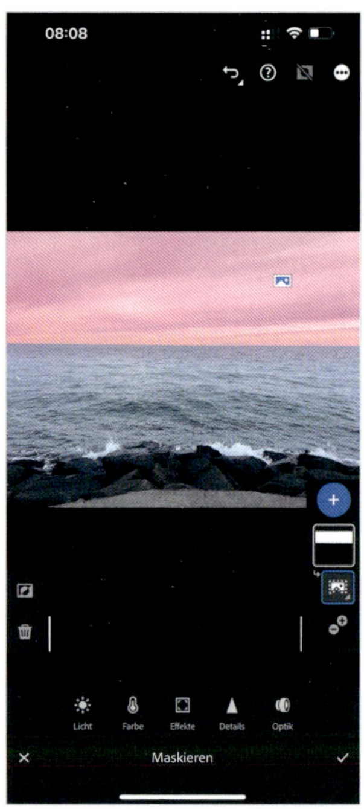

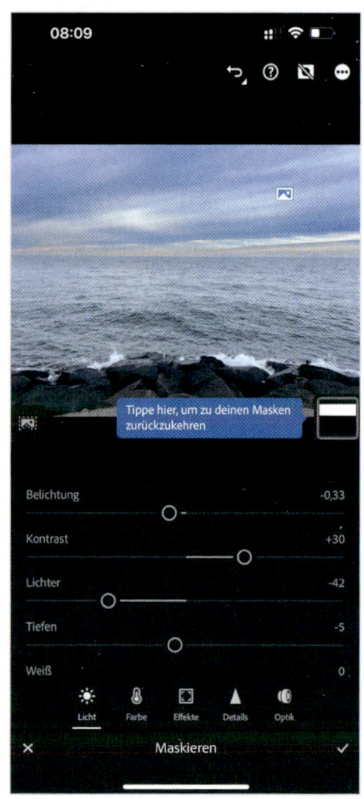

Reparatur bietet Ihnen drei Einstellungen: *Entfernen*, *Reparieren* und *Klonen*. *Entfernen* tut, was Sie erwarten (es »radiert aus«), *Reparieren* ersetzt nach Gutdünken den markierten Bildbereich mit einem anderen und *Klonen* verdoppelt einen Bildbereich an der gewünschten Stelle. Die Größe der Werkzeuge und ihre Deckkraft sind dabei jeweils einstellbar.

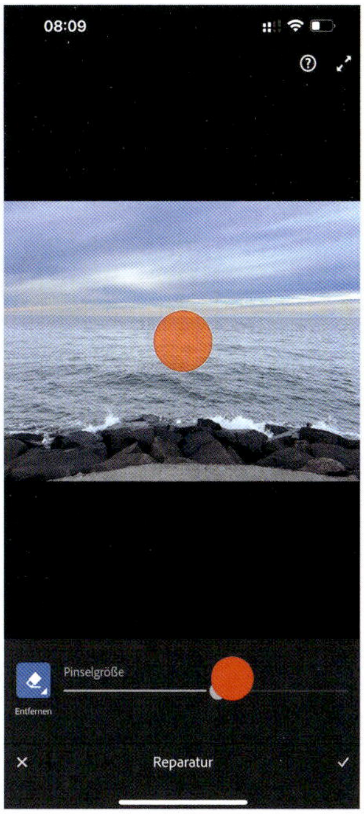

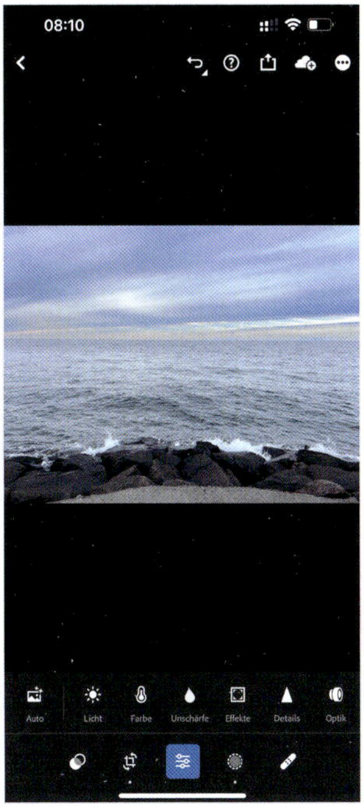

Zurück zur ersten Menü-Zeile in *Bearbeiten* (wenn Ihnen die Menü-Zeile nicht angezeigt wird, tippen Sie auf das Icon mit den Reglern in der zweiten Zeile).

Auto – (wie »Automatik«) ist ein Tool für ganz Eilige. Die App legt hier selbst Hand an und optimiert das Bild nach eigenem KI-Algorithmus-Ermessen. Ich nutze dieses Tool öfter, wenn es schnell gehen soll, und korrigiere händisch ggf. *Lichter* und *Tiefen* noch zusätzlich etwas nach.

Tipp

Beim Arbeiten mit den nachfolgenden Reglern sollten Sie die Ansicht immer wieder mal vergrößern (durch Doppeltippen auf Ihr Display), damit Sie die Veränderungen im Bild besser kontrollieren können. Und schieben Sie die Regler ruhig mal kurz nach ganz rechts oder links, um besser einschätzen zu können, was die jeweilige Einstellung eigentlich macht. Schließlich: Wollen Sie Vorher und Nachher vergleichen, tippen Sie mit dem Finger etwas länger auf Ihr Display, und Sie sehen das Foto im Zustand vor Beginn der Bearbeitung.

Das Menü »Licht«

Mit *Belichtung* hellen Sie das Bild auf oder dunkeln es ab. Mit den Reglern *Weiß* und *Schwarz* bearbeiten Sie die hellen oder dunklen Bereiche im Bild, mit den Reglern *Lichter* und *Tiefen* holen Sie dort Details zurück (falls möglich).

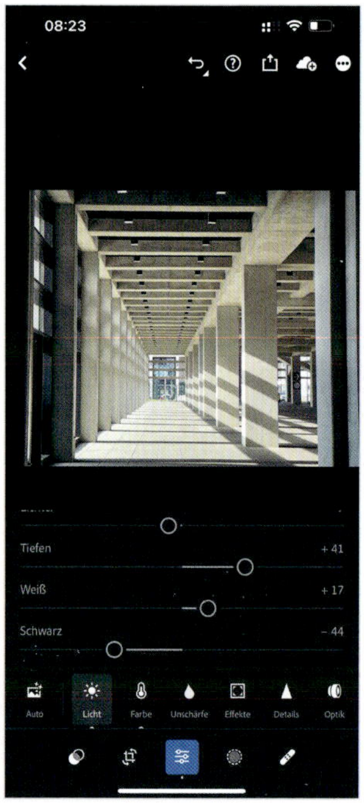

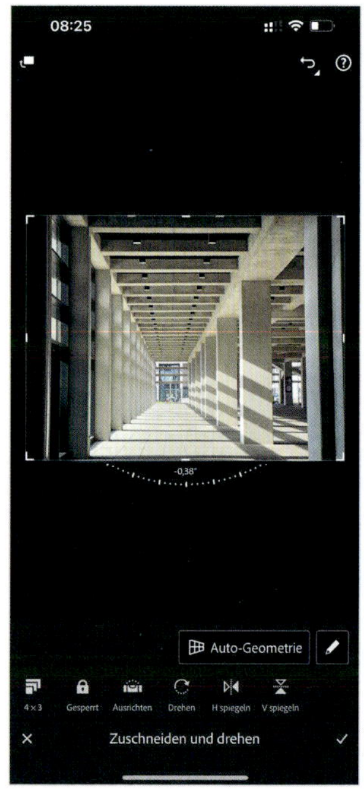

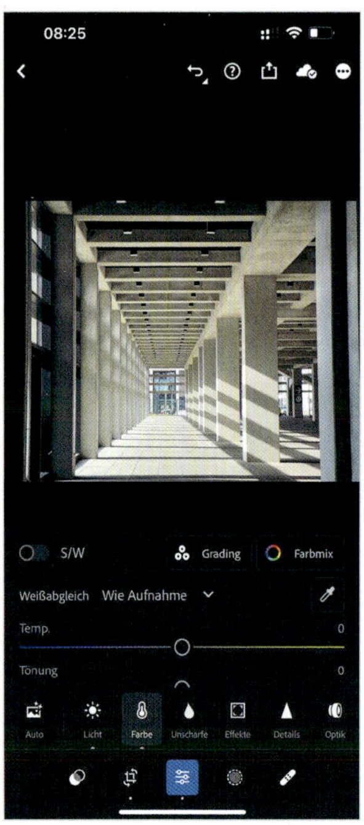

Das Menü »Farbe«

Soll Ihre Aufnahme kühl oder eher warm wirken? Mit dem *Weißabgleich* regulieren Sie die Farbtemperatur. Bearbeiten Sie eine JPG-Datei, haben Sie nur die Wahl zwischen *Aufnahme*, *Automatisch* und *Benutzerdefiniert*. Bearbeiten Sie ein Bild im RAW-Format, bietet das Menü umfangreichere Einstellmöglichkeiten. Ich arbeite viel mit der Einstellung *Tageslicht 5500 K* oder nutze die Automatik. Gerade an sonnenlosen Tagen, wenn es so richtig grau und trübe ist, lohnt es sich, mit der *Dynamik* zu spielen und sie etwas zu erhöhen. Vom Arbeiten mit dem *Dynamik*-Regler rate ich ab, weil er schnell zu einem verfälschten Look führt, vor allem bei Hauttönen. Das kann *Sättigung* besser.

Das Menü »Unschärfe«

Sie haben in diesem Buch öfter über selektive Unschärfe gelesen, etwa um den Hintergrund bei Porträts zu beruhigen, und dass moderne iPhones und Android-Smartphones diese selektive Unschärfe auch nachträglich bearbeiten können. Lightroom CC setzt noch einen drauf: Sie können nicht nur wählen, was unscharf werden soll, sondern auch, wie die Unschärfe aussehen soll – die sogenannte »Bokeh-Charakteristik« (also die Form, die Lichtquellen annehmen, wenn sie in der Unschärfe verschwimmen). Setzen Sie zuerst den *Weichzeichnungsgrad* auf irgendeinen Wert und wählen Sie dann Ihre Bearbeitung – eine der fünf Bokeh-Optionen oder *Fokus* (ganz rechts). Ihren Wunschfokus setzen Sie dann per Fingertipp.

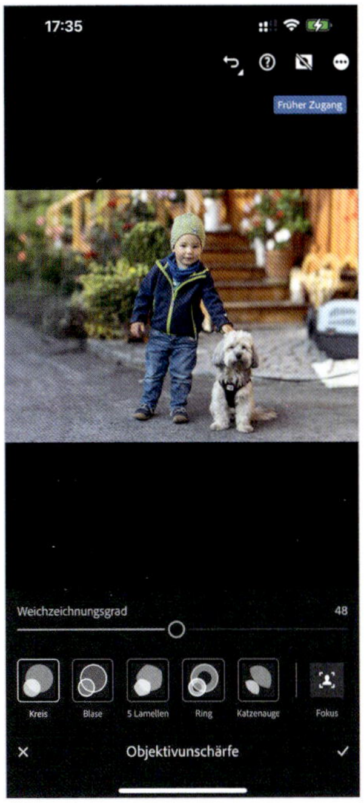

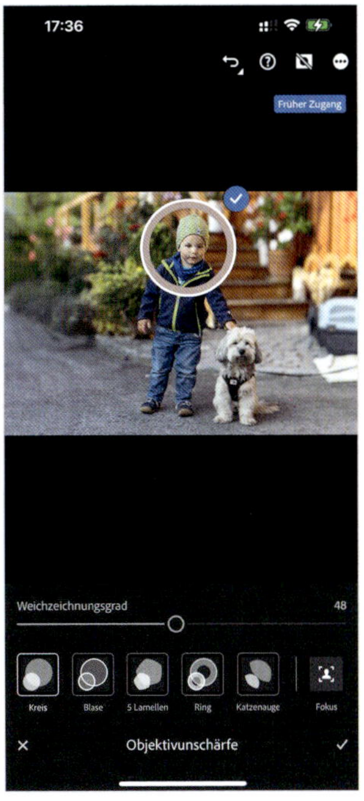

Das Menü »Effekte«

Mit dem Tool *Struktur* glätten Sie z.B. feine Details auf der Haut (negativer Wert) oder fügen noch mehr Struktur hinzu (positiver Wert). *Klarheit* erhöht die Kontraste bei den mittleren Tonwerten, sehr dankbar etwa bei leicht spiegelnden Oberflächen. *Dunst entfernen* macht genau das, wenn Sie den Regler nach rechts ziehen – nach links gezogen, fügt er Dunst hinzu. Mit der *Vignette* können Sie die Bildränder aufhellen oder abdunkeln. Lieben Sie den alten Filmlook, dann gefällt Ihnen sicher das Tool *Körnung*, mit dem Sie Filmkörnungen in unterschiedlichen Größen und Stärken simulieren können.

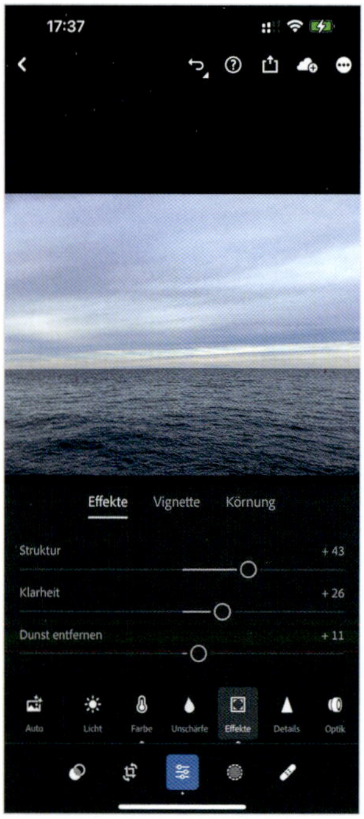

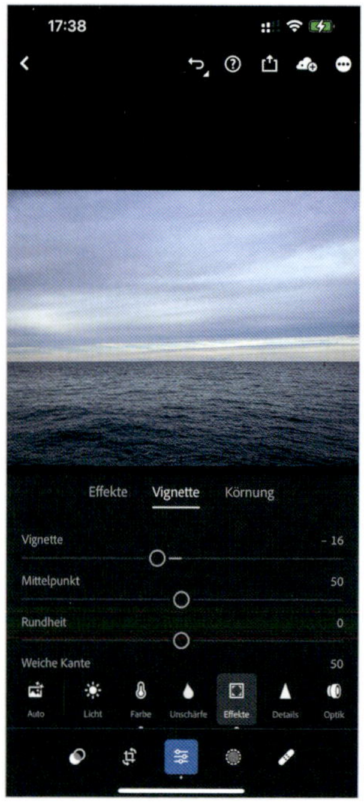

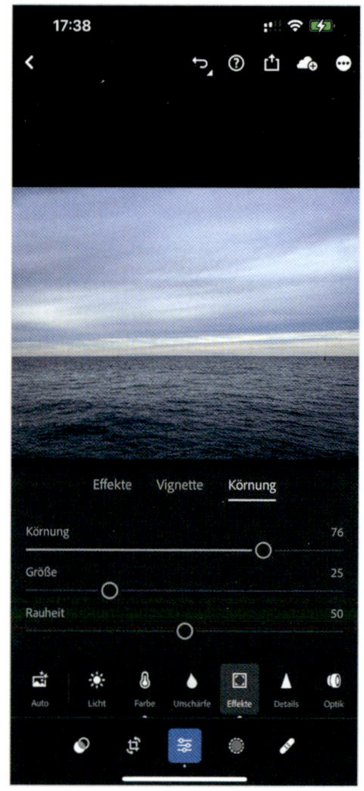

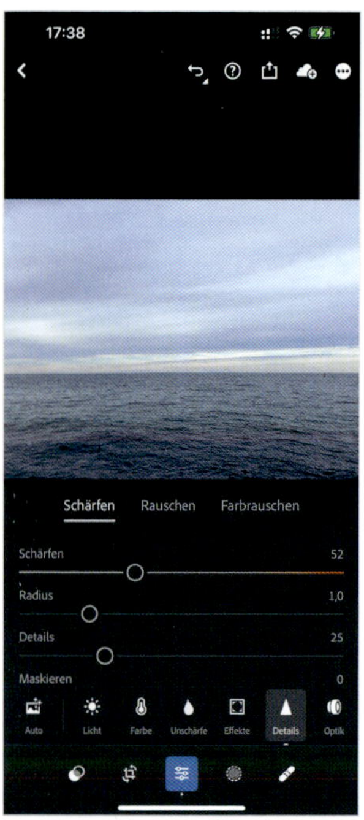

Das Menü »Details«

Hier schärfen Sie Ihre Aufnahmen (technisch passiert das über eine Anhebung der Kontraste, etwa bei Linien). Sind Ihre Aufnahmen wegen schlechter Lichtverhältnisse sehr verrauscht oder körnig, können Sie versuchen, dies mit den Reglern *Rauschen* oder *Farbrauschen* zu reduzieren.

Das Menü »Optik«

Chromatische Aberrationen entstehen an Stellen mit starken Kontrasten (etwa bei Kanten im Gegenlicht) und machen sich dort als Farbsäume bemerkbar. Aktivieren Sie *Chromatische Aberration entfernen*, um diese automatisch zu korrigieren. Wenn Sie die *Linsenkorrekturen* aktivieren, wird Ihnen eine kleine Anpassung an den Bildrändern auffallen (sofern das Bild Informationen über das verwendete Objektiv enthält).

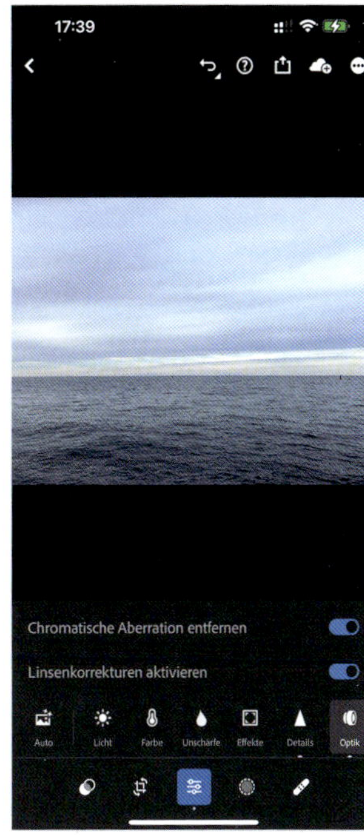

Das Menü »Profile«

Profile schließlich enthält Vorlagen, die Sie als Grundlage für Ihre Bildbearbeitung wählen sollten - also bevor Sie irgendeine andere Funktion aus dem *Bearbeiten*-Menü anwenden. Das gilt vor allem bei der Bearbeitung von RAW-Dateien (für diese ist die Auswahl hier deutlich größer als für JPGs). Der Unterschied zu den Presets ganz links im *Bearbeiten*-Menü besteht darin, dass Profile nicht so stark in den Look Ihrer Bilder eingreifen - sie sollen Ihnen nur eine gute Ausgangsposition für Ihre Bearbeitung verschaffen (und deshalb verschiebt die Wahl eines Profils auch nicht die Reglereinstellungen in den Bearbeitungsmenüs, wie es Presets tun). Sie sollten also immer mit der Wahl eines passenden Profils beginnen, nicht mit der eines Presets, wie es die Reihenfolge im *Bearbeitungs*-Menü denken lassen könnte. Presets sind nichts anderes als zu Looks zusammengefasste Bearbeitungsschritte und so eine denkbar schlechte Ausgangsbasis für Ihre eigenen Bearbeitungen - was nicht heißt, dass Sie sich nicht durch sie inspirieren lassen können!

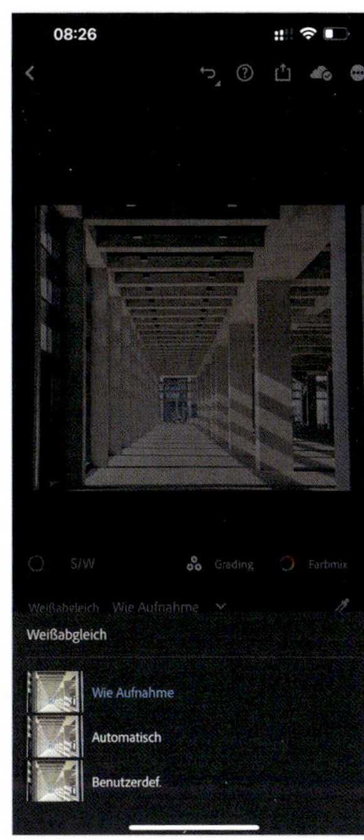

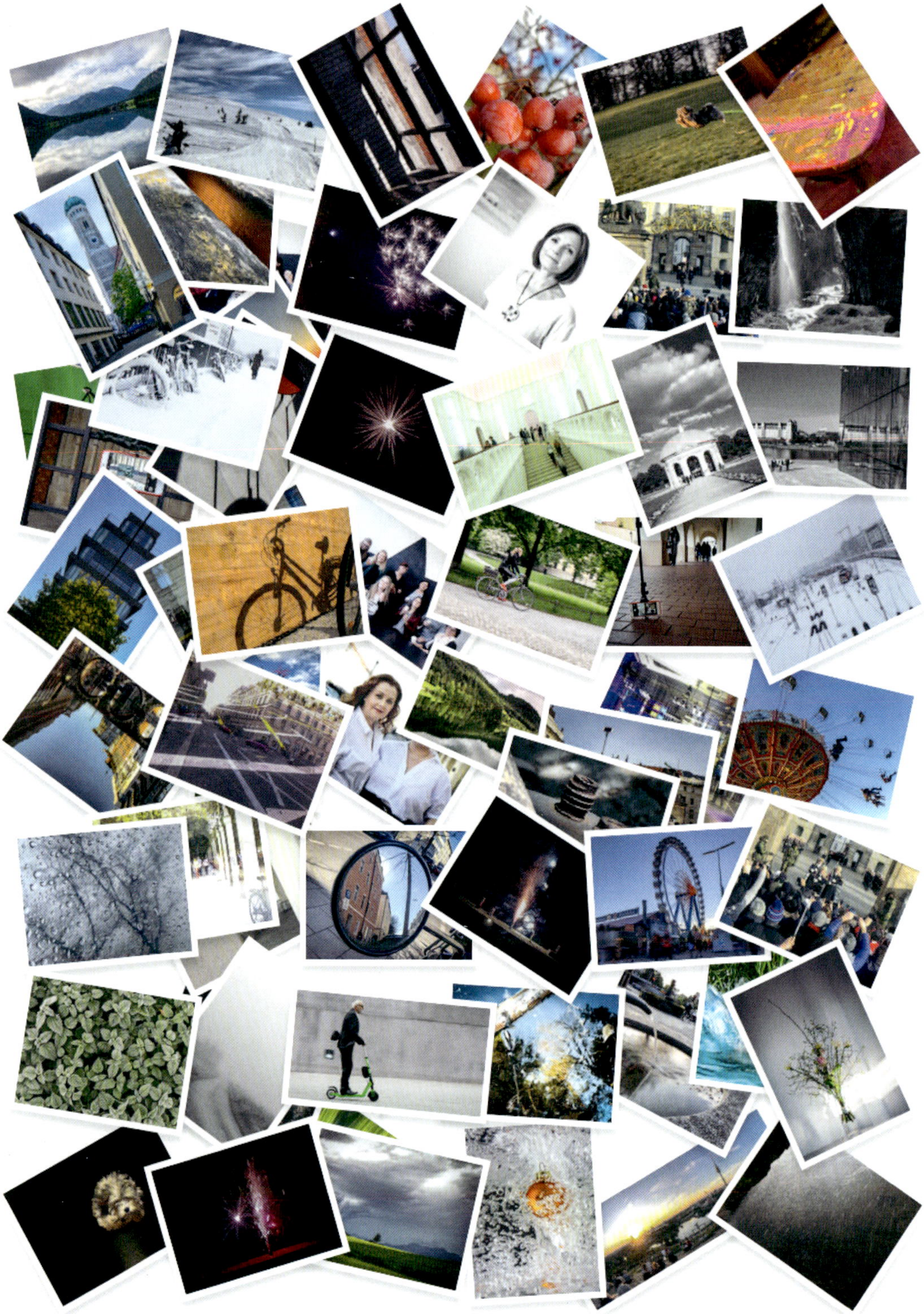

22 SO BEHALTEN SIE DEN ÜBERBLICK ÜBER IHRE BILDER

Wenn Sie bis hierher gelesen haben, wissen Sie: die Standard-Foto-Apps unter iOS oder Android enthalten Ihre Fotosammlung. Hier landet jedes Bild, das Sie fotografieren oder auf anderem Wege auf Ihr Smartphone bringen (per E-Mail, Whatsapp etc.). Von hier übergeben Sie ein Bild zur Nachbearbeitung an andere Apps wie etwa Adobe Lightroom CC und hierhin speichern Sie es nach der Bearbeitung wieder zurück.

In Ihrer Standard-Bilder-App sammeln sich also mit der Zeit viele, viele Bilder, und hier einen Überblick zu behalten, ist dann nicht mehr so einfach. Die Grundfunktionen helfen Ihnen ein wenig: Die Aufnahmen werden Ihnen nach Datum oder Aufnahmeort angezeigt (Letzteres nur, wenn Sie bei der Aufnahme die GPS-

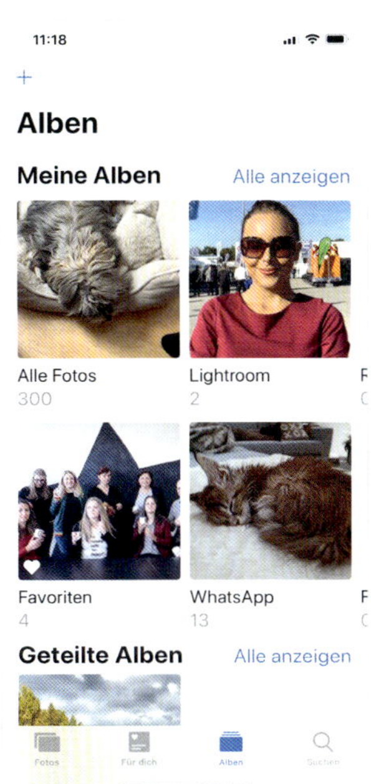

Beispiel iPhone - Foto

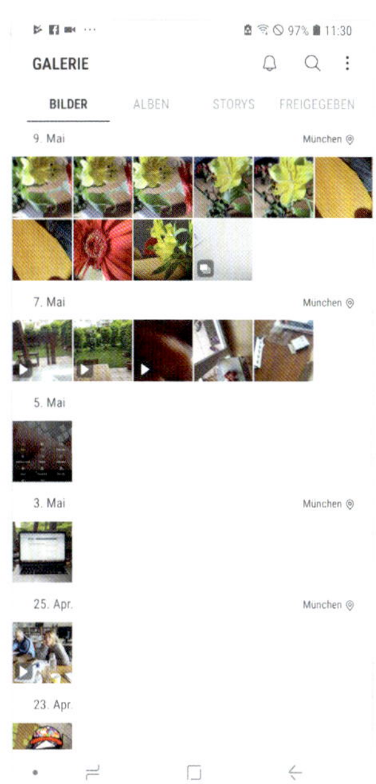

Beispiel Samsung Galaxy - Galerie

Ortung auf Ihrem Smartphone aktiviert hatten). Und es gibt Alben - entweder vorgegeben (für Fotos, Videos, Selfies oder Drittanbieter-Apps wie WhatsApp) oder von Ihnen angelegt. Die Sortierung nach Datum oder Ort wird aber irgendwann unübersichtlich - tatsächlich sind in der Standard-Bilder-App Alben Ihr einziges Mittel, um etwas Struktur in Ihre Bildersammlung zu bringen.

Es gibt also Gründe, warum Sie zur Verwaltung Ihrer Bilder noch zu anderen Apps greifen sollten. Google Fotos bietet alles, was Ihre Standard-Bilder-App kann (Sortierung nach Zeit und Ort, Alben anlegen etc.), setzt aber zusätzlich Erkennungsalgorithmen ein, um Ihre Fotos nach Dingen und Tieren zu sortieren. Außerdem können Sie hier Ihre Bilder nach Google Drive (die Google-Cloud) hochladen und von dort mit Ihrem Desktop synchronisieren, sofern Sie einen Google-Account haben. Das erlaubt Ihnen auch Adobe Lightroom CC, geht aber noch viel weiter und bringt einen Teil der Verwaltungsfunktionen der Desktop-Version von Lightroom auf das Smartphone, inklusive der Markierungs-/Bewertungsfunktion. Hier müssen Sie sich tatsächlich etwas einarbeiten - aber die Möglichkeiten zur Bildverwaltung (inklusive Synchronisierung aller Bilder samt Bearbeitungen und Bewertungen mit Ihrem Desktop-Lightroom) lohnen den Aufwand.

Hinweis

Manchmal suchen Sie nach der Bearbeitung in einer Drittanbieter-App wie Adobe Lightroom CC erfolglos nach dem bearbeiteten Bild, weil Sie es schon in Ihrer Fotosammlung vermuten. Tatsächlich aber liegt es noch in der Lightroom-eigenen Bildersammlung. Denken Sie daran, dass Sie bei diesen Apps ein bearbeitetes Bild erst in Ihre Standard-Fotosammlung zurückexportieren müssen, um es dort sehen zu können (Sie haben es ja von dort auch in die Drittanbieter-App exportiert).

22.1 Fotos hinzufügen und wiederfinden in Adobe Lightroom CC

Sie können die Bilder Ihrer Standard-Fotosammlung auch automatisiert zu Ihrer Lightroom-Bildersammlung hinzufügen - so kann keine Aufnahme verloren gehen. Diese Einstellungen aktivieren Sie unter *Einstellungen > Importieren*. Der zusätzlich benötigte Speicherplatz ist nicht so hoch, wie man denken würde: die Originaldateien werden in die Cloud geladen und auf dem Smartphone verbleiben nur kleinere Smart-Vorschauen.

Beim Sortieren und Wiederfinden Ihrer Bilder hilft Ihnen die Adobe-Lightroom-CC-App mit mächtigen Funktionen. Tippen Sie in der Ansicht *Alle Fotos* auf die drei Punkte rechts oben, öffnet sich ein Menü mit verschiedenen Sortierungsmöglichkeiten. Das Menü *Segmentierung* lässt Sie die Sortierung in der Ansicht *Alle Fotos* nach zeitlichen Kriterien, nach Bewertungen und Markierungen vornehmen. Im Menü *Sortieren n. Dateiname* können Sie nach Aufnahme- oder Importdatum oder Dateiname sortieren.

Verfolge ich über einen längeren Zeitpunkt ein bestimmtes Thema, lege ich gleich ein extra Album an und benenne es entsprechend. Bereits vorhandene Bilder füge ich manuell hinzu. Will ich neue Bilder aufnehmen, kann ich direkt im Album die Kamera aktivieren.

22.2 Fotos synchronisieren und sichern

Verschiedene (Android-)Smartphones unterstützen eine doppelte Datensicherung eines gerade gemachten Bildes auf eine extra SD-Karte (iPhones kennen so etwas nicht). Aber was passiert, wenn Sie das Smartphone verlieren? Dann sind auch alle Bilder weg. Sehr bequem ist daher die Möglichkeit, die eigenen Bilddaten in einer Cloud zu speichern – iCloud für Apple-User oder Google Drive für Android-Anwender, um einige Beispiele zu nennen. Je nach Einstellungen werden die Daten vom Smartphone automatisch in die Cloud übertragen.

Für iPhone-Nutzer ist es am einfachsten, die Bilder in die iCloud zu synchronisieren – hierauf haben Sie dann mit allen Apple-Geräten Zugriff, die Sie dafür freischalten. Standardmäßig erhalten Sie 5 GB Speicherplatz, den Sie aber gegen Zahlung (fast) beliebig erweitern können.

Auf Android gern und viel genutzt wird Google Fotos. Fotos, die Sie hier ablegen, werden direkt in Google Drive (der Google-Cloud) gespeichert. Alle Änderungen, die Sie an Ihren Bildern und in der Galerie vornehmen, werden automatisch auf allen mit Ihrem Google Drive verbundenen Geräten synchronisiert. Für die Nutzung müssen Sie ein persönliches Google-Konto einrichten. Hier erhalten Sie ohne weitere Kosten unbegrenzten Speicherplatz, wenn Sie Ihre Bilder im Format *Hohe Qualität* ablegen. Nutzen Sie die App Fotos zur Ablage Ihrer Originalaufnahmen, steht Ihnen ein Speicherplatz von 15 GB frei zur Verfügung.

Bei Nutzung von Adobes Creative-Cloud-Foto-Abo haben Sie nicht nur vollen Zugriff auf alle Funktionen der Lightroom-CC-App, Sie können auch die darin importierten Bilder in die Adobe-Cloud synchronisieren – etwa um dann an Ihrem Desktop-Rechner auf diese Bilder zuzugreifen. Der Speicherplatz für Abonnenten beträgt 120 GB, kann aber gegen Aufpreis erweitert werden.

Tipp
Bilder in die Cloud hochzuladen wie bei Google Foto oder Adobe Lightroom CC heißt nicht, sie zu sichern (auch wenn es Sie vor dem Verlust Ihrer Bilder schützt, wenn Sie Ihr Handy verlieren). Denn wenn Sie in einer App wie Google Fotos ein Bild löschen, wird es auch in der Google Cloud gelöscht (analog ebenso bei Adobe Lightroom CC). Ihre Bildersammlung in der Cloud ist eine Online-Kopie, die *andauernd* (zumindest, wenn Sie online sind) mit Ihrer Smartphone-Fotosammlung synchronisiert wird. Eine echte Sicherung Ihrer Bilder hingegen ist eine Offline-Kopie Ihrer Daten, die *zu einem bestimmten Zeitpunkt* mit Ihrer Smartphone-Fotosammlung abgeglichen wird. Sie bleibt völlig unberührt davon, was Sie zwischen den Sicherungen auf dem Smartphone tun (bis Sie sie durch einen erneuten Sicherungslauf aktualisieren).

Ihre Bilder sichern Sie am besten, indem Sie sie auf Ihren Rechner überspielen. Dort werden sie dann im Zuge der – hoffentlich – regelmäßigen Datensicherung auf einem externen Laufwerk mitgesichert (via *Time Machine* auf dem Mac oder *Windows-Sicherung* unter Windows). Wie Sie Ihre Bilder auf den Rechner überspielen, erfahren Sie weiter unten.

22.3 Fotos löschen in vier Schritten

Löschen ist ein wichtiges Mittel, um Ordnung zu halten. Und sofort löschen ist die beste Variante, Zeit und Speicherplatz zu sparen. In dem Moment des Auslösens haben Sie Ihr »Best of-Bild« noch im Kopf, dann können Sie sofort alle Aufnahmen, die dem Eindruck nicht entsprechen, löschen. Gerade bei Schnappschüssen brauchen Sie nicht mehrere Varianten von einer Szene aufzuheben.

1. Im ersten Schritt lösche ich sofort alle unbrauchbaren Aufnahmen, wie schlecht beleuchtete oder verwackelte Bilder.
2. Im zweiten Schritt entferne ich doppelte Aufnahmen.
3. Im dritten Schritt kommen die »Vielleicht-Bilder« an die Reihe. Alle Fälle aus der Rubrik »Vielleicht-ist-das-doch-ein-brauchbares-Bild« bearbeite ich, um zu sehen, ob ich es durch einen besseren Ausschnitt, eine Bildbearbeitung oder, wenn es gar nicht anders geht, einen Filter noch retten kann. Wenn nicht, dann lösche ich auch diese Bilder schnell von meinem Smartphone.

4. Gelöscht ist nicht gelöscht. Die Bilder landen zur Sicherheit erst mal im Papierkorb, aus dem ich schon manche schöne Aufnahme wieder retten musste, weil sie dann doch versehentlich dort gelandet war. Wenn Sie alles richtig gemacht haben, keine visuellen Schätze im Papierkorb gelandet sind, dann sollten Sie diesen auch regelmäßig leeren (denn was hier liegt, nimmt Speicherplatz weg).

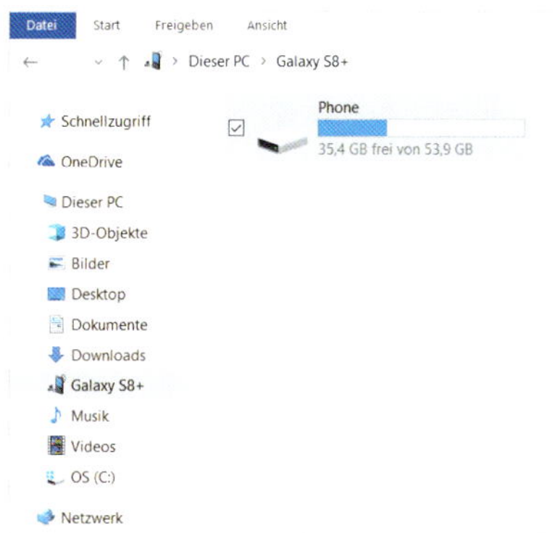

22.4 Bilderübertragung an den Desktop

Ob per USB-Kabel vom Smartphone oder synchronsiert über die Cloud – Sie sollten sehr regelmäßig und zeitnah Ihre Bilddaten auf Ihrem Desktop-Rechner sichern.

Per USB-Kabel

Mit dem zum Smartphone gelieferten USB-Kabel verbinden Sie beide Geräte miteinander. Je nach Anbieter werden Sie gebeten, die Verbindung mit Ihrem Smartphone zuzulassen. Bei Windows wird das Smartphone als zusätzliches Laufwerk angezeigt. Ihre Fotos und Videos befinden sich meistens in dem Ordner *DCIM/Camera*. Nachdem Sie Ihre Bilder per Maus auf die Festplatte Ihres Desktop-Rechners gezogen haben, trennen Sie Ihr Smartphone mit einem rechten Mausklick wieder.

Apple-Nutzer können das Programm *Vorschau* zum Import benutzen. Praktischer ist es aber, Ihre Bilder mit dem Programm *Fotos* zu übertragen. Nach Verbindung von iPhone und MacBook oder iMac erscheint links Ihr iPhone unter *Geräte*. Sie können wählen, ob Sie alle Bilder importieren möchten oder nur einzelne Aufnahmen.

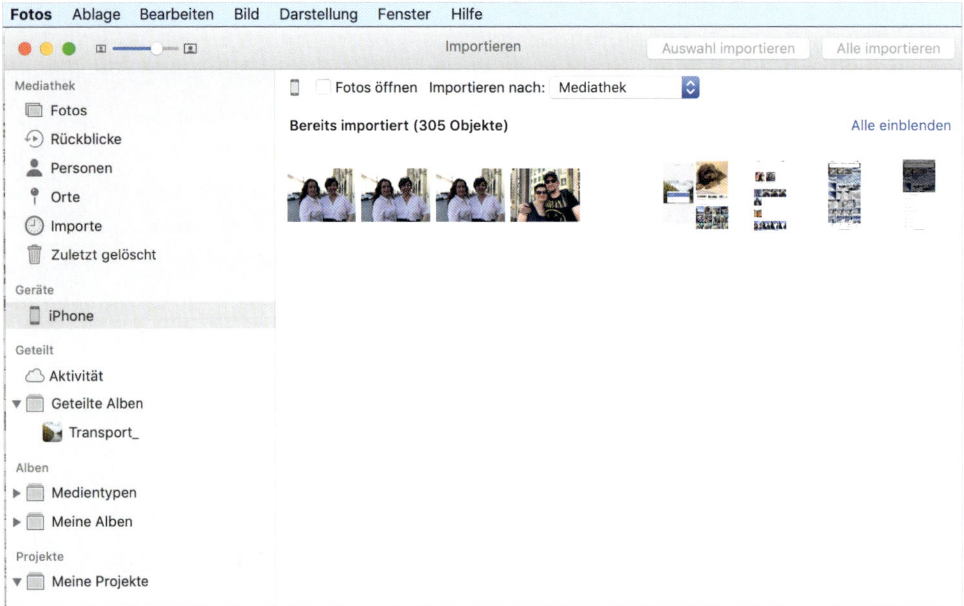

Kabellos via Bluetooth

Eine schnelle Methode, um Bilder zwischen einem iPhone und einem Android-Smartphone zu tauschen oder von z. B. dem iPhone Bilder auf den PC zu übertragen, ist der kabellose Weg via Bluetooth. Aktivieren Sie Bluetooth auf allen Geräten und koppeln Sie die Geräte miteinander. Die Freigabe muss meistens per PIN bestätigt werden. Danach können Sie Bilder via *Teilen* problemlos auf Ihre Zielgeräte übertragen.

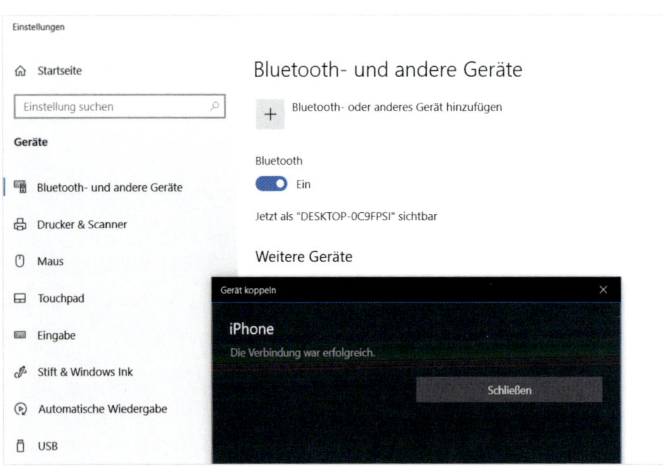

22.5 Doppelt hält besser

Obwohl Ihre Fotos in einer Cloud oder auf Ihrer Festplatte grundsätzlich erstmal sicher sind, rate ich trotzdem zu einer Datensicherung auf einer zweiten, externen Festplatte (auf dem Mac nutzen Sie dafür Time Machine, unter Windows die Windows-Sicherung). Bedenken Sie aber, dass auch die elektronischen Datenspeicher nicht ewig halten und in regelmäßigen Abständen erneuert werden sollten.

Festplatten zum Beispiel sollten in der Regel alle zwei bis fünf Jahre ausgetauscht werden. CDs oder DVDs halten da schon etwas länger, vorausgesetzt, man besitzt noch ein entsprechendes Lese-/Schreibgerät. USB-Sticks halten noch länger, sollten aber aufgrund ihrer Größe sicher aufbewahrt werden, damit sie nicht verloren gehen.

Merke:

- Cloud
  theoretisch zeitlich unbegrenzt, Passwort schützt vor fremden Zugriffen, wenn aber nur synchronisiert wird, ist sie kein vollwertiges Backup (siehe Tipp-Kasten auf Seite 184)
- Festplatte
  dezidierte Backup-Festplatte, auf die Sie regelmäßig sichern und die Sie alle zwei bis fünf Jahre austauschen
- USB-Sticks
  halten zehn bis 30 Jahre

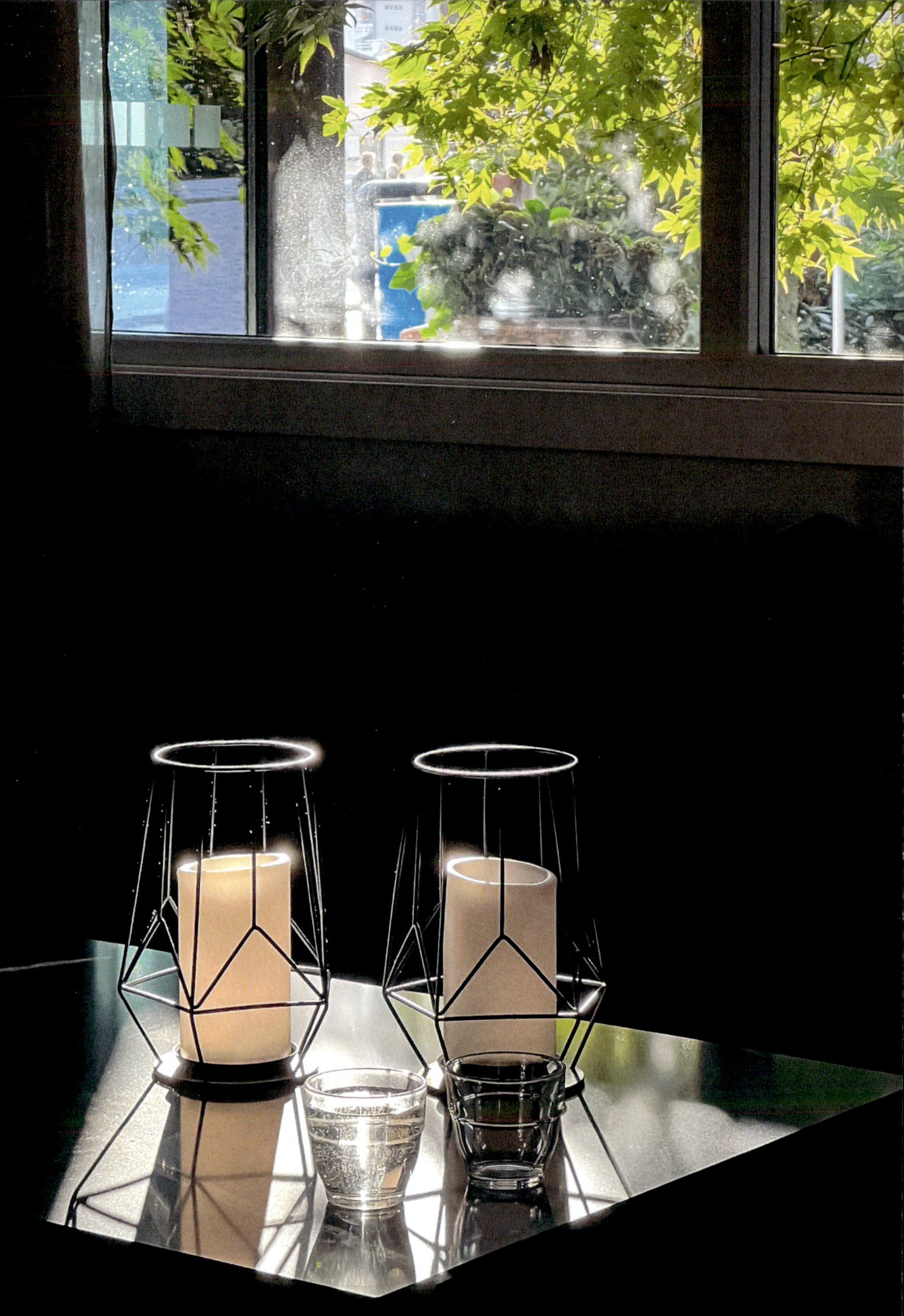

23 DER FOTOGRAFISCHE BLICK

Mit dem Fotografieren ist es so ähnlich wie mit der Beherrschung eines Instruments. Je mehr Sie dieses Instrument spielen, umso besser werden Ihnen Töne und Melodien gelingen und man wird Ihnen gerne zuhören.

Mit unserer Hosentaschenkamera ist es heute noch viel einfacher, den fotografischen Blick zu üben. Ein Bild überrascht, wenn es nicht das offensichtliche Motiv zeigt, sondern das, was der Fotograf in diesem Moment wahrgenommen hat. Das kann eine besondere Lichtstimmung sein, es können spannende Linien sein, auch starke oder ungewöhnliche Farbkontraste machen Ihre Bilder zu etwas Besonderem. Nutzen Sie jede Gelegenheit sich umzuschauen, Ihren ganz speziellen fotografischen Blick zu trainieren und die besonderen Momente einzufangen.

Besonders Profifotografen sind der Meinung, dass es viel wichtiger sei, den fotografischen Blick zu trainieren, als die Kameratechnik auswendig zu kennen.

Dieser Blick kann trainiert werden. Sie lernen, das besondere Licht zu sehen, beschäftigen sich plötzlich mit Bildgestaltung, Farbkombinationen und lernen, die Bedeutung von Schatten zu schätzen. Je mehr Sie Ihren Blick trainieren, jede freie Minute nutzen, beim Spaziergang, auf dem Heimweg oder einfach beim Warten auf den Bus, umso eher wird Ihr Unterbewusstsein diese Aufgaben mehr und mehr übernehmen. Und ganz plötzlich nehmen Sie Ihre Umgebung anders wahr und können viel schneller als andere die interessanten Motive erkennen.

23.1 Schulen Sie Ihren fotografischen Blick

Um die eigene fotografische Wahrnehmung zu verfeinern, und Bilder mit Tiefe und Bedeutung zu kreieren, ist es hilfreich zu wissen, wie unsere Augen Bilder lesen.

Wissenschaftliche Untersuchungen legen nahe, dass unsere Augen in der Lage sind, über 10 Millionen Informationen pro Sekunde aufzunehmen und an das Gehirn weiterzuleiten. Dabei scannen sie Bilder nicht Pixel für Pixel ab, sondern vielmehr reagiert das menschliche Auge selektiv auf bestimmte visuelle Reize.

Dazu gehören zum Beispiel: helle Bereiche im Bild, Unterschiede in Helligkeit, Farbe und Schärfe, Gesichter (denn wir sind von Natur aus darauf ausgerichtet, andere Menschen zu erkennen), grafische Elemente und vieles mehr.

Fotografen setzen diese »fotografische Gestaltungsmittel« ganz bewusst ein, um die Aufmerksamkeit des Betrachters im Bild zu lenken.

Die meisten von uns sind bereits mit diesen fotografischen Gestaltungsmitteln vertraut und nutzen sie instinktiv. Wenn Sie sich die folgende Aufzählung anschauen, wird Ihnen sicherlich vieles bereits bekannt vorkommen.

Checkliste für fotografische Gestaltungsmittel

- Licht und Schatten: Diese Elemente erzeugen Stimmung und Tiefe.
- Schärfe: Sie lenkt die Aufmerksamkeit auf bestimmte Bereiche des Bildes.
- Farben: Rufen Emotionen hervor und beeinflussen die Stimmung eines Bildes.
- Kontrast: Hebt bestimmte Elemente hervor.
- Linien: Sie führen das Auge und verstärken Struktur und Tiefe im Bild.
- Formen und Strukturen: Fügen Komplexität hinzu, erwecken Interesse.
- Bewegung: Bringt Dynamik und Energie ins Bild.
- Perspektiven: Sie verändern den Blickwinkel.
- Brennweite: Verändert räumlichen Eindruck und die »Entfernung« zum Motiv.
- Anordnung der Motive: Schafft Balance und Harmonie oder Spannung.
- Bildformate: Beeinflussen die Bildwirkung – spektakuläres Panorama oder ausgeglichenes Quadrat?

Sie möchten Geschichten mit Ihren Smartphone-Bildern erzählen und dabei den Blick der Betrachter ganz gezielt führen? Jedes Detail, sei es Schärfe, Licht oder Form, bestimmt, was ein Bild zu erzählen vermag, und beeinflusst, was und wie der Betrachter fühlt und denkt. Es ist daher nicht nur wichtig, die technischen Aspekte der Fotografie zu beherrschen, sondern auch die Kunst des visuellen Erzählens (Visual Storytelling) zu pflegen und zu verfeinern.

Mein Tipp: Fangen Sie einfach an! Wählen Sie regelmäßig eins dieser spezifischen Gestaltungselemente und nehmen Sie sich vor, dieses gezielt mit Ihrer Smartphone-Kamera einzufangen. Vielleicht ist es heute der weiche Übergang von Licht und Schatten und morgen sind es die kraftvollen Farbkontraste bei Sonnenaufgang.

Falls Sie Inspiration suchen, habe ich hier einige Anregungen für Sie zusammengestellt. Konkrete technische Tipps, wie Sie diese Ideen umsetzen können, finden Sie in den vorangegangenen Kapiteln.

23.2 Lernen Sie, Licht zu sehen

Das Erkennen und Verstehen von Licht ist die Essenz von Fotografie. Stellen Sie sich vor, Sie fotografieren dieselbe Szene zu unterschiedlichen Tageszeiten und beobachten, wie sich das Lichtspiel verändert, wie es verschiedene Stimmungen schafft und Schatten wirft. Ist es hart oder weich, eher weiß oder farbig?

Oder wenn Sie in Ihrem Wohnzimmer sitzen, schauen Sie sich um: Woher kommt das Licht? Vielleicht von einem Fenster, einer Lampe oder einer brennenden Kerze? Versuchen Sie, mit diesen Lichtquellen zu experimentieren und sehen Sie, wie sie Ihr Motiv beeinflussen.

Ein weiterer spannender Ansatz ist das Arbeiten mit Gegenlicht. Spielen Sie mit Silhouetten und den besonderen Effekten, die durch Gegenlicht entstehen. Sie werden erstaunt sein, wie dies Ihre Wahrnehmung von Lichtstärke und -richtung schult. Die goldene und blaue Stunde sind wahrhaft magische Tageszeiten für Fotografen, zu denen das Licht besonders sanft und weich ist. Und wenn Sie schon dabei sind, halten Sie Ausschau nach Schatten – Sie zeigen, ob das Licht hart oder weich ist. Schließlich, wenn Sie Ihr Smartphone in der Hand haben, experimentieren Sie mit dem HDR-Modus, der Ihnen hilft, Szenen mit starken Lichtkontrasten meisterhaft einzufangen. Fotografie ist eine Reise des Sehens, und Ihr Smartphone ist Ihr Wegweiser.

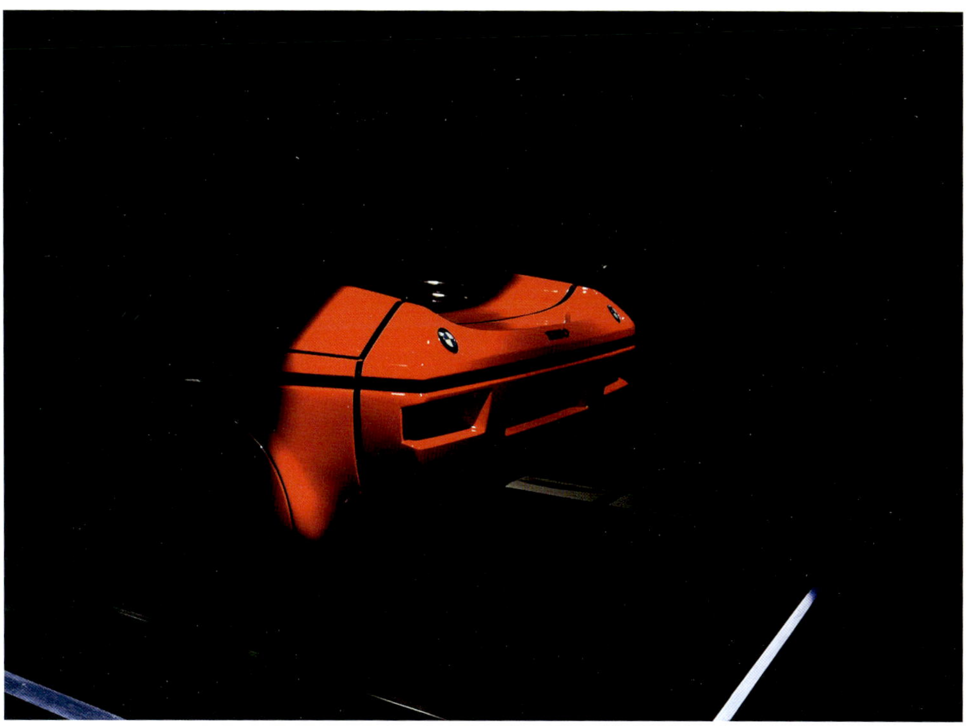

23.3 Schärfe

Unsere Augen schauen immer zuerst auf das scharfe Element im Bild. Umso wichtiger ist es sich mit diesem Gestaltungselement richtig auseinander zu setzen. Wo setzen sie die Schärfe und welche Elemente im Bild können unscharf bleiben?

Setzen Sie den Autofokus gezielt per Fingertipp, statt die Automatik des iPhone entscheiden zu lassen. Dies gibt Ihnen nicht nur die Kontrolle über den Schärfepunkt, sondern schärft auch Ihr Auge für Details.

Variieren Sie die selektive Schärfe im Porträt-Modus, spielen Sie mit der Tiefenschärfe, lassen Sie den Hintergrund verschwimmen und heben Sie so Ihr Hauptmotiv hervor. Sie werden überrascht sein, wie unterschiedlich ein Motiv wirken kann, wenn Sie nur ein paar Schritte näher heran- oder zurücktreten.

Der Hintergrund spielt ebenfalls eine wichtige Rolle. Ein simpler, ruhiger Hintergrund kann Ihr Hauptmotiv noch stärker betonen.

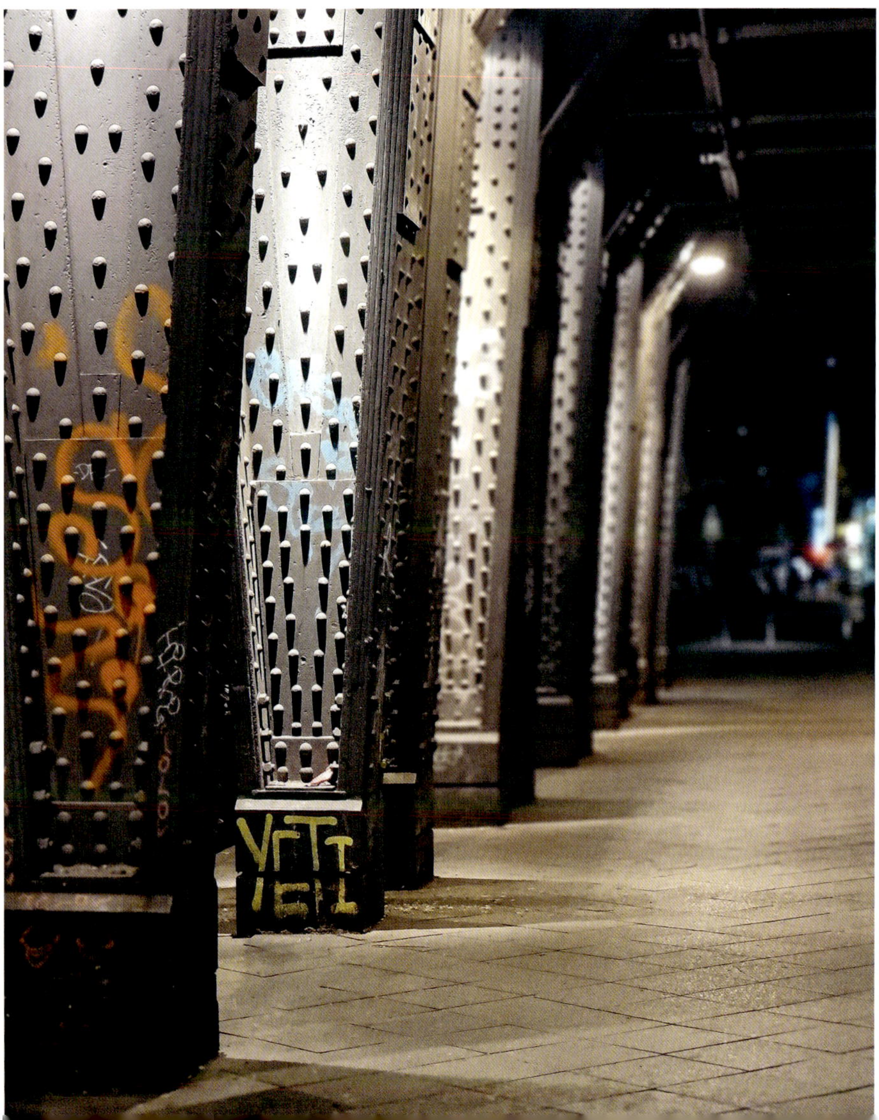

23.4 Farbmagie in der Fotografie: Emotionen gezielt wecken

Farben sind in der Fotografie nicht nur Dekoration, sondern erzählen Geschichten und wecken Emotionen. Wie können Sie mit Farben effektiv arbeiten und Ihr Auge schulen?

Lesen Sie sich ein wenig in Farbtheorie ein, studieren Sie Farbkreise und erlangen Sie ein Verständnis dafür, wie Farben miteinander harmonieren – es wird Ihre Fotos beleben. Konzentrieren Sie sich auf eine bestimmte Farbe, um ihre Tiefe und Nuancen zu erkennen. Spielen Sie mit Komplementärfarben: Auf dem Farbkreis einander gegenüberliegende Farben (sogenannte »Komplementärkontraste«) können Spannung und Dynamik erzeugen. Isolieren Sie Farben: Lassen Sie eine dominante Farbe im Mittelpunkt stehen und beobachten Sie deren Wirkung.

Vergessen Sie nicht, die Farbpalette der Natur zu nutzen: Jede Jahres- und Tageszeit bietet ein anderes Spektrum. Und schließlich: Experimentieren Sie mit Schwarzweiß.

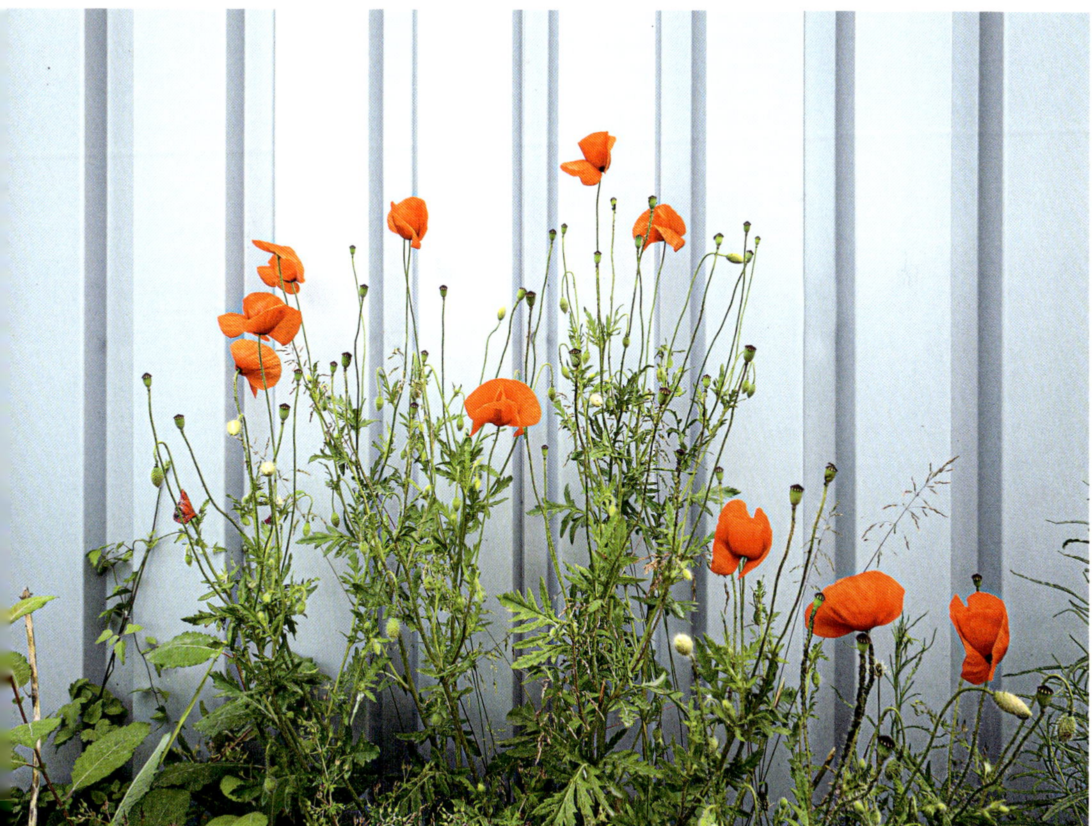

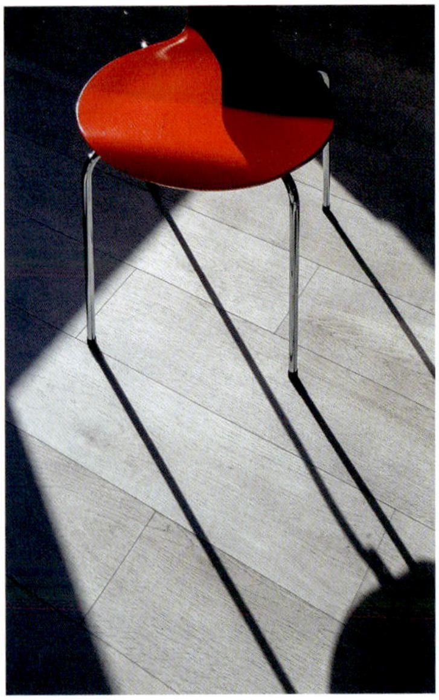

23.5 Kontraste

Kontraste ziehen den Blick des Betrachters gezielt an. Mit Ihrem Smartphone haben Sie ein ideales Werkzeug, um das Spiel der Kontraste zu meistern.

Hell-Dunkel-Spannung: Fotografieren Sie in Situationen mit starkem Licht- und Schattenspiel. Erforschen Sie die im vorigen Abschnitt erwähnten Farbkontraste und suchen Sie nach Szenen, in denen lebendige Farben auf neutrale Töne treffen, um das Hauptmotiv zu betonen.

Stellen Sie Strukturen gegenüber wie zum Beispiel eine raue Steinmauer neben glattem Wasser - solche Gegensätze schaffen visuelle Spannung.

Nutzen Sie eine Bildbearbeitung, um Kontraste nachträglich zu verstärken und so die Wirkung zu optimieren.

23.6 Linien - das Auge des Betrachters gezielt leiten

Linien in der Fotografie fungieren als Wegweiser, die das Auge des Betrachters geschickt durch das Bild leiten und ihm Struktur und Tiefe verleihen. Wenn Sie sich der unterschiedlichen Wirkungen von Linien bewusst sind, können Sie diese gezielt zur Verstärkung Ihrer visuellen Erzählung nutzen.

Nutzen Sie beispielsweise Stadtspaziergänge, um die Fülle an Linien zu entdecken, die sich im Stadtbild verstecken - von Straßen, über Gebäudefassaden bis hin zu Brücken. Aber auch die Natur bietet ein Potpourri an Linien - sei es in den Silhouetten von Bäumen, dem Verlauf eines Flusses oder den Konturen von Bergketten. Darüber hinaus formen nicht nur physische Objekte Linien. Lichtspiele, veränderte Perspektiven und Bewegungsdynamiken können Linien auf überraschende Weise akzentuieren oder neu interpretieren.

Schärfen Sie Ihren Blick für diese Elemente und nutzen Sie beim Fotografieren das Raster Ihres Smartphones, um Linien bewusst in Szene zu setzen.

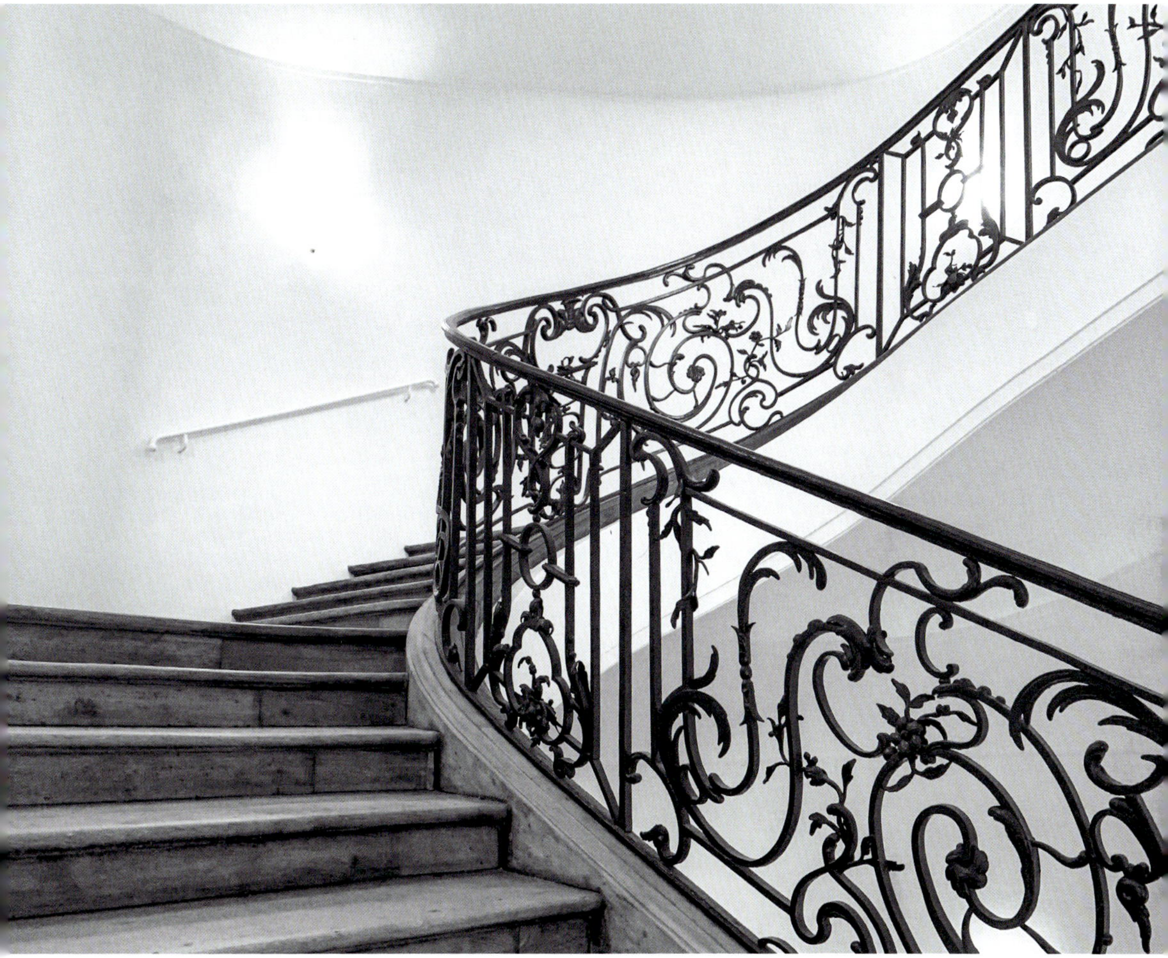

23.7 Formen und Strukturen neu entdecken

Formen und Strukturen verleihen Ihren Bildern nicht nur Tiefe, sondern wecken auch besonderes Interesse. Im Alltag sind wir von unzähligen Formen und Strukturen umgeben, von der Oberflächenstruktur eines Gehwegs bis zur Form eines auffälligen Gebäudes. Nehmen Sie Ihr Smartphone zur Hand und halten Sie diese Details fest. Um noch feinere Strukturen zu entdecken, wie etwa das Gewebe eines Blattes, nutzen Sie die Makrofunktion Ihres Smartphones (wenn vorhanden). Licht spielt dabei eine entscheidende Rolle: Unterschiedliche Lichtverhältnisse können Formen betonen oder Strukturen auf faszinierende Weise verändern. Auch die Veränderung der Perspektive kann unsere Wahrnehmung beeinflussen. Fotografieren Sie Objekte aus verschiedenen Blickwinkeln, um ihre Form und Struktur unterschiedlich zur Geltung zu bringen. Mit etwas Übung werden Sie bald ein geschultes

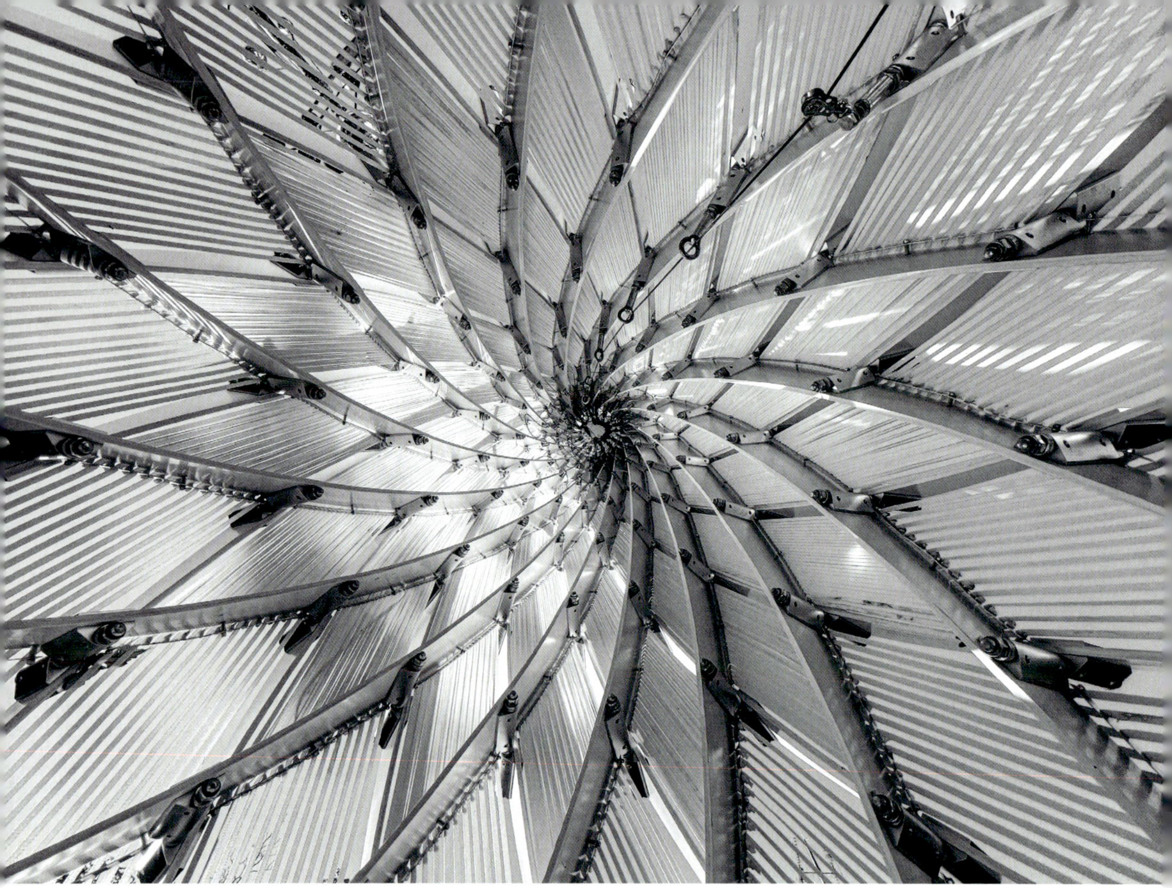

Auge für die Vielfalt und Schönheit der Formen und Strukturen in Ihrer Umgebung entwickeln.

23.8 Bewegung im Fokus

Das Arbeiten mit Bewegungen wird Ihnen neue kreative Spielräume aufzeigen. In nächtlichen Stadtszenen können Sie durch Langzeitbelichtungen die Lichtstreifen von vorbeifahrenden Autos erfassen. Bei einem Spaziergang in der Natur, an einem Fluss oder am Meer können Sie das fließende Wasser über eine Langzeitbelichtung wunderbar weich und seidig darstellen und so einen spannenden Kontrast zu festen Elementen wie etwa Felsen entstehen lassen. Sportliche Events bieten Ihnen die Chance, die flinken Bewegungen von Sportlern durch die kürzeste Verschlusszeit (Serienaufnahme) Ihres Smartphones einzufrieren. Ähnlich dynamische Aufnahmen können Sie erzielen, wenn Sie spielende Kinder beim Rennen oder Springen festhalten. Selbst der Alltag bietet Gelegenheiten: Beobachten Sie öffentliche Verkehrsmittel wie Züge oder Straßenbahnen und nutzen Sie die Langzeitbelichtung, um die Geschwindigkeit zu zeigen. Denken Sie daran, bei Langzeitbelichtungen ein Stativ zu verwenden, wenn Sie ein Android-Gerät haben. Experimentieren Sie mit verschiedenen Verschlusszeiten und Szenarien.

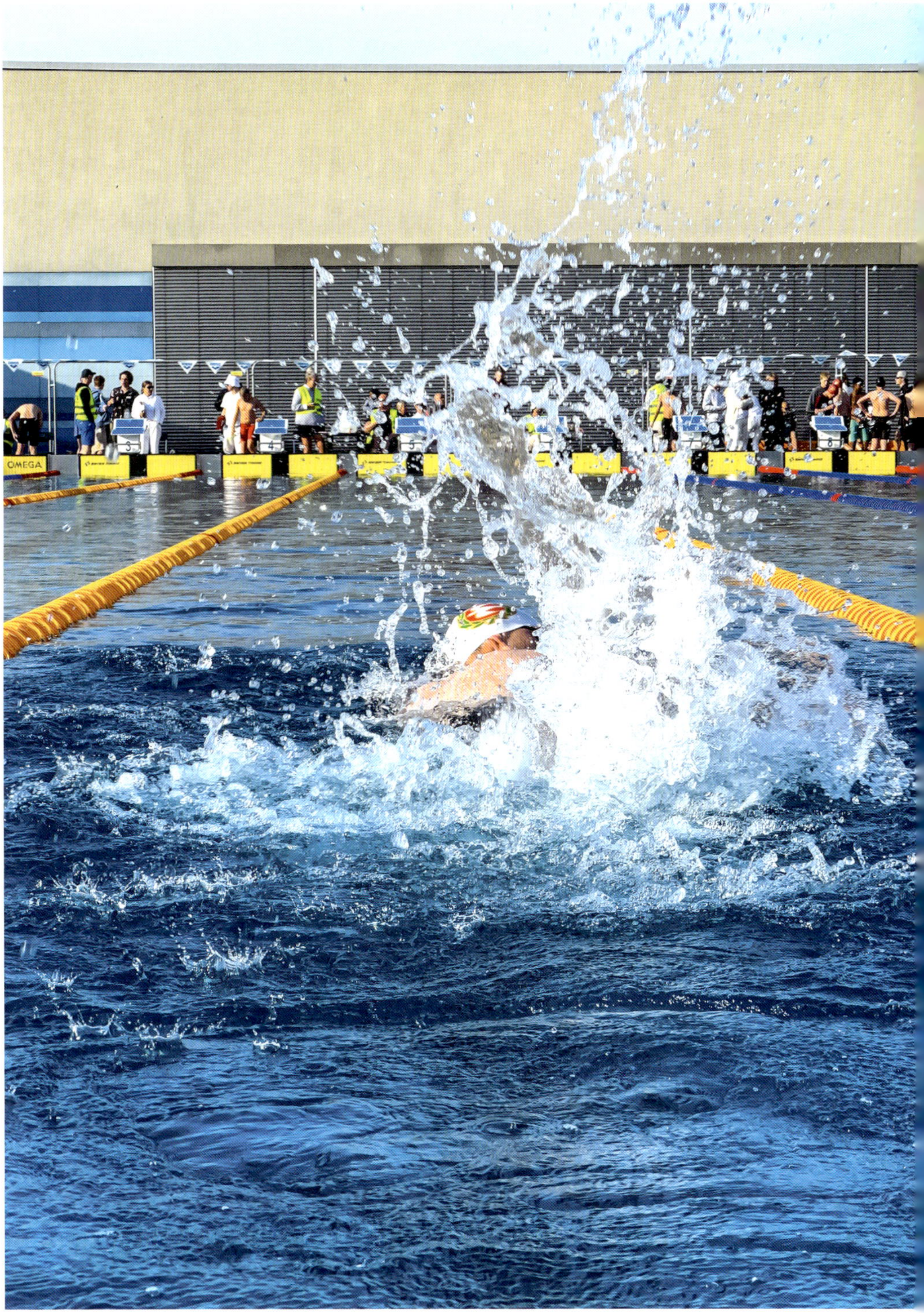
OMEGA

23.9 Perspektivwechsel

Das Spielen mit Perspektiven kann Ihren Smartphone-Fotos eine völlig neue Dimension verleihen. Anstatt nur aus Augenhöhe zu fotografieren, versuchen Sie, sich hinzuknien und von unten nach oben zu fotografieren, um majestätische Ansichten von Gebäuden oder Bäumen zu erhalten. Oder steigen Sie auf eine erhöhte Position und fangen Sie die Welt von oben ein, etwa bei Straßenszenen oder Menschenmengen. Nutzen Sie dafür auch Ihren Selfiestick. Experimentieren Sie auch mit diagonalen und seitlichen Ansichten, um einzigartige Kompositionen zu erstellen. Diese spielerische Herangehensweise an Perspektiven lässt Sie nicht nur Ihre Umgebung neu entdecken, sondern schärft auch Ihren fotografischen Blick und fördert Ihre kreative Ader.

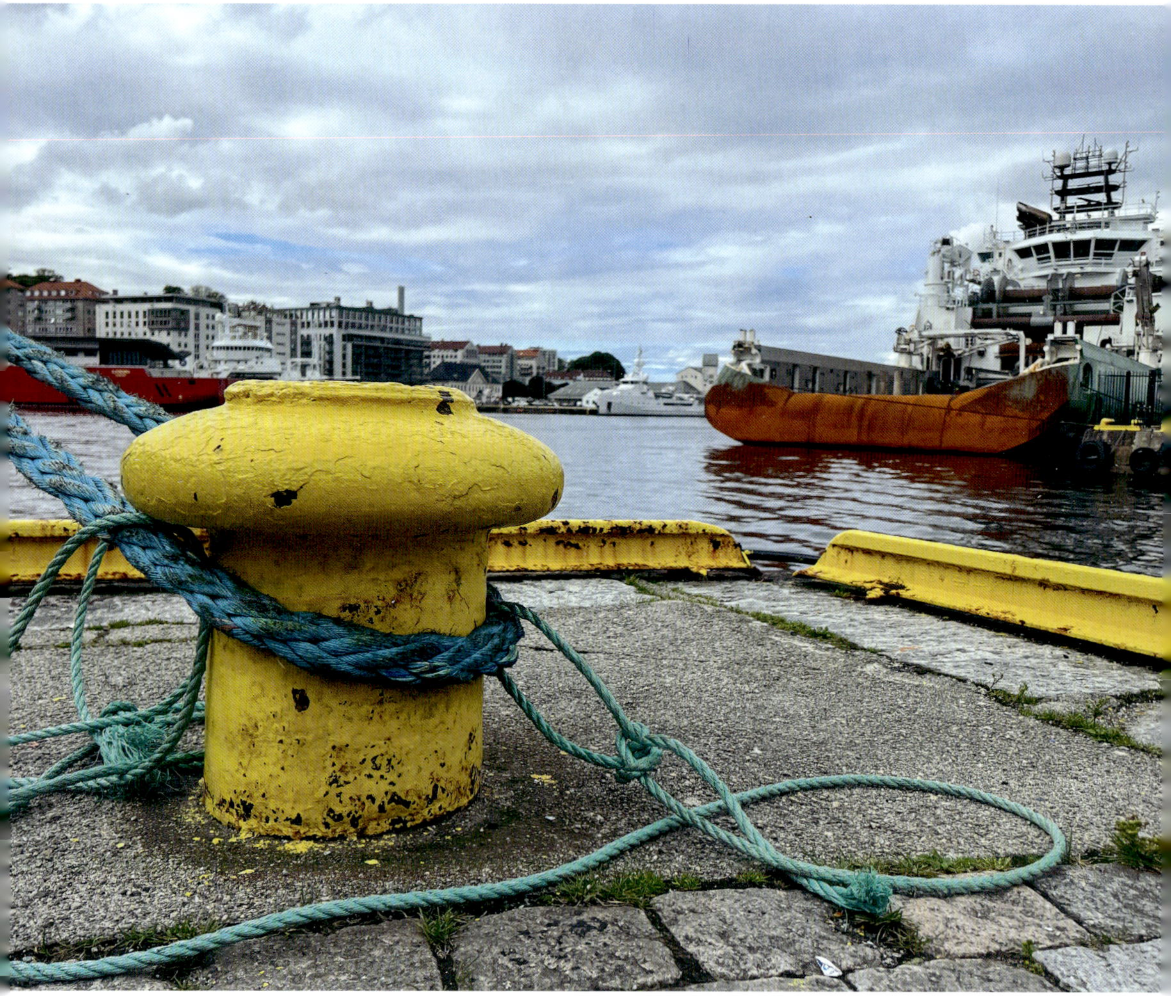

23.10 Vielseitigkeit im Fokus: Brennweiten meistern

Die unterschiedlichen Objektive in Ihrem Smartphone ermöglichen Ihnen, Ihr Motiv im Kontext seiner Umgebung zu fotografieren oder es »näher heranzuholen«. Wenn Sie unterwegs sind, versuchen Sie, mit dem Weitwinkelobjektiv Gebäude zu fotografieren, oder enge Gassen und Plätze in ihrem gesamten Kontext darzustellen. Nutzen Sie das Teleobjektiv, um entfernte Objekte näher heranzuholen oder besondere Details hervorzuheben. Auch in Alltagssituationen, beispielsweise in einem Café, können Sie mit den unterschiedlichen Brennweiten experimentieren, um Porträts, Essen oder die Umgebung auf vielfältige Weise festzuhalten. Durch regelmäßiges Üben und Wechseln zwischen den Objektiven schulen Sie Ihr Auge und entwickeln ein Gefühl für den besten Einsatz der jeweiligen Brennweite in der Situation.

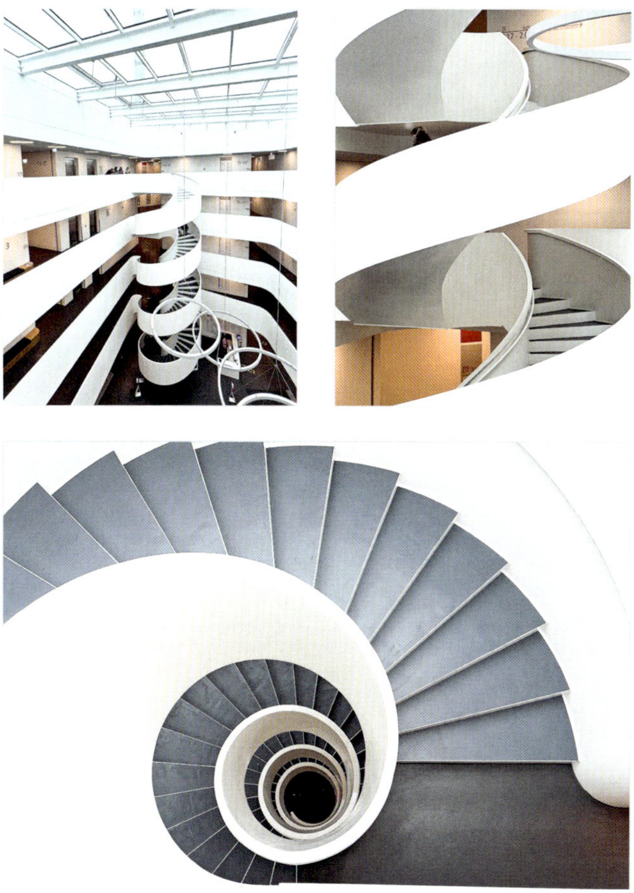

Brennweiten richtig eingesetzt – im Uhrzeigersinn Ultraweitwinkel (0,5), Weitwinkel (1) und Tele (3).

23.11 Bildgestaltung

Die Wirkung Ihrer Bilder hängt davon ab, wo Sie welches Bildelement platzieren. Es gibt aus der Kunst bekannte Regeln wie die Drittelregel oder den Goldenen Schnitt, die Ihnen dabei helfen können, ausgewogene oder spannende Kompositionen zu erreichen. Für den Anfang können Sie das Raster in Ihrer Standardkamera-App aktivieren oder eine App wie etwa Lightroom CC von Adobe zu Hilfe nehmen, deren Kamera erlaubt, Bildaufteilungen einzublenden: entweder in vier oder in neun gleich große Rechtecke oder in eine dem Goldenen Schnitt folgende Aufteilung. Mit diesen Hilfslinien können Sie Ihre Bildelemente schneller platzieren: meistens nah oder auf den Schnittpunkten der Linien.

Testen Sie verschiedene Bildaufteilungen, bei denen Sie Ihr Hauptmotiv auf den Schnittpunkten oder ganz zentral in der Mitte platzieren. Wie wirkt Ihr Bild, wie unterstützt die Bildgestaltung das, was Sie über Ihr Motiv sagen wollen?

Wenn Sie später mehr Erfahrung in der Gestaltung Ihrer Motive haben, werden Sie mit diesen Regeln auch brechen, um noch stärkere Ergebnisse zu erhalten. Aber für den Anfang bieten sie gute Anhaltspunkte.

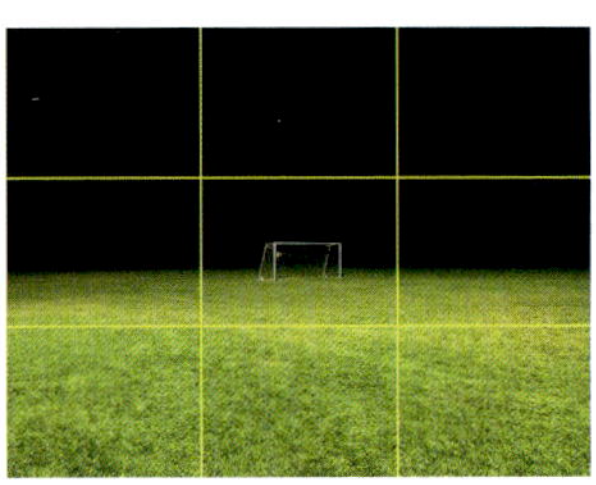

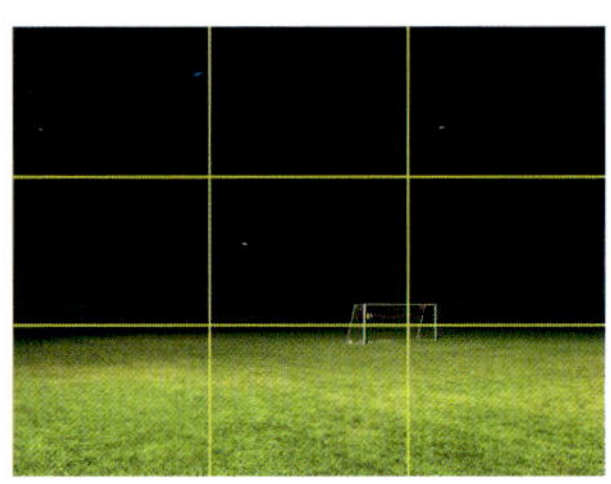

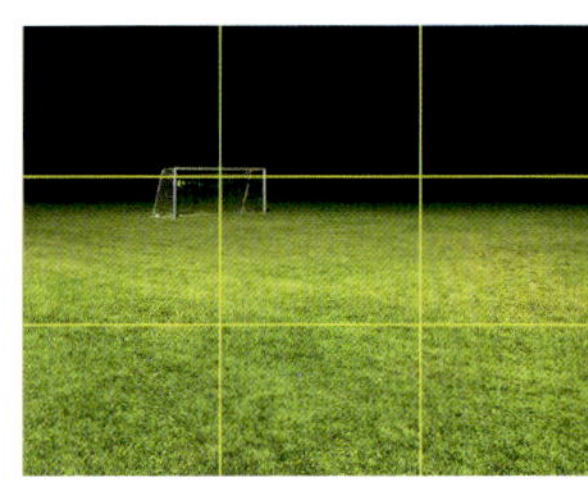

23.12 Seitenverhältnisse: Ästhetik und Erzählkraft in der Fotografie

Das Seitenverhältnis Ihres Fotos beeinflusst die Wahrnehmung des Hauptmotivs, erzeugt Dynamik und bestimmt nicht zuletzt, wie sich ein Bild in verschiedenen Medien und Plattformen einfügt. Ein bewusst gewähltes Format kann daher entscheidend für die Ästhetik, die erzählte Geschichte und den gewünschten Effekt eines Fotos sein.

Das klassische Hochformat eignet sich perfekt für Porträts oder um vertikale Elemente, wie hohe Gebäude, hervorzuheben. Das Querformat dagegen lässt Landschaften und Horizonte in ihrer ganzen Breite zur Geltung kommen. Doch es gibt auch das quadratische Format, das durch Plattformen wie Instagram wieder populär geworden ist und Ausgewogenheit und Harmonie vermittelt Das Besondere dabei: Je nach Format wird eine andere Geschichte erzählt, ein anderer Fokus gelegt. Indem Sie aktiv mit diesen Formaten experimentieren, entwickeln Sie ein Gefühl dafür, welches Format in welcher Situation am besten funktioniert. Stellen Sie sich die Frage, welches Format Ihr Motiv am besten hervorhebt. Probieren Sie unterschiedliche Formate aus und beobachten Sie, wie der Bildeindruck sich verändert.

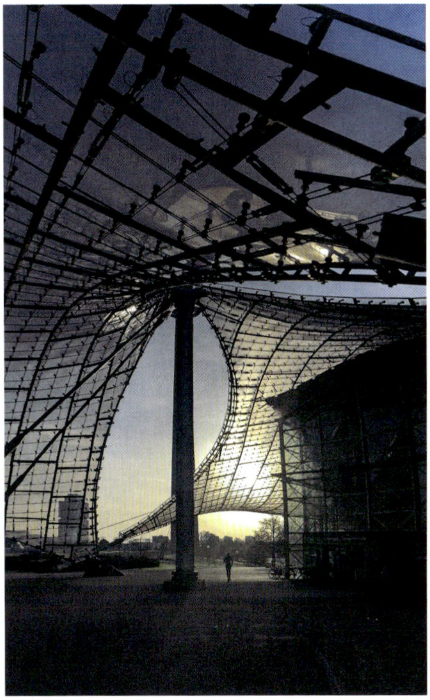

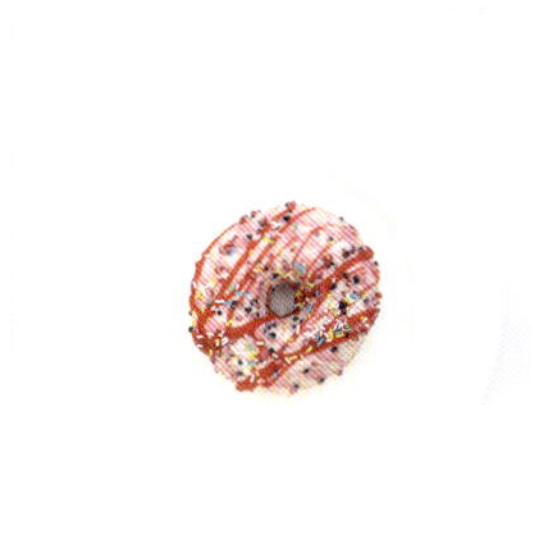

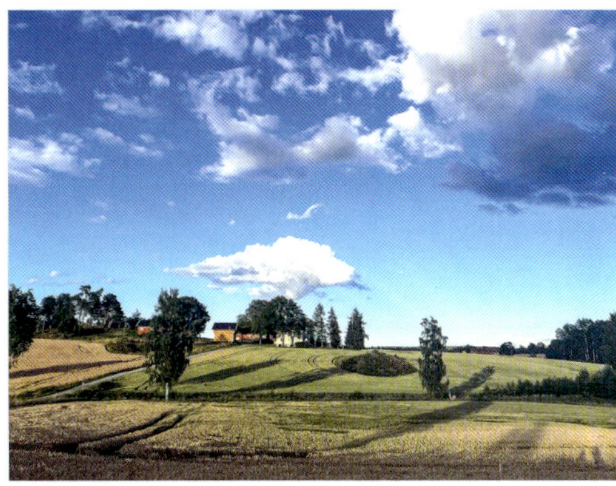

Sehen lernen, meistern, kreativ werden: Ihre Fotografie-Reise beginnt jetzt. Machen Sie die ersten Schritte, indem Sie sich regelmäßige Aufgaben stellen und diese über einen längeren Zeitraum konsequent umsetzen. Vertiefen Sie Ihr Verständnis, indem Sie sich die Bilder anderer ansehen: Beachten Sie dabei das Licht, den Einsatz der Schärfe, die Anordnung der Linien und vieles mehr. Betrachten Sie auch Ihre eigenen Bilder. Nehmen Sie sich die Zeit, jedes Detail zu überdenken und die Kunst des Bildes zu schätzen. Nutzen Sie jeden Moment. Ob Sie auf den Bus warten oder eine kurze Pause einlegen – es gibt immer eine Gelegenheit, ein Foto zu machen. Mit der Zeit und mit jeder Aufnahme werden Sie ein geschärftes Bewusstsein für Motive, Farbschattierungen, Konturen und besonders für das zauberhafte Spiel des Lichts entwickeln.

Sie sind auf dem besten Weg, nicht nur ein Fotograf, sondern ein Geschichtenerzähler zu werden.

Viel Spaß dabei!

INDEX

S

T

U

V

W

Z